Anglais
Le mot juste

On lui apprendra... à n'employer pas tous les tours qui peuvent lui servir, mais ceux-là seulement qui lui peuvent le plus servir... La recherche des phrases nouvelles et des mots peu connus, vient d'une ambition scholastique et puérile.

Montaigne, *Essais*

Prefer the familiar word to the far-fetched.
Prefer the concrete word to the abstract.
Prefer the single word to the circumlocution.
Prefer the short word to the long.
Prefer the Saxon word to the Romance [1].

H.W. et F.G. Fowler

(1) *Romance languages* : les langues romanes ; celles qui viennent du latin.

Le mot juste

The right word and the right sound

Guide pour la traduction et la rédaction en anglais

Lionel Guierre
Agrégé d'anglais,
professeur à l'université Paris VII

vuibert

Chez le même éditeur, dans la même série

Das rechte Wort. Le mot juste.
Petit guide pour la traduction et la rédaction en allemand,
par Philippe Marcq et Lionel Guierre, 256 pages

¿ Como decirlo ? Le Mot juste.
Petit guide pour la traduction et la rédaction en espagnol,
par Salvador Pedragosa et Lionel Guierre, 256 pages

Précis de grammaire portugaise.
Abrégé construit par rubriques grammaticales
et doté d'un index détaillé de plus de 500 entrées,
par Raymond Cantel, 144 pages

Illustration de couverture : Alain Luguet
d'après les vignettes créées il y a plus d'un siècle
par *Braincraft & Handicraft*.

ISBN 2-7117-7305 1

Site Internet : www.vuibert.fr

TABLE DES MATIÈRES

[Toujours commencer par consulter l'index page 13]

PRÉFACE

A Monsieur G. G..., le maître qui le premier m'enseigna l'art redoutable d'enseigner;
et à mes élèves qui ont fourni la matière première de cet ouvrage.

Ce petit livre, de présentation inédite, a la particularité d'avoir été **vécu** : il est issu d'un sottisier. Les fautes relevées pendant un peu plus de dix années d'enseignement ont été classées; les problèmes ainsi posés et leurs solutions ont formé un lexique, qui, outre la traduction des mots, indique leur emploi et les dangers qu'ils présentent. Cet ouvrage est donc un lexique des difficultés usuelles de la langue courante. Il s'inspire des principes suivants :

— **Rapprocher, pour mieux les distinguer,** les expressions qui prêtent le plus souvent à confusion et montrer pourquoi elles sont trompeuses (*the blind* = les aveugles; mais *the blinds* = les stores);

— Dénoncer les fausses associations d'idées qui font hésiter entre les différents sens, formes ou emplois, d'expressions telles que *to use, used to* (adj.) et *I used to* (forme fréquentative); entre les différentes prépositions (*pleased with, glad to, to succeed in, to think of*);

— Donner à chaque problème une importance qui soit fonction de la fréquence et de la gravité des fautes commises (traduction de « dire », de « je devrais », de l'article...). Il est en effet impossible de rédiger dix lignes d'anglais sans rencontrer ces expressions. De là découle aussi l'importance donnée aux verbes, qui sont la source constante de tant d'erreurs;

— Présenter une grammaire des mots, de **forme pratique et maniable.** Partir du mot, donc adopter le classement alphabétique pour la première partie (index) et rendre pratiquement obligatoire le renvoi de cet index à la partie grammaticale;

— Conseiller et employer uniquement la forme moderne et correcte de l'anglais courant, parlé et écrit, « la langue élémentaire d'aujourd'hui » (1);

— Encourager la recherche du **mot juste** par celle des synonymes et des quasi-synonymes. L'habitude de cette exigence forme l'esprit et le cultive; elle permettra de consulter efficacement les ouvrages plus denses et plus complets.

*
* *

L'auteur espère que tous les collègues qui l'ont encouragé depuis la publication des manuels de Sixième et Cinquième de la Collection Chauvigné continueront à l'aider de leurs critiques et de leurs conseils pour que, ici encore, les éditions ultérieures puissent comporter les améliorations souhaitables.

Conseils et encouragements ne lui ont pas manqué au cours de ce travail. Ses remerciements iront d'abord, affectueusement, à Yves Denis, son beau-père, professeur en propédeutique à Amiens, qui a suivi et soutenu cette entreprise de ses débuts à son achèvement; très amicalement à D. Chauvigné, professeur au Lycée Jacques-Decour, qui n'a cessé de l'encourager et de le conseiller; à C. D. Jordan, interprète et traducteur, et R. N. P. Griffiths (M. A. Cantab.), professeur à Charterhouse Public School, qui ont relu les épreuves et suggéré maintes améliorations. Enfin ses sentiments reconnaissants et affectueux iront à ses cousins Mrs and Mr Donald King (B. A. Hons.), conservateurs au Victoria and Albert Museum de Londres, qui lui ont également proposé de nombreuses et utiles corrections (2).

L. G.

(1) Instructions générales pour l'Enseignement des Langues Vivantes.

(2) L'auteur tient aussi à rendre un hommage tout particulier à l'admirable équipe des rédacteurs d'*English Language Teaching* (revue éditée par le *British Council*, 65 Davies Street, London W. 1) dont les remarquables articles ont souvent guidé son travail.

AU LECTEUR

CONSEILS GÉNÉRAUX

L'anglais est une langue PRÉCISE. Il ne faut donc pas s'étonner que, dans la traduction, on soit souvent contraint d'abandonner le flou, l'imprécision du texte français donné (voir § 1.21; 1.27; 1.32; 2.30; 3.22; 3.23, etc.).

LES GALLICISMES

On ne s'en méfiera jamais assez. Le gallicisme se trouve presque à chaque pas. Il faudra ANALYSER le sens véritable de chaque mot, de chaque membre de phrase, de chaque phrase, et pour cela chercher des ÉQUIVALENTS FRANÇAIS aux expressions à traduire :

Il y a BIENTÔT *vingt ans* veut dire *il y a* PRESQUE *vingt ans*, et ceci se traduit déjà plus aisément que cela. *Il est à bout de forces* est moins facile à rendre que *il est extrêmement fatigué*. La traduction littérale de cette dernière phrase sera préférable à une omission et surtout à la traduction mot à mot.

Comment appelez-vous ceci? Voici encore un GALLICISME. En employant **How** on poserait une question sur la MANIÈRE d'appeler : *Comment? par téléphone?...* Donc traduire **What do you call this?** (voir « *appeler* » ou « *comment* »).

Le français nous trompe aussi, quand il demande *Êtes-vous* TOUJOURS *là?* en voulant dire *Êtes-vous* ENCORE *là?* (= **Are you still there?**); ou *Vous n'êtes pas* ENCORE *parti*, ce qui signifie ... *pas* « DÉJÀ » *parti* (= **not yet gone**).

De même *à jamais* veut dire *pour toujours* (= **for ever**), ce qui paraît curieux (voir « *jamais* »).

On dit *Je vais A Paris, EN Angleterre, AU Groenland.* L'idée étant la même, dans les trois cas, l'anglais dira **I go TO Paris, TO England, TO Greenland.**

LE DICTIONNAIRE

Mal utilisé, il peut être L'ENNEMI du traducteur. Le mot juste ne se découvre qu'en CERNANT LE SENS exact du mot à traduire, en effectuant DES ALLERS ET RETOURS DU DICTIONNAIRE DE THÈME AU DICTIONNAIRE DE VERSION, ou mieux, en utilisant un dictionnaire tout anglais. Ne vouloir se servir que d'une partie du dictionnaire, c'est vouloir marcher sur une jambe. On ne sera jamais assez méfiant dans le choix des mots.

« PLAQUAGE »

C'est surtout dans la rédaction qu'il faut éviter de plaquer à tout prix ces expressions apprises par cœur et mal assimilées, le plus souvent archaïques, comiques (involontairement), vulgaires, peu adaptées au contexte, et qui viennent *comme des cheveux sur la soupe*; leur prétention ne fait qu'agacer le lecteur ou l'examinateur. Tel le célèbre **It is raining cats and dogs,** pour *il pleut des hallebardes,* qui fait toujours sourire Outre-Manche.

MÛRISSEMENT

La meilleure manière de revoir un texte, c'est de le LAISSER REPOSER. A un examen, quelques minutes occupées à étudier un autre point seront toujours profitables à ce mûrissement indispensable. Il permet de relire d'un œil frais, une fois oublié le texte à traduire, et de ne juger la traduction ébauchée qu'en elle-même.

Au stade suivant, et avant la confrontation avec le texte donné, l'épreuve contraire, la RETRADUCTION en français, révélera souvent les erreurs de la première traduction.

RELECTURES

On ne relit bien qu'en concentrant son attention sur UN POINT A LA FOIS. On relira donc systématiquement le texte ébauché à différents points de vue, par exemple :

Impression d'ensemble;
Logique dans l'enchaînement des idées;
Correction dans l'emploi et la construction des VERBES;
s à la 3e personne du singulier (prés. de l'indic.);
PLACE DES ADVERBES, orthographe, etc.,

et aussi, en fonction des faiblesses que l'on se connaît; enfin, à nouveau, impression d'ensemble.

CE MANUEL. On n'y trouvera aucun mot rare, vieillot, littéraire. On y cherchera les mots *courants* que l'on « *connaît* » déjà peut-être, mais dont on ne sait probablement pas encore tous les dangers, ou les nuances.

Les fautes les plus courantes sont des fautes de VERBES : emploi des temps, conjugaison, préposition régie par le verbe, traduction de DEPUIS, IL Y A, etc. Il faut à chaque occasion vérifier ce que l'on *croit* savoir le mieux en ce domaine.

SENS DES ABRÉVIATIONS

Voir « tous »	Renvoi au mot « tous » dans l'index.
2.43	Les numéros renvoient aux § de la 2e et 3e partie, p. 93 à p. 183.
GV 1, GV 2, etc.	Groupes verbaux n°s 1, 2..., p. 10 et 11.
Ne pas conf.	Ne pas confondre avec...
qq'un	quelqu'un.
qq'chose	quelque chose.
sg.	**something.**
sy.	**somebody.**
(qq'un) ; **(sy.)**	seuls les compléments entre parenthèses peuvent être omis.
G. B.	Expression anglaise.
U. S. A.	Expression américaine.
c.-à-d.	C'est-à-dire.
*, **, ***	Règle ou passage important.
♥	Phrase à apprendre par cœur.

VALEUR DES SYMBOLES PHONÉTIQUES

ə son presque imperceptible (4.38)

æ	man	(mæn)	u:	blue	(blu:)			
e	bed	(bed)	ju:	few	(fju:)	ð	this	(ðis)
ʌ	but	(bʌt)	ai	five	(faiv)	θ	both	(bouθ)
i	big	(big)	ɔi	boy	(bɔi)	ʃ	ship	(ʃip)
ɔ	dog	(dɔg)	ei	eight	(eit)	tʃ	child	(tʃaild)
u	foot	(fut)	ɛə	where	(wɛə)	ŋ	king	(kiŋ)
ɑ:	car	(kɑ:)	iə	beer	(biə)	ʒ	pleasure	('pleʒə)
e:	bird	(bə:d)	uə	poor	(puə)	dʒ	George	(dʒɔ:dʒ)
i:	see	(si:)	au	cow	(kau)	j	yes	(jes)
ɔ:	door	(dɔ:)	ou	snow	(snou)	w	what	(wɔt)

N. B. — La troisième partie traite des difficultés de prononciation (§ 4.01 et suivants, p. 183...).

GROUPES VERBAUX

Les verbes de l'index appartiennent aux groupes suivants :

GV 1. — La préposition introduisant le complément indirect n'est pas la même dans les deux langues.
Ex. : *Voler (qq'chose à) qq'un* =
To rob sy. (OF sg.).

GV 2. — Quand il est court (un pronom personnel par exemple), le complément INDIRECT d'attribution passe DEVANT le complément DIRECT. On omet alors la préposition (2.12). Deux cas sont possibles :

a. — La préposition est ou aurait été **TO.**
Ex. : **Give my sister** (ou **her**) **some bread** ou bien, les deux compléments étant ici de longueur égale : **Give some bread TO my sister.**

b. — La préposition est ou aurait été **FOR.**
Ex. : **I made him a table,** au lieu de
I made a table FOR him.

GV 3. — Les temps composés en français se construisent parfois avec **être** (voix active). En anglais, ils se construisent **toujours** avec **to HAVE** (§ 1.16).
Ex. : *Il* EST *arrivé* = **He HAS arrived.**

GV 4. — Le verbe anglais peut avoir le sens pronominal ou le sens non pronominal (§ 1.27).
Ex. : *Cacher* ou SE *cacher* = **To hide.**

GV 5. — Verbes que l'on peut mettre au « double passif » ou « passif anglais » (1.29 *b*).
Ex. : *On m'a dit ; on m'a raconté cette histoire.*
= I was told that tale.

GV 6. — Verbes pouvant se construire (à la voix active) :
VERBE + COMPL. DIRECT + INFINITIF (SANS **to**).
Ex. : *Je l'ai fait travailler* =
I made him WORK.

GV 7. — Verbes pouvant se construire :
VERBE + COMPLÉMENT DIRECT + **...ING.**
Ex. : *Je l'ai entendu venir* =
I heard him COMING.

GV 8. — Verbes pouvant se construire :
VERBE + GERUND (ne pas conf. avec GV 7)
Ex. : *Il s'est arrêté de pleuvoir* =
It stopped rainING.

GV 9. — Verbes pouvant se construire :
VERBE + (COMPLÉMENT) + **HOW TO** + INFINITIF.
Ex. : *Il m'a appris à siffler* =
He taught me HOW TO whistle.

GV 10. — Verbes pouvant se construire avec **SO.**
Ex. : *Je le crois* = **I think SO.**
Un grand nombre de ces verbes se construisent également avec **NOT** : *Je ne le pense pas*; *je pense* **que non** = **I think NOT.**
Ainsi : **to believe, to bet, to expect, to guess, to hope, to prefer, to suppose, to trust...** et **I am afraid not** (= *je crains que non*).

GV 11. — Verbes composés neutres, se passant de complément (1.30).
Ex. : *L'avion décolla* = **The plane took off.**

GV 12. — Verbes composés exigeant un complément.
Ex. : *Enlevez votre veste* = **Take off your coat.**

GV 13. — Verbes transitifs indirects en anglais. Ils EXIGENT un complément dès que l'on emploie la PRÉPOSITION qu'ils régissent.
Ex. : *Regardez! Ecoutez!* = **Look! Listen!**
Regardez-moi, = **Look AT me.**
Ecoutez-moi = **Listen TO me.**

GV 14. — La préposition **AT** peut indiquer : l'hostilité, le contact, le choc, la cause.
Ex. : *Il fut surpris par la nouvelle* =
He was surprised AT the news.
Les prépositions **WITH** ou **BY** (surtout au passif) peuvent indiquer : l'agent, l'instrument, le moyen, la cause (1).
Ex. : *Il fut surpris par mon frère* =
He was surprised BY my brother.
Il le frappa de son épée =
He struck him WITH his sword (1).

(1) Voir « de » dans l'index, p. 31.

PREMIÈRE PARTIE

LE CHOIX DES MOTS

(Index alphabétique).

A : préposition de temps et de lieu (3.17 à 3.21 *et* 2.48).

A peine = **hardly** (*voir* « peine » *g et* 2.06 ; 2.08).

Abandonner : *a*) Renoncer (à qq. chose) = **To give up (sg.)** (GV 11). - Nous avons abandonné (cela) = **We gave (it) up.**- Il s'est arrêté de fumer = **He gave up smoking** (GV 8).
b) Abandonner, laisser (*voir* « laisser » *et* « confier »).

Abuser : *il n'y a pas de mot anglais pour traduire cette idée, mais différentes tournures suivant le cas. Éviter* **to abuse sy.** (= insulter qq'un). - Il abuse du tabac = **He smokes too much.**

Accompagner : *a*) **To accompany** (GV 1). ATTENTION *à la préposition :* Il était accompagné de sa sœur = **He was accompanied BY his sister.** - Il accompagna son discours de menaces (idée de « associer », « combiner », « ajouter ») = **He accompanied his speech WITH threats.**
b) Accompagner qq'un jusqu'au train, assister au départ de qq'un, etc. = **To see sy. OFF** (GV 12) (1.55 *c*).

Accord : *a*) Être d'accord (avec qq'un) = **To agree WITH sy.** - J'étais d'accord (avec lui mais pas avec elle) = **I agreed (WITH him but not with her)** (*ou* **but I disagreed WITH her**). Nous ne sommes pas d'accord là-dessus = **We don't agree WITH that** (= *nous désapprouvons* TOUS LES DEUX) *ou* **We don't agree (WITH each other) ON that** (= *nous ne sommes pas d'accord* ENTRE NOUS *à ce sujet*).
b) Être d'accord pour (= convenir de) : nous fûmes d'accord pour nous battre = **We agreed TO fight** (*voir* « s'entendre »).
c) Nous fûmes d'accord sur le fait (nous reconnûmes) que (pour dire que) c'était injuste = **We agreed THAT it was unfair.**

Accuser qq'un (de qq'chose) = **to accuse sy. (OF sg.)**; *ou*, **to charge sy. (WITH sg.)**. - Il fut accusé de meurtre = **He was charged WITH murder.**

Acheter : **to buy, bought, bought** (GV 2.*a*).

Achever = **to finish** (GV 4 et 8) ; **to end** (GV 4 et 8). *et* **to complete sg.** ATTENTION : **to achieve** = accomplir, réaliser, réussir.

Actuellement = now; at present (*surtout pas* actually *qui veut dire :* en fait, réellement). - Presently = dans un instant. - Nowadays = de nos jours.

Adjectifs et participes passés : 2.34 *et suiv.*; **2.43**.

Adjectifs et article : 2.22 ; 2.36 ; 2.37 ; 2.17.

Adjectifs employés comme noms : 2.35 ; 2.36.

Adresser (s') à qq'un (GV 3) : *a*) Adressez-vous au bureau de renseignements (pour avoir des renseignements), mais pas à moi = Apply TO the Enquiry Office (FOR information), but not TO me (*voir* « demander »).

b) Adresser la parole à qq'un = To address sy.

Advenir : *voir* « devenir » *et* « arriver » *c*.

Adverbes : *Place des adverbes :* 2.01 *et suiv. On se trompe très souvent sur la place des adverbes de* TEMPS (2.05); *quant à* (very) much, *il se place* A LA FIN (2.09).

Adverbes et postpositions : 1.30.

Affaire : *a*) *Le mot anglais* affair *est dangereux : ses sens sont trop nombreux.* - A love affair = Une aventure amoureuse. - A very queer affair = Un instrument très bizarre, *etc.*

b) *Le plus souvent :* Les affaires = Business (*verbe au* SINGULIER) - Les affaires SONT les affaires = Business IS business. - Il est entré dans les affaires = He went into business. - Faire des affaires = To do business. *Mais,* Faire affaire = To strike a bargain; Une (bonne) affaire = A bargain; Une mauvaise affaire = Bad bargain (SANS *article*); Par-dessus le marché (*sens propre et figuré*) = Into the bargain.

ATTENTION : Une affaire, une maison de commerce = A firm *et aussi* a business. *Dans ce sens le pluriel est* businesses : C'est une des plus vieilles affaires de la ville = It is one of the oldest firms (*ou* businesses) in town.

c) Une affaire (une question, un sujet) importante = An important matter; a matter of importance (*voir* « question »).

d) Affaires, choses. - Gardez mes affaires pendant que je suis absent = Watch my things while I am away.

Affreux : shocking *est aussi fort que* frightful, awful, dreadful.

Affronter qq'un : Il affronta ses ennemis = He faced his enemies. - (To affront = insulter.)

Afin de, afin que : *voir* « pour »; 3.26 *et* 1.21-2°.

Agacé par : (2.43). Il était agacé (par notre bavardage) = He was annoyed (BY, WITH *ou* AT our chatter). (*On emploie* AT *ou* ABOUT *dans le sens de* au sujet de). - *Employer aussi* bothered, irritated (AT, WITH, BY), *ou* irritated AGAINST, *suivant le sens* (GV 14) (*voir* « ennuyer »).

Agir : *voir* « faire »; 1.49 *et suiv.*

Agir par : Il a agi par méchanceté = He acted OUT OF spite.

Agonie : *ce mot n'existe pas en anglais; tourner par* the last moments before death, *etc.* - ATTENTION : Agony = angoisse, paroxysme de douleur *ou parfois* de joie. - A l'agonie = At the point of death.

Agonisant = dying (*voir* « agonie »).

Agréable = pleasant (4.29). *Se méfier de* agreeable - (ATTENTION *à l'orth.*) - *qui signifie* qui convient, qui agrée, *comme* to agree = accepter (*voir* « accord »). - Si cela vous convient = If it is agreeable to you. - Le gin ne me réussit (= ne me convient) pas = Gin disagrees WITH me.

Ahuri, stupéfait, confondu : *voir* « stupéfait ».

Aimer : to love (GV 8) *est très fort. Employer, aussi* to like (GV 8) (*voir* 1.59) *et ne pas oublier* to be fond of (GV 8) = être amateur de, apprécier. - Aimer, être attaché à, avoir envie de = To care FOR (*voir* « égal » *c*). - Aimer, apprécier, prendre plaisir à = To enjoy sg. (GV 8) (*voir* « plaire »)

Aimer mieux, préférer : 1.57 ; 1.58.

Aimer que : 1.21-1°.

Ainsi : 3.02 *et suiv.* - **Ainsi que** : 3.05.

Air; avoir l'air : *voir* 1.72 *et suiv.*

Alcool = alcohol ('ælkəhɔl). - L'alcool que l'on boit = spirits. - Je n'aime pas l'alcool = I don't like spirits. *Toutes sortes d'alcools, d'acides, d'* « *esprits* » *se traduisent par* spirit(s). (*Voir aussi* « boisson ».)

Allée : *suivant le cas* : walk, path, drive, avenue, MAIS *pas* alley *qui est* une ruelle.

Allemand : 2.35 *c*.

Aller : GV 3. *Voir* 1.32 ; 3.22 *e* ; 3.26 *c*.

Aller (= se porter) : *a*) Comment allez-vous? = How are you? How do you do? How are you getting on? (= Comment vont le travail, les affaires...), *etc.*

b) Qu'est-ce qui ne va pas? Que trouvez-vous à redire? (à cela, etc.) = What is the trouble?, *ou*, What is wrong (with that, with you, *etc*)? (*Voir* « aller mal ».)

Aller (= convenir) : *voir* « convenir ».

Aller chercher = to fetch. - Il est allé chercher le docteur = He (went and) fetched the doctor (1.55 *c*).

Aller (s'en aller, partir) : GV 3. *Voir* 1.32 et 3.26 *c*. *Employer* : to leave (*voir* p. 198); to go; to go away (*idée de départ pour un lieu assez lointain, ou, pour une certaine durée*) *et, enfin*, to start *qui suggère le mouvement* (*voir* « partir »).

Aller mal, ne pas aller ; être en difficulté; avoir qq'chose de cassé, d'abimé; ça ne va pas... (*voir* « mal ») :

a) Qu'avez-vous? qu'est-ce qui ne va pas? qu'est-ce qui va mal? (*et aussi* qu'est-ce qui vous prend?) = **What is the matter (WITH you).** - Est-ce qu'il y a qq'chose qui ne va pas dans mon travail? = **Is there anything the matter WITH my work?** - Cette voiture a qq'chose qui ne va pas = **There is sg. the matter WITH that car.**

b) Avoir qq'chose qui ne fonctionne pas, qui « cloche ». - Qu'avez-vous? = **What is wrong (WITH you)?** - Qu'a cette voiture? = **What is wrong with this car? Is there anything wrong WITH this car?** - Cette voiture a qq'chose qui ne va pas = **There is sg. wrong (WITH this car).**

Aller mieux = **to be better; to recover** (recouvrer la santé, se rétablir). — Allez-vous mieux? = **Are you better?** *ou* **Have you recovered (FROM your illness)?** (ATTENTION *au temps : on* A *retrouvé la santé, donc, on* EST *mieux.*)

Allonger, s'allonger : *voir* « coucher ».

Alors : 3.02. - Alors (= puis) = **Then** (*voir* « après »).

Altéré, qui a soif = **thirsty** (*ne pas oublier l'*s). - La soif = **Thirst.** - Il A soif = **He IS thirsty.**

Altérer, modifier, changer = **to alter**('ɔ:ltə) (*voir* «changer»).

Américain : 2.35 *c*.

Ami = **friend.** - **Friend** *a un sens très large; il traduit très bien* camarade *(voir ce mot)*. - Je suis devenu son ami = **We made friends;** *ou* **I made friends with him.** (*Ne pas employer* **fellow** = homme, personne, individu, semblable.) - Amical = **friendly.** - Amicalement = **In a friendly way.**

Amuser; amusé par : - Cela ne m'amuse pas; je ne suis pas amusé (par cela) = **I am not amused (AT *ou* BY that).** - Il m'amuse (avec ses plaisanteries) = **He amuses me (WITH his jokes)** (GV 14) (*voir* « plaire »).

Amuser (s'), se distraire = **to enjoy oneself** (1.27). Je me suis (bien) amusé = **I enjoyed myself (a lot); I had a good (wonderful...) time; I had a lot of fun.**

Anglais : 2.35 *a*.

Anxieux : *voir* « inquiet ». - **Anxiété** = **concern; uneasiness** (*voir* « souci »).

Apercevoir qq'chose (GV 3) = **to catch sight OF sg.** *Quand l'* « *aperçu* » *est très bref :* Entrevoir très rapidement qq'chose = **To catch a glimpse OF sg.** (*voir* « lancer »).

Apercevoir de qq'chose (s') (GV 3) = **to notice sg.** (GV 10). - Il ne s'est aperçu de rien = **He did not notice anything.**

Appeler = **to call.**
ATTENTION : COMMENT appelez-vous cela? = **WHAT do you call that?** *ou* **What is that called?**
Appeler qq'un au téléphone = **to call sy. (up); to ring sy. (up).** — Voulez-vous m'appeler? (au téléphone) = **Will you call** (*ou* **ring**) **me (up)** (*sous-entendu* **ON the telephone**).
N. B. — Rendre visite à qq'un : **To call ON sy.** (*voir* « rendre »).

Appeler (faire) : 1.55 *c*.

Appliquer (de la peinture, du papier, la main, etc.) = **to LAY, LAID, LAID** (p. 198).

Apporter = **to bring, brought, brought** (GV 2 *a* et 2 *b*).

Apprécier qq'chose : *voir* « aimer » *et* « plaire ».

Apprendre : *a*) Étudier = **To LEARN, LEARNT, LEARNT** (GV 8 et 9). - Apprendre à lire = **To learn reading** *ou* **to read.** - Il faut apprendre à faire cela = **You must learn HOW TO do it** (GV 9).
b) Apprendre, enseigner : *voir ce mot.*
c) *Voir* « entendre dire » *et* « entendre parler ».

Après (*préposition*) = **after** (2.48). - Après que : 1.21-5°.

Après (= puis) (*adverbe*) = **then, afterwards, after THAT** (*éviter* **after**, *tout seul*).

Argent : *a*) Le métal = **silver.**
b) Billets, pièces, etc. = **money.** *La* (*petite*) MONNAIE *se dit* **change** (tʃeindʒ). - Faire (à qq'un) la monnaie d'une livre = **To change a pound (for sy.).** - Les monnaies étrangères = **Foreign currencies.**

Arranger : *a*) Disposer (des fleurs, un mariage, etc) = **To arrange (flowers, a marriage, etc.).**
b) S'arranger pour (GV 3) (malgré les obstacles, etc.), se « débrouiller » = **To manage** ('mænidʒ). - Comment vous êtes-vous arrangé (pour venir)? = **How did you manage (to come)?** (*voir* « réussir). - Cela n'a pas arrangé les choses (rien arrangé) = **It only made matters worse.**

Arrêter (s') = **to stop** (GV 3, 4 et 8). - *a*) Il s'arrêta POUR regarder (afin de regarder) = **He stopped TO look; he stopped in order to look** (*voir* 3.26).
b) Il s'arrêta DE regarder = **He stopped lookING** (GV 8) (*voir* « abandonner »).

Arriver : *a*) Arriver en un lieu = **To arrive AT,** *ou*, **IN** (*jamais* **to**) (GV 3). - Il est arrivé, à l'aéroport, à Londres, à quatre heures = **He arrived IN London, AT the airport, AT four.**
b) S'arranger, réussir (*voir ces mots*) = **To manage.**

c) **Arriver, se passer, se produire** = **To happen; to occur** (GV 3). - Cela (m')arrive toujours quand je ne suis pas là = **It always happens (to me) when I am away** (*voir aussi* « passer »; « expérience »). - Cela eut lieu ici = **It took place here.**

d) Il arrive que je gagne = **I sometimes win.**

e) Il arriva que je le rencontrai = **I happened to meet him.**

Article défini : 2.14 *et suiv.*; 1.55. - **indéfini** : 2.23; 1.55. **Article** devant les adjectifs : 2.36.

Artiste : *a*) **An artist** = un peintre (*ou encore* une personne qui cultive les BEAUX ARTS... *avec talent*).

b) *Dans les autres cas, on précise* : **actor, actress, singer, dancer, entertainer** (= fantaisiste), etc.

Asseoir (s') : *ne jamais conf.* s'asseoir (faire le mouvement) (GV 3) = **to SIT (sat, sat) DOWN** *et* être, se tenir assis = **to sit (sat, sat)**, *ou, plus nettement*, **to BE SITTING** (p. 199). - S'asseoir (*en partant de la position couchée*), se mettre sur son séant = **to sit UP.** - **To sit up**, *veut dire aussi, par extension*, veiller, ne pas se coucher, se coucher tard (GV 11).

Assez : *a*) Suffisamment = **enough.**

N. B. — *Placer* **enough** APRÈS LE MOT *qu'il modifie*, (sauf s'il s'agit d'un nom). - Il est assez grand pour comprendre = **He is old enough to understand.** - Je n'ai pas assez de temps = **I have not enough time.** - J'en ai assez... (« *voir* fatiguer »).

b) Relativement, passablement = **rather, fairly, pretty,** *et même*, **quite** (*voir* 2.44 *b*). - C'était assez intéressant (pas exceptionnellement) = **It was rather** (*ou* **fairly**) **interesting.**

N. B. — *La force de ces mots varie beaucoup suivant l'intonation* (*voir* **quite** 2.44 *b*).

Assez (en avoir) : *voir* « fatigué » *et* « malade » *a*.

Assister : *a*) Assister à qq'chose = **To attend sg.** - Il assista à toutes les conférences = **He attended all the lectures.**

b) *Uniquement dans le sens d'*aider qq'un = **To assist** (*ou* **to help**) **sy.**

Assurance; assurer : *a*) Je vous assure (que)... = **I assure you (that...).**

b) Assurance, confiance = **assurance; confidence** (*voir* « confiance »).

c) Assurance (incendie; vol ...) = **insurance** (*généralement*).

d) S'assurer. - Assurez-vous que la porte est fermée = **Make sure that the door is shut.**

Attendre : *a*) **To wait** (*jamais* **to attend**). - Il faut (m')attendre = **You must wait (FOR me).** *Ne pas conf. avec* servir qq'un à table = **to wait upon** (*ou* **on**) **sy.**

b) Attendre (= s'attendre à) = **To expect** (GV 1 et 10). - Qu'attendiez-vous (de lui)? = **What did you expect (FROM him)?** - Je ne m'y attendais pas = **I did not expect it.** - Je **m'attendais à ce qu'il vienne** = **I expected him to come**; *ou*,

I expected he would come (*voir* 1.21 type A et B). - Quand l'attendez-vous? = When do you expect him?

Attendu; espéré, escompté : expected (2.43 ; 2.44).

Attention : *voir* « se soucier »; « égal ».

a) Attention! = (Be) careful! - Look out!-Steady!-Mind!

b) Faire attention, se méfier. - Faites attention à la marche = Mind the step! - Il ne fait pas attention (à ce qu'il dit) = He is not careful (ABOUT what he says). - (Faites) attention à ne pas tomber = Take care, be careful not to fall. - (Faites) attention aux voleurs à la tire! = Beware OF pickpockets!

c) Faire, prêter attention à qq'un, écouter ce que dit qq'un = To pay attention (TO sy.). - Faites donc attention à ce que je dis = Mind what I say.

d) Attention, remarquez, je ne suis pas sûr de ça! = Mind (*ou* mind you), I am not sure about it!

e) Faire attention à, surveiller. - Je sors, voulez-vous surveiller les enfants? = I am going out, will you mind the children? - Faites attention, prenez soin de votre sœur, surveillez-la = Take CARE OF your sister. - Il fut mis entre les mains, sous la surveillance d'un tuteur. = He was put (*ou* placed, *ou* left) IN the care of a guardian.

f) RÉCAPITULATION DES SENS DE MIND : *Remarquez*, cela lui *est égal* de *s'occuper* de vos élèves du moment qu'ils *font attention* à ce qu'elle dit = MIND you, she does not MIND MINDING your pupils as long as they MIND what she says.

Attraper, surprendre = to catch, caught, caught (GV 7).

Aucun : 2.41 ; 3.28 *c* ; 2.38.

Augmenter, élever (les salaires, la voix, etc.) : *voir* « lever ».

Aujourd'hui : 2.05 *b*.

Au moins = at least (ət'li:st) (*voir* « moins »).

Aussi : 3.01 à 3.05 ; 2.43. - **Aussi longtemps que** : 1.19...

Aussitôt que : 1.19 *et suiv*.

Autant : 2.40 ; 3.03. - **D'autant plus** : 3.24 *c*.

Autorisé à : 1.48 ; 1.33.

Autre = other. *a*) Other (ADJECTIF). - Les autres choses = The other things (other *sans* s).

b) Other (PRONOM). - Les autres = The otherS (*avec un*).

Autre ... que = other... THAN (1.58).

Autrefois = formerly; *employer aussi « la forme d'habitude »* (1.26).

Avance : Je suis en avance (d'une demi-heure) = I am (half an hour) early.

Avant = before (2.48). - Pas avant = not until (*littéralement : pas jusqu'à, ce qui, au fond, est assez logique*). - Ne venez pas avant dix heures du matin = Don't come until (*ou* before) 10 a. m.

Avant que : 1.21-5°.

Avertir, prévenir : **to warn** *et, aussi,* **to tell** (*jamais* to advertise *qui veut dire* faire de la publicité pour.) - Je vous avais averti (je vous l'avais dit) = **I told you** (*voir* « dire »).

Aveugle (2.36) : Un aveugle = **a blind man** (boy, etc.). - LES aveugles = **THE blind.** - MAIS *avec un* s : the blinds = les stores; de même : **a blind** = un store; blinds = des stores.

Aveuglé par : Aveuglé par la colère = **Blind WITH rage.**

Avis = opinion; view (*voir* « **vue** »). - ATTENTION : advice = conseils. (*Voir aussi* « accord ».)

Avoir : Qu'est-ce qu'il a? (qu'est-ce qui ne va pas?) = **What is the matter with him?** (*voir* « aller »; « mal »; « importance »).

Avoir besoin, confiance, le goût de, l'intention de, des nouvelles de, pitié de, etc. : *voir ces mots.*

Bagages = luggage (SANS s) (2.27).

Baigner (se) (GV 3) : *a*) *Dans une baignoire* = **To have (to take) a bath** (ba:θ). - Baigner un enfant = **To bath a child.**
b) *Dans la mer,* etc. = **To bathe** (beið).

Balance = **scales** (au PLURIEL *car on considère les deux plateaux, comme dans* ciseaux, *les deux lames, etc.*) *ou encore* **weighing machine** (= balance automatique à UN plateau).
ATTENTION : balance = équilibre.

Bas (*adj.*) = **low.** - A voix basse : *voir* « **haute voix** ».

Battre = **to BEAT, BEAT, BEATEN** (p. 197).

Battre (se), combattre = to fight, fought, fought (GV 3 et 4). - Vous ne devez pas vous battre = **You must not fight.**

Battu = beaten ('bi:tn) (« i » *très long*). *Ne pas conf. avec* mordu = bitten ('bitn) (« i » *très court*) (*voir* p. 197).

Beau : fine. *Ce mot, trop peu employé dans les traductions, signifiait autrefois* fin. *De la finesse, on est passé à la beauté.* Fine = beau *pour le temps, les choses rares, raffinées, le caractère, les sentiments...* : Les beaux arts = **The fine arts.**

Beaucoup : 2.09 ; 2.38 ; 2.39 *et suiv.*

Beaucoup plus : 3.24 *h.* - Beaucoup trop : **3.31, remarque.**

Besoin : Avoir besoin = **to need.** *Mais assez souvent aussi,* **to WANT** (GV 8); **to require** (GV 8) (*voir* 1.59 *et suiv., et* « espérer ») *et* to have to. - Cela a besoin d'être réparé = **It wants** (*ou* **needs**) **mending** (*gérondif* OBLIGATOIRE). - Tu n'as pas besoin de te donner tant de mal (ce n'est pas nécessaire) = **You don't have to take so much trouble** (1.33).
N. B. - To need *est soit totalement défectif, soit totalement régulier, comme* to dare (*voir* « **oser** »).

Bien : 2.08. **Bien sûr** = of course (2.07.) - **Bien sûr** que non! = Of course not!

Bientôt : soon (*voir* « tôt »).

Bien que, quoique = THOUGH (ðou- *comme* « no ») *ou* ALTHOUGH (ɔːl'ðou) (*voir* 1.21-3°). ATTENTION *à la prononciation et à l'orthographe : il y a cinq mots très proches en apparence :* a THOUGHT (θɔːt) = une pensée; THROUGH (θru:) = à travers; TOUGH (tʌf) = dur, sec; THOU (ðau) = tu *dans le tutoiement archaïque.* N. B. - THOUGH *a deux sens :*
a) Bien que je le sache = Though I know (*ou* knew) it.
b) Je le savais pourtant (cependant) = I knew it though (*voir* « cependant »).

Blessé : 2.36. *a*) *Physiquement ou moralement* = Injured.
b) *Par une arme, à la guerre...* = Wounded ('wu:ndid) (p. 200).

Blesser = to injure, *ou*, to wound (*voir* « blessé »), *ou*, to hurt = faire mal (*voir* « peine » ET « mal »).

Bœuf : *a*) *L'animal* = OX (pluriel OXEN).
b) *La viande* = BEEF - *Le paysan saxon employait le vieux mot anglo-saxon* ox. *Le seigneur normand ne connaissait que la viande servie sur la table et a imposé le mot français anglicisé* beef. (*Voir, de même*, cochon, veau, mouton.)

Boire = to drink, drank, drunk (GV 1). - Boire qq'chose dans qq'chose = To drink sg. OUT OF sg. (*la préposition* in *suggérerait que le buveur est* DANS *le verre!*) - Il but dans un verre sale = He drank OUT OF a dirty glass. - Il but dans la cuisine = He drank IN the kitchen. (*Voir aussi* « manger ».)

Boisson = drink. - Boisson alcoolisée = liquor ('likə) (*voir* « alcool »). *Ne pas conf. avec* liqueur (li'kjuə) *qui est le mot français* liqueur (Chartreuse, Bénédictine, etc.).

Bon : good, kind, nice, etc. *Consulter avec soin, un bon dictionnaire.* Kind *ne s'applique qu'aux personnes et à leurs actes.* - C'était très gentil (à vous) (de venir) = It was very kind (OF you) (to come). - Il a été très bon pour nous = He has been very kind (good) TO us. - Good *veut aussi, dire* sage. - Soyez sage! = Be good!

Bon, exact : *voir* « juste ». - A quoi bon... : *voir* « servir ».

Bouleversé : terribly upset, staggered... (2.43....). - Bouleversé de = Distracted WITH... - Il fut bouleversé par cette pensée = He was upset (distracted) AT that thought. - Il ne faut pas que cela vous bouleverse = It must not upset you; *ou*, you must not be upset ABOUT it; You must not get excited ABOUT it (GV 14) (2.43); Don't let it upset you.

Bruyamment : 2.08.

Cabinet : Cabinet d'aisances *ne se dit plus* **Water closet** *mais* **lavatory,** *ou* **public convenience** (4.20).

N. B. — *L'ébéniste* (= **cabinet-maker**) *fait, entre autres, des meubles appelés* **cabinets** (= petites vitrines).

Cacher : **to HIDE, HID, HIDDEN** (GV 4 et 3) (1.27); p. 198. - Où vous êtes-vous caché = **Where did you hide?** - Où l'avez-vous caché = **Where did you hide it?**

Camarade = **friend.** *Éviter* **fellow** *sauf dans les mots composés.* - **A school-fellow** = Un camarade de classe. - (*En effet,* **my fellows, my fellow-men** = mes semblables.)

Campagne : *voir* « pays » *et* 3.18.

Capable de = **able** (**to** + l'infinitif); **capable** (**OF** + nom ou gérondif) (1.33 ; 1.44) - Capable, compétent, en état de... = **fit to** + *l'infinitif* (*voir* « propre »).

Caractère : *mot souvent difficile à traduire si l'on ne se méfie pas, d'abord de* **character.**

a) **A character** = Un excentrique : **He is quite a character.**

b) Un type d'homme, personnage : **The character of Macbeth.**

c) Une personnalité : **He is a public character.**

d) **Feature** = caractéristique; **nature** = genre, manière. **Personality, individuality** *ne sont pas très dangereux. Restent, pour traduire le caractère d'une personne* **temper, nature, disposition** (*ce dernier plus littéraire*). - Bon, mauvais caractère = **Good, bad temper (humour)** (*voir* « humeur »). - Adjectifs : qui a bon caractère = **Good-tempered.** - Qui a mauvais caractère = **Bad-tempered.** - Méchant, qui a une mauvaise nature = **ill-natured.**

Caresser = **to stroke** (régulier) (voir p. 200) *ou* **to caress** (*plus affectueux que* **to stroke**).

Cas; en cas; au cas où : *voir* 1.21-4°.

Cas possessif : 2.22 ; 2.47.

Casser = **to break, broke, broken** (GV 4 et 3). - L'assiette s'est cassée = **The plate broke.**

Causé par, à cause de, dû à = **because of; due TO; caused BY; on account OF.**

Cave, caverne : Cave = **Cellar.** - Caverne = **Cave** (keiv).

Ce, cet, cette, ces, ceci, cela : 2.30; 2.14, note 2. C'est celà; c'est ça = **That's it.**

Ce que, ce qui : 3.29.

Célèbre (pour, par) = **famous (FOR)** (4.21); **noted (FOR); well-known (FOR).**

Celui-ci, celui-là, etc. : *a*) Je veux celui-ci = **I want this ONE.**

b) ATTENTION : Nous vîmes un homme.... CELUI-CI nous parla = **We saw a man..., HE talked to us.**

c) Nous vîmes un homme âgé et un jeune homme, CELUI-CI courait, CELUI-LÀ marchait clopin-clopant = We saw an old man and a young man; THE LATTER was running, THE FORMER was hobbling along (*voir aussi* « dernier » *c et* 4.52).

Celui de, celle de, ceux de, celles de : 2.31 ; 2.33.

Celui qui, celui que, celle qui, etc. : 2.31 ; 2.32.

Censé; être censé faire... : Il était censé travailler = He was supposed to work (1.39).

Cent : 2.25 *b*. - *Six cent un* = Six hundred AND one.

Cependant (= pendant ce temps) = meanwhile (3.15). *Ne pas conf. avec le mot suivant.*

Cependant (= pourtant) = yet, though, however [bien *prononcer* though (ðou) *comme* no].

ATTENTION : Yet *et* though *ont, chacun, deux sens différents suivant leur place dans la phrase.*

a) CEPENDANT. - *Utiliser, ou bien* THOUGH, A LA FIN, *ou bien* (AND) YET AU DÉBUT *de la phrase*. - Pourtant, je le connais = I know him, though; *ou bien* (And) yet I know him; *ou bien* I know him however (*éviter de placer* however *au début*).

b) BIEN QUE. - Bien que je le connaisse = Though (*ou* although) I know him.

c) DÉJÀ. - L'avez-vous déjà vu? = Have you seen him yet? *ou, plus clairement,* Have you already seen him.

N. B. - 1) Je ne le connais PAS ENCORE = I do NOT know him YET (*littéralement* pas.... déjà, *ce qui est logique*).

2) Although *ne peut traduire que* bien que.

3) However *a aussi, le sens de* si (*voir ce mot*).

Certainement = positively, definitely, absolutely, certainly (2.07; 1.40). *Tous portent l'accent sur la* PREMIÈRE *syllabe.*

Cesser : *voir* « arrêter » *et* « abandonner ». - **Ne pas cesser de ... :** *voir* « continuer ».

Ceux qui, (que, de...) : 2.31 ; 2.32 ; 2.33.

Chacun : 3.30.

Chaleur : warmth *ou* heat? (*voir* « chaud »).

Chance : *a*) Hasard heureux = LUCK. - Un homme qui a de la chance = A lucky man.

b) Hasard pur et simple = Chance. - Je l'ai fait par hasard, mais j'ai eu de la chance = I did it by chance but I was lucky.

c) Chance *a aussi le sens d'*occasion. - Donnez-lui sa chance = Give him a chance (*voir* « occasion »).

N. B. - (Ce n'est) pas de chance! = (It is) hard luck!

Changé (adj.) = changed (2.43 ; 2.44).

Changer = to change (GV 4 et 3). ATTENTION *à la prononciation* [tʃeindʒ; (voir 4.21)].

a) Changer de. - Il a changé DE veste = He changed his coat. - Nous avons changé DE places = We changed places (*qq'un a pris ma place et moi, la sienne*). - Nous avons changé de ville, de maison... = We moved TO a new town, TO a new house... (*ou*, INTO a new house).

b) Changer en. - Il fut changé en oiseau = He was changed INTO A bird.

Chaque : 3.30.

Charger : Charger (un fusil, un camion, etc.) (de) = To load (a rifle, a van) (WITH) (GV 14). - Le camion était chargé (de meubles) = The van was loaded (WITH furniture). - ATTENTION to charge *veut dire* faire payer, *ou* accuser.

Charger qq'un de faire qq'chose = to ask sy. to do sg.

Charger de qq'chose (ou qq'un) (se) = to deal (dealt, dealt) WITH sg. (or sy.) (GV 12). - Je m'en charge = I shall deal WITH it; I shall take care of it. - Je me charge de le faire venir = I shall see to it that he comes. - Je me chargerai de cet enfant (*voir* « surveiller » *et* « attention »).

Chargé de : Il est chargé des relations avec le public = He is IN charge OF Public Relations (*voir* « charger »).

Charmé, ravi de, par : *voir* « enchanté ».

Chaud : *ne pas conf.* WARM *et* HOT. Warm *est moins fort que* hot. *Seul* hot *peut être excessif, et seul* warm *peut être jugé insuffisant* : Il fait trop chaud = It is too hot. - Tiède = lukewarm *ou* tepid, *ou parfois* warm. - L'eau chaude = Hot water. *De même* chaleur = warmth, *ou* heat. Tiédeur = warmth.

Chercher = to look FOR (GV 13). *Noter que c'est* FOR *qui indique la recherche, et,* look LA MANIÈRE; *celle-ci peut varier suivant le cas.* - L'aveugle cherchait sa canne = The blind man was FEELING FOR his walking stick. - Cherchez! = Look! (GV 13), *ou*, Look for it! ATTENTION : to search = fouiller (un lieu, une personne...).

Chercher (aller), envoyer chercher, faire venir : *voir* « aller chercher» *et* 1.55 *c*.

Cheveux : 2.28.

Chiffre = figure, number. - Un nombre de trois chiffres = A three figure number. - Un chiffre élevé = A high figure.

Chinois : 2.35 *d*.

Choisir = to CHOOSE (tʃu:z), CHOSE (tʃouz), CHOSEN ('t:ouzn). *Attention à la prononciation et à l'orthographe; bien que* to lose (lu:z), *lui, ne prenne qu'un* o (p. 199).

Choix : *comment exprimer le choix* : 3.28.

Choquant : **offensive, unpleasant.** ATTENTION : **Shocking** *est très fort,* (= révoltant, horrible, horrifiant). - Un spectacle horrible = **A shocking sight.**

Choqué (de, par) = **offended, irritated (AT, BY)** (ou **TO** + l'infinitif) (GV 14). (**Shocked AT** = épouvanté, horrifié, révolté, *serait très fort.*)

Ciel : *deux traductions.* - Des nuages dans le ciel = **Clouds in the sky.** - Les saints vont au ciel = **Saints go to Heaven** (4.17) - Justes cieux! = **Good heavens!**

Circulation = **traffic** (*pour les autos, etc.*). (*Pas* **the circulation** *qui est le* TIRAGE *d'un journal ou* la circulation du sang.)

Classe = **class,** *dans le sens de qualité.* - De tout premier ordre = **Quite first class.** - *Mais,* la classe où l'on fait le cours = **class-room.** - La classe constituée d'écoliers = **form.** - (La classe supérieure = **the upper form.**) - L'« heure » de classe, *qui en G. B. dure, le plus souvent, une demi-heure ou trois quarts d'heure, est appelée* **period** ('piəriəd).

Client = **customer** *ou* **client** ... *et aussi* **patron** ('peitrən). - Parking pour les clients seulement = **Car Park, Patrons only.** (*Ce mot recherché devient courant.*) (*Voir* « patron ».)

Cochon : *ne pas conf.* l'animal **PIG (hog, swine)** *et* la viande = **PORK** (*voir* « bœuf »).

Coin : *a*) Angle = **Corner.**

b) Un joli coin pour les vacances = **A nice spot for the holidays.** (ATTENTION : **a coin** = une pièce de monnaie.)

Colère : En colère contre... = **ANGRY AT** sg. *ou* **WITH** sy. (GV 14) (*voir* « humeur » *et* « tempérament »). - Fâché (contre qq'un) = **Cross (WITH sy.)** (*voir aussi* « humeur »).

Collège = **school.**

N. B. - **A college** = Un des « pavillons » dans une Université anglaise (2.18 *b*) (*voir* « école »). *Mais, dans les expressions composées :* École technique = **Technical College.**

Combien : 3.06.

Commander qq'chose à qq'un : *a*) Donner des ordres = **To order sy. to** (+ l'infinitif) (GV 5).

b) Faire une commande (*à un magasin*) = **To order sg.** (**FROM** sy., a shop, etc.) (GV 1 et 2 *b*).

Comme : 3.05 à 3.07 - **Comme si** = **as if.** - C'est comme si... (*voir* « sembler » *et* 1.73). Comme = étant donné que = **AS.**

Comme pour + infinitif = **as IF TO** + INFINITIF.

Commencer = **to begin, began, begun** (GV 8) (*voir aussi* « s'arrêter »). - Commencer à = **To begin TO** + l'infinitif; **to start TO** + l'infinitif; *ou,* **to begin** + Gerund; **to start** + Gerund. - Il commença à parler = **He began to talk**; *ou,* **he began talkING; he started to talk**; *ou,* **he started talkING.** - Il commença à pleuvoir = **It started raining.**

Commencer par = to begin by, with, at. - Commençons par le commencement = Let us begin at (with) the beginning. - Il commença en battant la mesure = He began BY beating time. - Pour commencer, il a tort = To begin WITH, he is wrong. - Il commença en disant... = He began BY saying....

Comment : 3.06. - Comment appelez-vous cela = WHAT do you call this (*ce qui est logique; il ne s'agit pas de la* MANIÈRE *d'appeler; voir* « appeler »).

Commode, pratique = convenient; handy (= maniable).

Commodité = convenience. - (Commodity = Un produit, une denrée.) - (Public conveniences = Les W. C. publics.)

Compas = compasses (*toujours au pluriel comme ciseaux, etc.*). (ATTENTION : *au singulier*, a compass = une boussole.)

Compléments : ordre des compléments : 2.10 *et suiv.*

Complètement : 2.44.

Compléter qq'chose = to make sg. complete. - *En effet* to complete *veut dire* compléter, MAIS SURTOUT, ACHEVER. - Se compléter = To BE complementary.

Comporter, se composer de : *voir ce mot.*

Comporter (se) = to behave (*voir* « se tenir »).

Composer (se) de : Une partie se compose de (comporte) deux mi-temps = A game consists OF two halves (*ne pas se tromper sur la préposition : voir* « consister »).

Composés : Temps composés des verbes : 1.15.

Comprendre : *a*) Concevoir = To understand, understood, understood; *et aussi* to realize = se rendre compte. - Il a compris comment on fait cela = He understood HOW to do it (GV 9).

b) Se composer de (*voir ce mot*).

Compter : *a*) Je sais compter = I can count.

b) Compter SUR qq'un = To rely ON sy.; *ou*, to trust sy. (1.39). - On peut compter sur lui, c'est un homme sûr = You can rely ON him, he is a reliable fellow (*voir* « confiance »).

c) Compter sur qq'un pour faire qq'chose (*voir* « attendre »).

d) Compter = faire payer (*voir ce mot*).

Concerner : to concern. MAIS concerned = concerné, intéressé, *devient très facilement* plein de sollicitude, peiné, ATTRISTÉ, INQUIET (2.43) (*voir aussi* « mêler »). N. B. - Unconcerned = indifférent.

Condition que (à) : 1.21-4°. - Dans ces conditions = Under the circumstances (4.09).

Conditionnel : 1.33 ; 1.17 *et suiv.*; 1.35 *et suiv.*; 1.47 ; 1.60.

Conducteur (*de voiture*) = driver. ATTENTION : The conductor = Le receveur *d'autobus*.... (*voir ce mot*).

Conduire, mener, diriger = to **LEAD** (li:d), **LED** (led), **LED** (led). *Ne pas conf. avec les verbes de forme très proche* (p. 198).
N. B. - Le plomb = **lead** *se prononce* (led).
Conduire *c'est aussi* « emmener » (*voir ce mot*).

Conduire (qq'un) (en voiture) : to drive (draiv), **drove,** driven ('drivn) (sy.) (1.32).

Conduire (se), se comporter : *voir* « se tenir ».

Conférence : *a*) Faite par un conférencier; cours d'Université = Lecture. - Conférencier = **Lecturer.** - Il n'assiste jamais au cours = **He never attends the lectures.**
b) Réunion de personnes (*qui discutent une question*) = Conference, meeting, committee.

Confiance = confidence, trust. *a*) Avoir confiance (en qq'un) = To have confidence (IN sy.); to trust sy.
b) En confiance ET avec confiance, avec assurance (*ce qui ne veut pas dire* en confidence) = confidently.
c) Confiant, confiant EN SOI, qui a confiance EN SOI, sûr de soi = confident, self-confident.
d) En qui on peut avoir confiance; sûr = **reliable** (ri'laiəbl) (*voir* « compter » *et* « sûr »).

Confidence : *la traduction la plus simple :* une confidence = a secret (*ne pas employer* confidence; *voir mot précédent*). *Par contre, l'adjectif* : confidentiel = **confidential** *et l'adverbe* = confidentially. - Il me l'a dit en confidence, il me l'a confié = He told (so) me confidentially. *Ne pas confondre avec* confidently (= avec assurance, confiance en soi).

Confier : *a*) *L'idée de confiance n'a pas à être soulignée.* - Confiez-le moi (un objet...) = **Leave it WITH me.** - *S'il s'agit d'un acte :* Laissez-moi faire = **Leave it TO me, trust me,** *ou, plus littéraire :* entrust it to me.
b) Confier (faire part de) qq'chose à qq'un = To Tell sy. ABOUT sg. - Confiez (racontez) le moi = Tell me ABOUT it. - Confier un secret (*voir* « confidence ») = **To tell a secret.**
c) Confier qq'un (ou qq'chose) à qq'un = To put sy. INTO sy.'s hands; to leave **sg.** IN **sy.'s hands** *ou* in the care of sy.

Connu de : C'est un fait connu de tous = This fact is known TO (*ou* by) **everyone** (2.44).

Conseil; conseiller (à) qq'un (de ...) = **to advise sy.** (to ...) (*avec un* s). - Des conseils = **Advice** (*avec un* **c**). *Ce mot est un* SINGULIER COLLECTIF. - Ce que je veux ce sont vos conseils = What I want IS your advice. - Il me donna de bons conseils = He gave me good advice. - Voici UN bon conseil = **Here is a** good PIECE of advice (2.27).

Conservation : L'instinct de conservation = **The instinct** of preservation. - *Les mots qui suivent confirment ce léger désaccord entre les deux langues.*

Conserver = to KEEP, KEPT, KEPT, *et aussi* to preserve. - Se conserver. - Cela se conserve bien = It keeps well. - Conserves (alimentaires) = Preserves, *ou* tinned food, fruit, *etc.*

Considérer : *a*) Je le considère comme un simple = I regard him AS a half-wit, *ou*, I look on (*ou* upon) him AS a half-wit, *ou* I consider him (to be) a half-wit, *mais*.

b) To consider, *c'est surtout* tenir compte de, prendre en considération. - Quand je considère comment il a vécu = When I consider how he lived (4.41).

Consister : ATTENTION : *deux prépositions possibles suivant le sens.* *a*) Consister EN, se composer DE, comporter = to consist OF (*voir* « se composer »).

b) Consister A (*ou* DANS), revenir à. - La discipline consiste à obéir = Discipline consists IN obeying (*ou* IN obedience).

Construction de la phrase : 2.01 à 2.14. - **Place de l'adverbe** : 2.01 à 2.09.

Content, satisfait, heureux (de) = pleased (WITH), satisfied (WITH) (GV 14), happy TO (+ l'infinitif), glad TO (+ l'infinitif). - Il était content (de moi) = He was pleased (WITH me). - Êtes-vous content (de votre travail)? = Are you satisfied (WITH your work)? (*voir* « plaire » et 2.43 ; 2.44).

Glad et happy *sont suivis de* TO + l'infinitif; *ou de* that *souvent sous-entendu*; *ou de* ABOUT sg. - Je suis content de l'apprendre = I am glad TO hear that. - Je suis content que vous ayez réussi = I am glad (that) you succeeded. - Il est content que je vienne = He is glad I am coming. - Je suis content d'être venu = I am glad I came. - ÉVITER glad of... *Mais dire :* Il est venu, j'en suis content = He came, I am glad of it (it *représente une* PROPOSITION, *non une personne ou une chose*). - Êtes-vous content de votre soirée? = Did you enjoy your evening? (*voir* « plaire »).

Contenter = to please (*voir* « plaire »). - Il est difficile à contenter = He is hard (*ou* difficult) to please.

Contenter de (se) : se satisfaire de. *a*) To be content WITH. - Il se contentait de ce qu'il avait = He was content WITH what he had; *ou*, He contented himself WITH what he had.

b) *Dans le sens faible.* - Il se contenta de nous regarder = He merely (*ou* simply) looked at us.

Continuer = to continue (GV 8) *ou*, *mieux*, to GO ON (go, went, gone) (GV 8 *obligatoirement*). - Il continua (à parler) = He went on (talking). - Ne pas cesser = to keep, to keep on (GV 8). - Il ne cesse pas de bavarder = He keeps (on) (*ou* he never stops) talking.

Contraire à, opposé à (*adj.*) = contrary TO. - Le contraire (*nom*) (de) = The contrary(OF); the opposite (OF). - (Opposite TO = en face.) - Au contraire = ON the contrary.

Contrarier : *a*) Contrarier qq'un = **To annoy sy.; to vex sy.** (*Ce mot a donc, un sens plus large que* vexer). - Cela la contrariera = **It will vex her** (*voir* « peiner »).

b) Contrarier (des projets, etc.) = **To interfere WITH.** - Il nous a contrarié dans notre travail = **He interfered WITH our work** (*voir* « gêner »).

Contrarié (par) = *a*) *Quand il s'agit de personnes contrariées par qq'chose* (GV 14) : **vexed (AT), annoyed (AT sg.**; *ou* **WITH** *ou* **BY sy.), upset,** (2.43).

b) *S'agissant de plans, de projets contrariés* (*voir* « contrarier » *b*).

Convenable : *a*) Un homme très convenable (correct moralement) = **A very decent** ('di:snt) **fellow.**

b) Chose convenable, pratique, commode = **Convenient.** - **Agreeable; suitable** = Qui convient à qq'un (*voir* « agréable »; « convenir »).

Convenir à qq'un : *a*) *Dimension, forme...; ou encore emploi du temps, convenance personnelle.* - Cette veste ne me va pas. = **This coat does not fit me.**

b) *Couleur, style... question de goût personnel.* Cette veste ne me convient pas = **This coat does not suit me** (*voir aussi* « agréable »).

Convenir de : *voir* « accord ».

Côté : *a*) A côté de... de plus (*voir* « outre »).

b) D'un côté..., d'un autre côté. - D'un côté j'ai tort, d'un autre côté (d'autre part) lui aussi = **On the one hand, I am wrong, on the other hand, so is he.**

N. B. - *On emploie surtout* **on the other hand,** *la première partie de l'expression étant sous-entendue.*

Coucher et se coucher : *Ne pas conf. a*) *b*) *et c*).

a) ÊTRE couché, ÊTRE allongé, ÊTRE étendu; reposer = **to LIE** (lai), **LAY** (lei), **LAIN** (lein) (p. 198) [*le plus souvent employé à la forme progressive pour éviter la confusion avec b)*]. - Elle était allongée sur son lit = **She was LYING on her bed.** - Je suis couché depuis trois mois = **I have been lying in bed for three months.** - Ci gît; ici repose, John Brown = **Here LIES John Brown.**

b) SE coucher, S'allonger, S'étendre (GV 3) : *Ajouter* **DOWN** *au verbe précédent pour indiquer le* MOUVEMENT. - Elle s'allongea sur son lit = **She lay DOWN on her bed.**

N. B. - *Pour le soleil,* se coucher = **to set, set, set** (p. 199) : Le soleil ne s'est pas encore couché = **The sun has not set yet.**

c) Coucher, allonger, étendre (à plat), poser, mettre (à plat) (*et* pondre) = **To LAY** (lei), **LAID** (leid), **LAID** (leid) (p. 198). - Ils posent, étendent, une seconde couche = **They lay (they are laying) a second layer.** - On l'allongea sur le lit = **They laid her on the bed.**

N. B. - **To lay DOWN** (*down indiquant le mouvement vers le bas*) = déposer, installer, mettre bas...

Coudre = **to sew** (p. 200).

Couler : *a*) Le bateau coula = **The boat sank (to SINK, SANK, SUNK).**
b) Le fleuve coule = **The river FLOWS** (régulier, p. 198).
ATTENTION : *ne pas conf. avec* « voler » (*comme un avion*) to fly, flew, flown (p. 198).

Coup : *Venant du verbe* frapper = **to STRIKE, STRUCK, STRUCK,** *le substantif,* un coup = **A** stroke (*sens général*) (p. 200). *Employer, aussi,* **a** blow (= coup de poing, *etc.*). - Coup de soleil = **Sun stroke.** - **Stroke** *s'emploie pour traduire* : une attaque (d'apoplexie), **un coup** *de raquette, de batte, d'aile, d'aviron,* une brasse (*de nageur*), un temps *de moteur* (un moteur à quatre temps = **a four-stroke engine**), un coup d'horloge. - (**The clock struck the last stroke of midnight;** *voir* « frapper »).

Coup d'œil : *voir* « regarder », « lancer ».

Courant : Au courant de, conscient de = **Aware of, informed of.** *On peut, plus simplement, utiliser* **to know ABOUT; to hear ABOUT** (*voir* « entendre parler de » *et* « renseigné »).

Cours : *a*) Au cours de (pendant) la semaine (3.15) = **In the course of the week.** - Suivre son cours = **To follow one's course** (1.27).
b) Un cours de six mois à l'Université = **A six month course.**
c) Le cours (la leçon) d'aujourd'hui = **Today's lecture** (*à l'Université*) (*voir* « conférence »), *ou* **today's lesson** (*à l'école*).

Course de chevaux = **horse-race.** - Cheval de course = **Race-horse.** - Faire les courses (les commissions) = **To do the shopping; to go on an errand** (*plur.* : **on errands**).

Court; à court de : *voir* « manquer » *c).*

Couvrir qq'chose de qq'chose = **to cover sg. WITH sg.** (GV 1). ATTENTION : recouvrir : *a*) **To cover;** *b*) **To cover again,** *seulement s'il y a répétition. c*) **To cover up** = couvrir complètement. - La neige (re)couvrait les collines = **The snow covered the hills.** - Des collines (re)couvertes de neige = **Hills covered WITH snow.**
ATTENTION : **recover** = **aller mieux,** recouvrer la santé.

Craindre qq'chose = **to fear sg; to dread sg.; to be afraid OF sg.** (*voir* « peur »). - **Craindre que** : 1.21-1°, p. 104.

Crainte; de crainte que = **for fear of** + gerund, *ou bien* **for fear** + *le subjonctif avec* **should** (1.21-3°).

Cri = **shout; cry.** *Bien que,* **to cry** = pleurer (*voir* « crier »).

Crier (de) : Il cria (de joie) = **He shouted (WITH joy)** (*et pourtant,* un cri = **a cry**). *Noter que* **to CRY** = PLEURER; MAIS **to cry OUT (WITH)** = s'écrier (DE) (GV 14). *Il existe de nombreux verbes traduisant l'idée de crier, hurler, etc.* : **to shriek, scream,** (= cris perçants, aigus); **to howl** (= hurler); **to squeak** (= *cri de souris*); **to squeal** (= glapir); *etc.*

Critique : LE critique = the critic. - LA critique (*synonyme de* blâme) = criticism. - La critique (*article rédigé par le critique*) = review. - Critique (*adj.*) = critical (*voir* « reprocher »).

Croire : *a*) *Sens faible* = To think (GV 10).
b) *Sens fort* (avoir la conviction) = To believe (GV 10).
c) On se croirait (1.72 à 1.74).

Cruel envers, avec : Ne soyez pas cruel envers les animaux = Don't be cruel TO animals.

Cultiver, faire pousser : *voir* « pousser ».

Curé = vicar, *et, naturellement* (!) le vicaire = the curate.

Curieux : *a*) Étrange = odd, strange (*voir* « étranger ») *et* curious ('kju:riəs). - N. B. - Queer = bizarre, douteux, malhonnête, mal à l'aise, ivre....
b) Curieux, indiscret. - Les enfants sont souvent curieux = Children are often inquisitive.

Date : *Comment traduire la date :* 3.19 *et suiv.*; 2.22 *d.*

De (préposition) (2.48) : *Quand* DE *indique la* CAUSE, *la raison, l'instrument, il se traduit souvent par* WITH, *parfois par* AT (*voir* GV 14) : Blanc DE peur = White WITH fear. - Il le poussa DU genou = He pushed it WITH his knee. - Il le frappa DE son épée = He struck him WITH his sword. (*Voir* « accompagner »; « content »; « entourer », *etc.*).

De la, du, des (partitifs) : *voir* 2.41; 2,14.

De qui, dont, duquel : 2.47.

De même (que) : 3.01 ; 3.05.

Debout : Se tenir, être debout = to STAND, STOOD, STOOD, *et*, to be standING, *si cette position n'est pas permanente :* L'arbre est dans le jardin = The tree stands in the garden. - Mon frère était (debout) près de l'arbre = My brother was standing near the tree. - Se mettre debout = To stand UP (up indique le MOUVEMENT). *Ne pas conf. avec* rester, demeurer = to stay, stayed, stayed (régulier) (p. 200).

Débrouiller (se) : *voir* « s'arranger », « réussir ».

Déception = disappointment. - ATTENTION : deception = tromperie, fraude (*voir mot suiv.*).

Décevoir qq'un = to disappoint sy. - Être déçu par = To be disappointed (AT, *ou* WITH *ou* BY) (GV 14). - ATTENTION : To deceive sy. = Tromper qq'un, induire qq'un en erreur.

Décidé à, résolu à = resolved ON, decided ON (+ *nom*) (2.48 ; 2.44) *ou* resolved (TO + l'infinitif) (*voir* « décider »).

Décider (se) : (GV 4 et 3). Décidez-vous = Make up your mind. - Il est parfois difficile de se décider = It is sometimes hard to make up one's mind. - (ATTENTION à « one's » ; voir

1.27). - Il se décida à faire une promenade = **He decided (*ou* he made up his mind) to go FOR a walk.** - Décider que = **To decide that...**

Découvrir = **to discover; to find (out)** (GV 11). — Il a découvert la manière de le faire = **He discovered HOW TO do it** (GV 9). - **To find out** = Découvrir la vérité en quelque matière.

Déçu : *voir* « décevoir ».

Défectifs : verbes défectifs : 1.33 ; 1.01 à 1.03; 1.44 *et suiv.* (pouvoir); 1.34 *et suiv.* (devoir).

Défendre, interdire qq'chose à qq'un = **to FORBID, FORBADE** (fə'bæd), **FORBIDDEN** (GV 5). *Ne pas conf. avec les verbes ayant le même préfixe* for... (p. 198). - Il a défendu à mon frère de parler = **He forbade my brother to speak.**

Défini, définitif : *ne pas conf. a) et b) :*

a) Défini, net précis, clair, distinct = **Clear, precise, distinct, definite.** - Une offre précise = **A definite offer.** - Absolument, sans aucun doute = **definitely.**

b) Définitif, qui marque la fin = **final, definitive, decisive.** - En définitive = **Finally** [prononcer ('fainəli)].

Dégâts : *voir* « dommage » *et* « mal ».

Dégoûté de : J'en suis dégoûté = **I am disgusted WITH it** (GV 14) (2.43). - *Vulgairement* j'en ai marre de... = **I am fed up with...** (*voir* « fatiguer »).

Degré : *Adverbes de degré :* 2.06 ; 2.42 *et suiv.*; 3.03 ; 3.06 ; 3.31.

Déjà : **yet** *ou* **already? Yet** *est délicat à manier, il a aussi le sens de* cependant (*voir ce mot*). - Je l'ai déjà fait = **I have already done so.** - Dort-il déjà? = **Is he asleep yet?** *Dans le sens de* déjà *ne pas placer* **YET** *au début de la phrase* (*voir* « cependant »). *Donc, dans les affirmations, employer* **already**; *dans les interrogations et négations, employer* **yet.**

N. B. - **Not yet** = pas encore (*voir* « encore »).

Délicieux : *a*) *Charmant* = **delightful.**

b) *Délicieux à l'odeur, au goût* = **delicious** (di'liʃəs).

Délivrer = **to liberate, to set free.** (*Éviter* **deliver** = livrer une marchandise, etc.).

Demande, formulaire : Il faut remplir une demande = **You must fill IN** (*ou* **UP**) **a form** (*ou* **an application form**) (*voir plus bas,* « demander, solliciter », p. 33). - Demande en mariage = **proposal.** - Demander la main : Lui avez-vous demandé sa main? = **Did you propose TO her?**

Demander qq'chose = **to ask FOR sg.**

Demander (qq'chose) à qq'un = **to ask sy. (sg.)** (GV 5 et 2 *a*) *ou plus rarement,* **to ask sg. FROM sy.** - Demandez-lui = **Ask him** (*voir mot suivant*).

Demander (à voir) qq'un = to ask FOR sy. *Ne pas conf.* : ask Jim = demandez A Jim, *avec* ask FOR Jim = demandez (à voir) Jim.
Se renseigner sur (*voir ce mot*) = To ask about sg. (*ou* sy.).

Demander à qq'un (de faire qq'chose qui le dérange) : *voir* « ennuyer » *d*.

Demander que : 1.21-1°.

Demander, solliciter, faire acte de candidature = to apply FOR. - Il (m')a demandé ce poste = He applied (to me) (FOR the job) (GV 1) (*voir* « s'adresser »).

Demander (se) = to wonder *suivi de* : if, whether, how, what, who, when... - Je me demande (s'il viendra) = I wonder [if (*ou* whether) he will come] (*voir* « si » *et* 4.12).

Demeurer (GV 3) (*longtemps*) = to remain. - *Pour un bref séjour* : To stay, stayed, stayed (*régulier*) (p. 200) (*voir* « rester »).

Démonstratifs : 2.30.

Démuni de : *voir* « manquer » *c*.

Dépasser : *voir* « ressortir » *ou* « doubler ».

Dépêcher de (se) (GV 3) : Il faut vous dépêcher = You must hurry (UP). - Il se dépêcha d'aller à la gare = He hurried TO the station. - Il se dépêcha de traverser la rue = He hurried ACROSS the street, *etc.* (*voir* 1.32).
N. B. - UP *disparaît quand apparaît la préposition.*

Dépendre : Cela dépend (de vous) = It depends (ON you).

Dépenser une somme (en, à) = to spend one's money (ON). - Il dépense tout son argent (en livres) = He spends all his money (ON books) (*voir* « passer »).

Dépensier, prodigue = extravagant. (*Le mot français* extravagant *se dit* foolish, absurd, *etc.*). - Extravagance = foolishness, eccentricity.

Déposer = to put, *ou* (poser à plat) = to LAY, LAID, LAID (p. 198) (*voir* « coucher » *c*).

Depuis : *mot très trompeur* (1.06 *et suiv.*; 3,08 *et suiv.*).

Depuis que = since (*voir* 3.08 *et suiv.*).
ATTENTION : Since *veut également dire* puisque.

Dérangement (*voir* « ennuyer » *d*) : *a*) Disorder, confusion. *b*) Dérangement que l'on cause à qq'un = Trouble; inconvenience. - Si cela ne vous dérange pas = If it is no trouble (to you). - Ce fut un grand dérangement = It was a great inconvenience.

Déranger : Est-ce que je vous dérange? = Am I disturbing you? Am I troubling you? (*voir* « ennuyer », « importer » *b*).

Dernier : *Est-ce* **Last,** *ou* **THE last,** *ou* **the LATTER?**
a) L'hiver dernier (*il y a un an tout au plus*) = Last Winter (pas d'article). - Ce fut le dernier hiver que nous avons passé en Californie (*nous n'y sommes pas allés depuis*) = It was THE last Winter that we spent in California.
b) Connaissez-vous les (toutes) dernières nouvelles? = Do you know the LATEST news?
c) LATTER, *opposé* à FORMER. - Pierre et Jean aimaient cette jeune fille; [le premier (celui-là) l'épousa] ce dernier (celui-ci) mourut = Peter and John loved that girl, (the former married her) the latter died (*voir* « celui-ci »).
N. B. - latter (*avec deux* t) *se prononce* ('lætə). *Mais* later (= plus tard) *se prononce* ('leitə).
NE PAS CONFONDRE LAST *et* LEAST (li:st) : The least = le moins (*superlatif de* little). - C'est le moins que je puisse faire = It is the least I can do.
Enfin = AT LAST. - Du moins = At least.
NE PAS CONFONDRE : less (les) = moins (*comparatif*) *et* THE least (li:st) = LE moins, LE moindre (*superlatif*).

Dernièrement, récemment, il y a peu de temps = lately (2.05). - Dernièrement, finalement = finally; lastly.

Dérober : *voir* « voler ».

Désapprouver (qq'un ou qq'chose) = to disapprove (OF sy. or sg.) (4.35) *ou,* to object (TO sy. or sg.) (*voir* « égal »).

Dès que : 1.19 *et suiv.*

Descendre (GV 3 et 11) du train... = to get OFF the train...

Désert (*le Sahara, etc.*) = desert. ATTENTION *à la prononciation* ('dezət). *Ne pas conf. avec* dessert, entremets = dessert (di'zə:t). - Je n'aime pas le melon comme dessert = I don't like melon as a dessert. ATTENTION : *le verbe* déserter = to desert (di'zə:t) *augmente encore la confusion.* - La ville fut désertée = The town was deserted (di'zə:tid).

Désintéressé : *voir* « intéressé ».

Désirer : 1.59 *à* 1.65. - **Désirer que** : 1.21-1°.

Désirer qq'chose = to wish FOR sg. (1.63).

Désirer ardemment, vivement qq'chose : *voir* « inquiet », « espérer », « besoin », « tarder » *et aussi* 1.63.

Désobéir à qq'un = to disobey sy. (*voir* « obéir » *et* 4.35).

Désolé = sorry. - Je suis désolé *se traduit souvent par* I am afraid, I am sorry. - Je suis désolé d'apprendre cela = I am sorry TO hear that. - Je suis désolé de ne pas pouvoir venir = I am sorry I can't come; I am afraid I can't come. [*Ne pas conf. avec :* I am afraid OF (*voir* « peur » *et* « navré »).]
Être désolé que : 1.21-1°.

Dessein (= but) = purpose; object. - **Dessein** (= projet) = design.

Desserrer, détendre, relâcher = to make loose (lu:s), to loosen ('lu:sn). *Ne pas conf. avec le verbe* perdre = to lose (lu:z), lost, lost *de prononciation et d'orth. différentes* (p. 199).

Dessert = dessert (di'zə:t). ATTENTION : *voir* « désert ».

Dessiner = to draw, drew, drawn (to design sg. *veut dire* projeter, dresser les plans de qq'chose; *voir* « dessein »).

Détendre, desserrer : *voir ce mot.*

Détendu, relâché = loose (lu:s) (*avec deux* o) *voir* « desserrer ».

Détester = to hate (GV 8). **Détester que** (1.21-1°).

Deux : Tous les deux = both (3.28 *b*). - Les deux fois = Both times. - Les deux hommes = Both men. - Les deux autres = Both of the others. - Ces deux femmes = Both of these women. - Nous deux = Both of us. - Prenez-les tous les deux = Take both (of them). - Jean et Jacques étaient tous les deux là = Both John and James were there (*ou bien* both *après* were). - Nous y sommes allés tous les deux = We both went.

Développer (les muscles, les facultés, le commerce, les photos...). = to develop (GV 4 *et* 3) (4.41) - Il se développait de manière satisfaisante = He was developing satisfactorily.

Devenir (GV 3) = to get, got, got; *ou,* to become, became, become. *Ne pas conf. avec les autres verbes ayant* be *pour préfixe* (p. 197).

a) Qu'êtes-vous devenu? = What HAS become OF you?

b) Devenir riche, vieux, gros, fort... = To get rich, old, fat, strong... - *Employer aussi* to grow (grew, grown) rich, old... *surtout quand il y a idée de croissance.*

Devoir (verbe), **falloir :** 1,01 *à* 1.03 ; 1.17 *et* 1.33 *et suiv.* - Devoir (avoir une dette) = To owe (*régulier*) : je lui dois 2 livres, la vie.... = I owe him two pounds, my life... (1.43).

Différence : Cela ne fait aucune différence = It MAKES no difference.

Différent de = different FROM.

Difficile : *a*) Hard, difficult. *Mais,* Difficilement = With difficulty. *Se méfier, en effet, des deux adverbes dérivés de* hard (voir « peine »).

b) Ne soyez pas si difficile = Don't be so fussy [A fuss = DES embarras, des chichis (1.55 *a*)]; *ou,* Don't be so particular (= difficile à contenter; délicat) (4.41).

Difficulté = difficulty, *mais, aussi,* trouble (*voir* « mal »; « ennui »). - Il eut de la difficulté à trouver = He had trouble (difficulty) IN finding. - Il était en difficulté = He was in TROUBLE (*voir* « ennui »).

Digne : Un homme digne = **A dignified, respectable man.** - Digne DE (récompense....) = **Worthy of (reward...).**

Dîner = dinner ('dinə); *ne pas conf. prononciation, sens, et, orth., avec* dîneur = diner ('dainə).

Diplôme (universitaire) = **degree** (*comme un degré centigrade*, etc.). - Il a son diplôme = **He has his degree** (*voir* « étudiant »).

Diplômé (de l'université) : Un diplômé = **A graduate.** - Il (est) a été diplômé (*il a été reçu à l'examen*) = **He graduated** (U. S. A.); **he took his degree** (G. B.) (*voir* « étudiant » *et* « diplome »).

Dire : 1.66 *et suiv.* - **On dirait** (1.72 *et suiv.*). - On dit que (1.29 *b*).

Disposer : *a*) Exposer : *voir* « exposer », « installer ».
b) Disposer de, avoir à sa disposition : **To have at one's disposal**, *ou simplement*, **to have; to use; to take.** - Vous pouvez disposer de mon dictionnaire = **You can have (take, use) my dictionary.** ATTENTION : **to dispose OF** = se débarrasser de.

Distances : *Expressions de distance* : 3.21 ; 2.24 *f*.

Distinguer, « voir » une couleur, une différence : 1.71.

Distinguer deux choses l'une de l'autre : *voir* « reconnaître » *ou* « apercevoir ».

Distraction : *a*) **Amusement.**
b) Etourderie = **absent-mindedness** (*voir mots suivants*).

Distraire = **to amuse.** - ATTENTION : **distracted** = fou, aliéné (**distraction** = folie) (*voir* « s'amuser »).

Distraire (se) : *voir* « s'amuser ».

Distrait : *a*) Amusé = **Amused, diverted** (*voir* « distraire »).
b) Distrait, étourdi = **Absent-minded.**

Dommage : *a*) C'est dommage! = **It is a pity!** - Quel dommage! = **What a pity! What a shame!** *ou* **(It is) too bad!**
b) Il n'y a pas de mal (pas de dégâts) = **There is no damage** (*ou* **no harm**) **done** (*voir* « mal » *et* « tort »).

Donc, ainsi : 3.02.

Donner = **to give, gave, given** (GV 2 *a et* GV 5).

Dont, de qui : 2.47 ; 2.22.

Doubler, dépasser (en voiture) = **to overtake, overtook, overtaken.**

Doucement : *a*) Lentement = **slowly.**
b) Avec douceur = **gently, softly...** (*voir* « doux »).
c) Sans bruit, tranquillement = **quietly** (*voir* « haute voix »).

Douter : ATTENTION : *ne pas conf. le sens en français* : j'en doute (= je ne le crois pas) = I doubt it. - Je doute qu'il vienne (je ne pense pas...) = I don't think (*ou* expect) (that) he will come. - Douter que : 1.21-1°. - SE douter de : Je m'en doutais = I suspected it; I thought as much; I am not surprised (AT that). - Je doute de lui (de son courage, etc.) = I have doubts ABOUT him (his courage, etc.).

Doux : *a*) Doux au toucher, mou = SOFT.

b) Au goût, à l'odorat, à la vue, sucré = SWEET (*voir* « tempéré »). - Doux *de caractère* = gentle (*ou* sweet *qui est plus affectueux ou enfantin*).

c) Doux, lisse au toucher = SMOOTH.

MAIS *d*) Eau DOUCE = fresh water. - Poisson d'eau douce = Fresh-water fish. *Mais* eau FRAICHE = cool (*ou* cold) water.

Douzaine = dozen ('dʌzn) (4.12; 2.25).

Dresser (élever) = to lift, to raise (p. 199) *etc.*

Droit : *a*) Il étudie le droit = He studies LAW (la loi).

b) Le droit de.... (*voir* « raison »). -*c*) Tout droit = Straight on.

Droite, à droite : *a*) C'est à droite = It is ON the right.

b) Tournez, allez... à droite = Turn, go... TO the right (*car il y a* MOUVEMENT).

c) La page de droite = The right-HAND page, *car* the right page = la bonne page, la page qu'il faut.

Du, de, de la, des (partitifs) : 2.14 ; 2.41.

Dû à : *voir* « causé ».

Dur, durement : *voir* « peine » *et* 2.08.

Échapper (s') : GV 3. *a*) Il s'est échappé = He escaped.

b) Echapper à qq'un (*ou* qq'chose) = To escape sy. (*ou* sg.). - Il échappa A la prison, AU danger = He escaped imprisonment, danger. [Fuir : *voir* to fly *et* to flee (p. 198)].

c) Il s'échappa DE prison = He escaped FROM prison.

d) *etc.* (*voir un bon dictionnaire*).

Échouer (à) = to fail (IN). - Il a échoué (à son examen) = He failed (IN his exam). - *Ne pas conf. avec* Don't fail TO tell him = Ne manquez pas (n'oubliez pas) de lui dire.

Éclairer qq'chose (ou qq'un) de, par, avec = to LIGHT, LIT, LIT. (*Ce verbe est également* RÉGULIER.)

a) *Sens concret* : To light sg. WITH. (GV 14). - *Au passif* : La chambre était éclairée par une chandelle = The room was lit BY a candle.

b) *Sens figuré* : Ses yeux s'éclairèrent, (brillèrent) (d'envie) = His eyes lit (up) (WITH envy) (GV 14).

École, collège = school (*éviter* college; *voir* « college »). *Le système scolaire anglais étant très différent du système français, la traduction est souvent délicate. Savoir que* a Public School = une école secondaire, PRIVÉE, indépendante, assez aristocratique, souvent réputée (Eton, Rugby, Harrow, Charterhouse). *Tandis que* Oxford *et* Cambridge *sont des Universités.*

Écossais : 2.35 *a* et *b*.

Écouler (s') : *voir* « passer ».

Écouter (qq'un) = to listen (TO sy.) (GV 13) (4.32). Ecoutez-moi! = Listen TO me! - Ecoutez = Listen; *ou*, listen TO that (*pas de préposition s'il n'y a pas de complément*).

Écraser : *a*) To crush, to squeeze, etc. (*voir un dictionnaire*). *b*) Écraser en voiture = To run over (*en fait, la voiture* passe sur...). - Il fut écrasé (par un camion) = He was run over (by a lorry) (GV 11).

Écrier (s') de (surprise, etc). = to cry out (WITH surprise, etc.) (GV 14) (*voir* « crier ») *ou encore* to exclaim.

Écrire qq'chose sur (à propos de) qq'un : Il a beaucoup écrit sur Dickens = He wrote (a lot) ABOUT Dickens (*ou* ON Dickens). - [To write (rait), wrote, written ('ritn)].

Éditer = to publish. - Éditeur = publisher. *En effet*, the editor = le présentateur d'un livre : *il écrit la préface, les notes, ou* le rédacteur en chef (*voir, pourtant le mot suivant*).

Édition (d'un livre ou d'un journal) = edition. Numéro d'un journal = issue. - Numéro spécial = Special issue (*ou* Extra issue).

Effort = effort ('efət) (*voir* « mal »; 1.55 *a*; 4.41).

Effrayé : Effrayé (PAR) = Afraid (OF) (*voir* 2.37; « peur » et 4.21); frightened BY (*ou* OF *pour une peur habituelle et* AT *pour une peur occasionnelle*.) - *Pour une peur soudaine et irraisonnée employer* scared (*mot courant que les Français ignorent souvent*). - Très effrayé (de) = Very MUCH afraid (OF) (2.43); MUCH frightened (BY) (GV 14) (2.43; 2.44).

Effrayer = to frighten *ou* to scare. *N'employer* QUE CES DEUX VERBES (*et*, JAMAIS, afraid; *voir* « peur »). - Tu ne devrais pas l'effrayer (lui faire peur) = You should not frighten her.

Égal, indifférent : cela m'est égal, peu m'importe : *voir aussi* « importance », « ennuyer », « attention ».

a) Cela m'est égal, je n'ai rien à dire contre cela, cela ne me dérange pas = I don't MIND (*employé surtout dans les interrogations, les négations et au conditionnel*); *ou*, I don't OBJECT (TO + nom *ou* + gerund). - Elle ne semble pas se soucier du froid; il semble que le froid ne la gêne pas; LE FROID semble lui être égal = SHE does not seem to mind the cold. - Cela ne me dérange pas (que vous restiez) = I don't mind (if you stay); I don't mind (your staying); I don't object (TO your staying).

- J'espère que cela ne les dérangera pas (que nous venions) = I hope they won't mind (our coming); I hope they won't mind (IT) if we come; I hope they won't object TO our coming. - Cela vous ennuie-t-il que je fume? = Do you mind if I smoke?; Do you mind my smoking? Do you object TO my smoking? - Est-ce que cela vous ennuierait de fermer la porte? = Would you mind shutting the door?

N. B. - To object *est plus fort que* to mind : *on prévoit des objections possibles, des reproches...*

b) Cela m'est égal, je m'en désintéresse, je m'en moque, je ne m'en soucie pas = I don't CARE *souvent suivi de* what, which, how, when, whether, if, etc. *et employé dans les interrogations ou négations et au conditionnel.* En effet, to care = apprécier (*voir plus bas, c*). Je ne m'en soucie pas (plus que de ma première chemise...) = I don't care (a fig, a hoot...). - Elle ne se souciait pas de ce qui arriverait = She did not care what happened. - Ce qu'il peut dire m'est (complètement) égal = I don't care (at all) what he says; (*ou*, I could not care less...). NE PAS CONF. avec :

c) To care FOR (+ nom) = aimer; to care TO (+ l'infinitif) = aimer, vouloir bien. - Cela vous ferait-il plaisir de faire une partie de tennis? = Would you care FOR a game of tennis? Would you care TO play tennis? (1.56 ; 1.63 ,*etc.*).

Également, aussi : 3.01 ; 3.05 *c*.

Élever, soulever, etc. : *voir* « lever » *et* p. 199. - Un enfant bien élevé = A well-bred child.

Élever un enfant (éduquer) = to bring UP a child (GV 12).

Élever à (s') (un prix, etc.) : *voir* « se monter » *et* p. 199.

Émerveiller : Il nous a émerveillés = He amazed us. -

Emerveiller (s') de qq'chose = to wonder AT sg. (or sy.) (*voir* « s'étonner de »).

Emmener, conduire : *a*) To take, took, taken (GV 5). - Il nous emmena au cinéma = He took us TO the pictures. - Emmenez la voiture au garage = Take the car TO the garage.

b) Diriger = To lead, led, led (p. 198).

Émotion = excitement; emotion (*voir* « émouvoir »).

Émouvoir : *Il faut préciser si* émouvoir *veut dire* remuer (= to move); toucher (= to touch); affecter (= to affect, to concern); énerver (= to excite *ou* to thrill); intimider (= to make nervous); inquiéter (= to alarm) (*voir* « bouleversé »).

Émouvoir (s') = to be (*ou* to get), excited, nervous; to be moved, touched, concerned, etc. (*voir* « émouvoir » *et* 2.43).

Empêcher qq'un de : Je l'ai empêché de tomber = I prevented him FROM fallING. - MAIS : J'ai empêché cela = I prevented it.

Empêcher de (s') : GV 8. Je ne peux pas m'empêcher de rire = I can't help laughING (*le* gerund *est obligatoire*). - On ne peut empêcher cela; on n'y peut rien = It can't be helped; we can't help it.

Emphatique : Un style emphatique = A bombastic style. N. B. - Emphatic = insistant. - Emphasis = l'insistance. - Emphatically = avec insistance, force, énergie (*voir* « insister »).

Emprunter qq'chose (à qq'un) = to borrow sg. (FROM) sy.

Ému : moved; touched; nervous; excited, thrilled, etc. (GV 14) (*voir* « émouvoir » *et* 2.43) ».

En (*préposition de lieu et de temps*) : 1.32 ; 3.17 *et suiv.*

En chemin de fer, EN autobus, etc... : *le plus souvent* ON the train, ON the bus, *etc.* (*voir aussi* § 1.32).

En + le participe présent : 3.22 *et suiv.*; 1.32.

Enchanté, ravi (de, par) : *a*) Delighted (WITH); charmed (WITH) (2.43 ; 2.44). - Il fut tout à fait enchanté (de notre visite) = He was absolutely delighted (WITH our visit) (GV 14).
b) Il fut ravi de conduire = He was delighted TO drive.

Encore : (*voir* « déjà »). - Je veux encore quelques livres sterling = I want a few more pounds (3.24 *e*). ATTENTION, *souvent, le français emploie* toujours *dans le sens de* encore. - Comment, vous êtes toujours (encore) là! = So you are still here! (still *se place devant le verbe autre que* to be § 2.05).
PAS ENCORE = not YET. - Il n'est pas encore prêt = He is not ready yet; he is not yet ready (*voir* « cependant »; « déjà »).

Endormi : *ne pas conf.* sleepy, asleep, *et* sleeping (2.37).

Endormir (s') = to FALL asleep (p. 197); to go to sleep. - Aller se coucher = To GO to bed; to turn in (GV 11).

Énervé (par) = excited (BY) (*voir* « ému »), irritated BY, exasperated BY (GV 14). - Fidgety (= remuant), restless (= qui ne tient pas en place) *n'admettent pas de complément.* ATTENTION nervous *signifie* INQUIET, ému, nerveux (*de nature*) *et* enervated = SANS nerfs, sans vigueur, faible, impuissant.

Énerver : Le bruit l'énervait = The noise got on his nerves; *etc.* (*voir* « énervé » *et* « ennuyer » *e*).

Enfin = finally ('fainəli) (*voir* « finalement », « finir »).

Enfuir (s') : *voir* « s'échapper » *et* to fly (p. 198).

Engagé, engagement : Occupé (par), pris (par) = engaged (IN) (*voir* « occupé »). ATTENTION : Il est fiancé (à qq'un) = He is engaged (*sous-entendu* to be married) (to sy.). - ATTENTION : fiançailles = engagement. - La nouvelle de ses fiançailles = The news of her engagement. - Prendre un engagement, s'engager (autrement que pour un mariage) = To agree to (*voir* « accord »); to promise to (*ce dernier verbe est plus fort*) (4.19).

Ennuyer, ennui, ennuyeux, difficulté, dérangement, gêne, désagrément, effort, peines... : *a*) Ennui, lassitude morale : *Mot délicat à traduire. L'anglais emploie parfois le mot français* ennui *ou encore,* boredom *ou* weariness (= découragement). - Je m'ennuie = I am weary (= las, découragé) *ou* bored (*mais* to bore *est assez fort*). - Un lieu ennuyeux = A dull place. - Cet homme est ennuyeux = That man is dull, boring; this man is a bore (un raseur); that man bores me (il m'importune; il me « rase »). - Tout l'ennuie = Nothing interests him. - Je m'ennuie au cinéma = The cinema bores me, *ou,* ...doesn't interest me, *ou* I am bored when I go to the pictures.

b) Ennuis, soucis (d'argent...), chagrins. - Il n'a pas d'argent, il est très ennuyé = He has no money, he is in great trouble. ATTENTION : troubles (au PLURIEL) = les causes, les sources de soucis, de chagrin. - Il me raconte ses ennuis (ses peines) = = He is telling me about his troubleS. - Sa vie fut une suite de difficultés = His life was full of troubleS.

c) Avoir des ennuis, des difficultés (= s'attirer des désagréments, avoir des « histoires » avec..., risquer des ennuis). - Il risque d'avoir (il a encore) des ennuis : il a perdu son vélo = He is in trouble again, he has lost his bike. - Il va avoir des ennuis (AVEC son père) : il a perdu tout son argent = He will GET INTO trouble (WITH his father) : he has lost all his money. - Il a toujours des « histoires » (avec son patron) = He always gets INTO trouble (with his boss). - L'ennui, c'est qu'il est absent = The trouble is that he is away (*voir* « difficulté »).

d) Ennuyer, gêner, déranger, embarrasser. - Cela ne me gêne pas, cela ne me dérange pas, je vous l'assure = It is no trouble (not any trouble) at all I assure you. - Cela vous gênerait-il (vous embarrasserait-il) (de le faire demain)? = Would it be any trouble to you (to do it tomorrow)? - Excusez-moi de vous avoir dérangé (pour rien) = Excuse my troubling you (FOR nothing). - Puis-je vous demander d'ouvrir la porte? = May I trouble you TO open the door? - Puis-je vous demander le lait? = May I trouble you FOR the milk? - Cela ne me gêne pas d'aller à la gare à pied = Walking to the station does not trouble (*ou* bother) me (*voir* « égal »).

e) Ennuyer, tracasser, agacer. - N'ennuie pas (n'agace pas) ta sœur = Don't bother (don't annoy, don't worry, don't irritate) your sister (*voir* « agacer », « énerver »). - Tu nous assommes = You are a nuisance ('nju:sns) (*ce mot vient du français* nuire).

f) Ennuyeux, qui cause du souci, inquiétant. - Cette perte est ennuyeuse, inquiétante = This loss is annoying, worrying, alarming; it worries me (*voir* « se soucier »). - Travail ennuyeux, fastidieux = Tedious work (*mais ne pas dire* fastidious).

Ennuyé = **worried** (= **soucieux**); **bothered** (= importuné); annoyed (= tracassé, harcelé) (GV 14) (2.43) (*voir* « ennuyer »).

Enseigner : Enseigner le français = **To teach French** (GV 2 *a* et 5). - Enseigner qq'chose à qq'un = To teach sy. sg. - Enseigner (à qq'un) à nager = To teach (sy.) swimming (GV 8). - Enseigner à qq'un à (faire...) = **To teach sy. HOW TO** (do sg., etc.) (GV 9).

Ensemble : Dans l'ensemble = **ON the whole.**

Entendre = to hear (hiə), heard (hə:d), heard (hə:d) (GV 6 et 7). - Je n'entends pas = I can't hear (*employer* can).

Entendre dire que = to hear (heard, heard) THAT. - J'ai entendu dire (appris) qu'il était mort = **I heard (that) he was** dead; (ou... that he had died).

Entendre parler de, apprendre = **to hear (heard, heard)** ABOUT (*ou* OF). - Je n'en ai jamais entendu parler = I have never heard ABOUT it (*ou* OF it). - *Noter que,* to hear FROM = Avoir des nouvelles de. - Je n'ai pas de nouvelles de lui = I have not heard FROM him. - Connaissez-vous la nouvelle? = Have you heard the news?

Entendre avec qq'un (s') (être en bon termes) = **to get** along WITH sy. - S'entendre avec qq'un pour faire qq'chose (se mettre d'accord) = **To agree WITH sy. TO do something** (*voir* « accord »).

Entier : tout entier : 3.30.

Entourer : *a*) Une maison entourée d'arbres = **A house** surrounded WITH trees [*ce ne sont pas les arbres qui* ont *entouré la maison; ils représentent* L'INSTRUMENT, *non l'agent* (GV 14)].
b) Entourée de, par, toute sa famille = Surrounded BY all her family (*c'est bien sa famille qui l'entoure*) (GV 14). - Le cimetière fut entouré D'arbres PAR la municipalité = The churchyard was surrounded WITH trees BY the Corporation.

Entre : (2.48) *a*) *Position intermédiaire entre* DEUX *éléments* : between. - Entre DEUX maux = BETWEEN two evils.
b) Parmi *(plus de deux)* : Les animaux entre eux = Animals AMONG themselves. - Il faut choisir entre de nombreux maux = You must choose among many evils.

Entrer (1.32) : Nous entrâmes dans l'église = **We went** into the church, *ou*, We entered the church (PAS *de préposition*).

Faire entrer : 1.55.

Entrevoir : *voir* « apercevoir ».

Envie : Avoir envie de = **To care about** sg., *ou* to feel like *suivi du* gerund, *ou d'un* NOM . Je n'ai pas envie de manger = I don't feel like eatING (*voir* 1.59 *à* 1.65). - J'ai bien envie de le gifler = **I have a good (*ou* a great) mind TO** smack him.

Environ : 3.19 ; 3.21.

Envoyer = to send, sent, sent (GV 2 *a*).

Envoyer chercher : 1.55 *c*.

Épouser : voir « marier ».

Équilibre = balance. - Il perdit l'équilibre = He lost his balance. - Bien équilibré (= harmonieux) = Well balanced.

« Équivalents » des défectifs : 1.03. et 1.33

Erreur : *a*) Une erreur, une faute = A mistake, *etc.*
b) Erroné, faux, mauvais, inexact = wrong (*voir* « tort »). - Vous donnez toujours la réponse fausse, jamais la bonne = You always give the wrong answer, never the right one. - C'est la mauvaise adresse, (la mauvaise gare, le mauvais côté...) = It is the wrong address (station, side...) *ou*, It is not the right address, etc.
c) Faire erreur, se tromper = To BE mistaken. - Vous vous êtes trompé = You ARE mistaken. - Vous vous êtes trompé en l'épousant = You made a mistake IN marryING her (*ou*, when you married her). - Faire une faute = To MAKE a mistake.
d) Se tromper, avoir tort. - Vous avez tort de croire que je mens = You are wrong (*ou* You are not right) to think (*ou* IN thinkING) that I am lying (*voir* « tort » *et* « raison »).

Escalier : 2.29.

Espérer qq'chose = to hope FOR sg. (GV 13) - Espérer que = To hope that. - Espérer + *l'infinitif* = to hope + l'infinitif : J'espère le voir = I hope to see him. - Je l'espère = I hope so (GV 10). - Qu' (quelle chose) espérez-vous? = What do you hope FOR? - *Employer le futur ou le présent.* - J'espère qu'il viendra, qu'il fera beau demain = I hope he comes, it is fine tomorrow (*voir aussi* « s'attendre à »).

Espérer vivement, ardemment, qq'chose = to long FOR, to crave FOR, to pine FOR, to hunger FOR sg. etc. *Tous ces verbes sont du groupe* GV 12, *et ont un sens très fort.* - Il est assoiffé d'admiration = He craves (thirsts) FOR admiration (*voir* « inquiet » *et* « tarder »).

Espéré = expected. (Hoped-for *ne peut pas être épithète.*) Mais *son contraire :* inespéré (= unhoped-for) *peut l'être.* - Un cadeau inespéré = An unhoped for (*ou* unexpected) present.

Esprit, spirituel : *a*) *Ce qui vous inspire et vous anime :* L'esprit de la Liberté = The spirit of Liberty. - L'esprit d'équipe = Team spirit.
b) Esprit, drôlerie. - Un homme spirituel = A wit; a witty man. - Il a beaucoup d'esprit = He is very witty, humorous; He has a sense of humour. (*Noter que l'esprit joue plutôt sur les mots, l'humour sur les sentiments, les situations, les attitudes.*) Attention : spirits = spiritueux, boissons alcoolisées.

c) Il a perdu l'esprit (*voir* « fou »; « perdre »).
d) L'église est un corps spirituel = The Church is a spiritual body. - Un esprit étroit = A narrow-minded person. - Il a l'esprit large = He is broad-minded.
N. B. - Venir à l'esprit : *voir* « se présenter ».

Essayer = to try (3.26 *c*). *Mais*, to try *c'est aussi*, poursuivre (juger) en justice (pénale). - Il fut jugé pour meurtre = He was tried for murder. - Un procès = A trial (traiəl).

Essence : *a*) Quelle est la véritable essence des choses? = What is the true essence of things?
b) Essence (*d'auto uniquement*) = petrol. - Essence, non raffinée, pétrole brut = OIL, crude oil. - Pétrole lampant = Paraffin; Oil; Paraffin oil.
N. B. - Fuel (fju:əl) = carburant.

Étable : *a*) Étable à vaches = cow-shed, cowhouse.
b) Étable à cochons = pigsty ('pigstai).
c) Étable (parc) à moutons = fold; sheep-fold.
d) ÉCURIE = STABLE.

Établir : *voir* fixer, « installer ».

Étendre (s') : *a*) (s') allonger (*voir* « coucher »).
b) (s')étendre, (se) répandre, (*rumeur, nouvelle, peinture, épidémie*, etc.) to spread, spread, spread (GV 4 et 3).

Étoffe, tissu (*surtout en laine*) = cloth, stuff... (*voir* « tissu »).

Étonnant = surprising, *etc.* (amazing *est plus fort*). - Pas étonnant qu'il ne veuille pas être puni = (It is) no wonder (that) he does not wish to be punished (*voir* « s'étonner »).

Étonné : *voir* « étonner », « stupéfait » *et* 2.43 *b* et *c*.

Étonnement = surprise, wonder... - A ma surprise = TO my surprise.

Étonner : Vous m'étonnez = You surprise me; I am surprised AT you (*cela veut dire aussi*, vous me choquez) (GV 14). - Il fut surpris (de nous voir) = He was surprised (TO see us).

Étonner de (s') : Je m'étonne qu'il ne vous ait pas tué = I wonder (that) he did not kill you. - Comment s'étonner (qu'il ait refusé)? = Can you wonder (THAT he refused)? - Je m'étonne que vous n'ayez pas été blessé = I wonder, *ou* I am surprised, (that) you were not hurt. - Je ne m'étonne pas (de sa peur) = I don't wonder (AT his fright) (*voir* « étonnant »).

Étourdi, distrait = absent-minded (qui a des « absences » de mémoire). - ATTENTION : distracted = fou.

Étrange : *voir* « curieux ».

Étranger : Un étranger (*au pays*) = A foreigner. - Un étranger (*à la ville*)... = A stranger. - Étranger (*adj.*) : *De même, soit* foreign, *soit* strange (*ou bien, employer le nom* stranger).

Étudiant (de faculté) : *Une personne ayant été reçue à des examens* (*ayant les* grades de B. A.; M. A., etc.) = A graduate. *Donc*, un étudiant = an undergraduate (*ou* student). - Il a fait ses études (et *conquis ses diplômes*) à Yale, Oxford = He graduated at YALE (U. S.); he took his degree at Oxford (G. B.) (*voir* « diplôme »).

Éveiller : *il y a trop de choix et d'occasions d'erreur* (*deux verbes réguliers et deux verbes irréguliers*). *Se contenter du plus courant* to WAKE (up), WOKE, WOKEN (*ou* WAKED) (GV 4) = éveiller et s'éveiller (GV 3). *Si* (se) réveiller *indique la répétition, employer* to wake (up) again. - Tu vas réveiller ton frère = You will wake (up) your brother. - Quelque chose me réveilla = Something woke me (up). - Je voudrais être réveillé à 7 heures= I should like to be waked (*ou* woken) up at 7.

Éveillé, réveillé = awake (2.44 *b*). - Tout à fait éveillé = Wide awake. - ATTENTION : to wake (*sans* up) *ou, surtout*, to be WAKING (*ou* to be awake), to sit up = ne pas dormir, veiller, être éveillé (contraire de to sleep; to be sleeping).

Éventuellement = if necessary, occasionally (*suivant le cas*). ATTENTION : eventually (i'ventjuəli) = FINALEMENT.

Évidemment = of course; obviously; evidently.

Évidence : *éviter de traduire par un substantif car* evidence — preuve,... - To give evidence = présenter des preuves, déposer en justice. - *Donc* : On ne nie pas l'évidence = You can't deny what is obvious; You can't deny obvious facts.

Évident : evident *n'est pas meilleur que* OBVIOUS.

Éviter = to avoid (GV 8). - Pourquoi m'avez-vous évité? = Why did you avoid me? - Il évita de mentir = He avoided lying.

Exact : *voir* « juste »; « erreur ». - Précis = accurate.

Exclamation : *voir* 3.03 ; 3.07 ; 3.27 ; 2.37.

Exemplaire (d'un livre) = copy. - Je n'en ai plus (il ne m'en reste plus) qu'un exemplaire = I have only one copy left.

Exercise = exercise (*avec un* s) (4.35).

Exciter = to excite (GV 14) (*voir* « soulever »).

Excuser : Excusez-moi = Excuse me; Pardon me; I am sorry. - Excusez-le (de son retard) = Excuse him (FOR being late); excuse his being (*ou*, coming) late. - S'excuser (auprès de qq'un) de qq'chose (GV3) = To apologize (TO sy.) FOR sg. - Il s'excusa (auprès de moi) (d'être venu si tard) = He apologized (TO me) (FOR coming so late) (4.41).

Expérience : *Ne pas conf.* : *a*) L'expérience que l'on acquiert, les expériences que l'on vit = experience; experiences. -- To experience = éprouver, ressentir. *Ce verbe a un domaine beaucoup plus vaste que le mot français.* - Il se souvenait de CE QUI LUI ÉTAIT ARRIVÉ *à* New York = He remembered HIS EXPERIENCE in New York.

b) Les expériences *que l'on fait en laboratoire, etc., en expérimentant* = experiments. (*Verbe :* to experiment.)

Expliquer = to explain (*n'est pas* GV 2). Expliquer, donner les raisons = To account FOR sg. - Comment expliquez-vous cela? = How do you account FOR that?

Exposer : *a*) Expliquer (*voir ce mot*).
b) Montrer, disposer, étaler = To show, to display.
c) *En photographie* = To expose.
ATTENTION : to expose = dénoncer, démasquer.

Expressions : de quantité : 2.38 ; de temps : 3.19 ; 3.20 ; 3.09 *et suiv.*

Extra : *a*) *En anglais*, extra = supplémentaire (adj.), *ou* en plus (*adv.*) (*synonyme de* more) (3.24 *e*).
b) *Dans le sens familier*, extra (= de tout premier ordre) = first-rate, first-class : A first-class champion.

Extravagant, extravagance : *voir* « dépensier ».

Extrêmement = most (SANS *article*) [2.44 *a, b, c*].

Fabriquer : 1.49 *et suiv.*

Face; en face : La maison d'en face = The house across the way; the house over the way; the house opposite. - En face de la maison = Opposite (to) the house; facing the house. - En face de vous = In front of you. -
(Faire face à : *voir* « affronter ».)

Fâché contre qq'un : *voir* « colère ».

Faible : weak (wi:k) *traduit à peu près tous les sens du mot français, et ce mot est très souvent ignoré.*

Faillir : *voir* « manquer ».

Faire, se faire, faire faire, etc. (1.49 à 1.56) = to make (GV 6), to have (GV 6), to do (GV 10). - Qu'est-ce que cela peut (te) faire (si...) = What does it matter (to you) (if)... (*voir* « importance »).

Faire attention, faire chercher, faire mal, faire venir, etc. : *voir* « attention », « chercher », « mal », etc. *et* 1.55.

Faire (se) : Cela ne se fait pas (cela n'est pas poli) = It is not done.

Faire mieux : 1.57 *b*.

Faire payer tant à qq'un = **to charge sy. so much**. - Combien vous a-t-on fait payer (cela)? = How much did they charge you (FOR that); How much were you charged (FOR that)? - Il ne m'a rien pris (pour porter ma valise) = He did not charge me anything (FOR carryING my bag) (2.48). - Il m'a pris un shilling et demi... = **He charged me one and six...**

Faire remarquer qq'chose (à qq'un) = **to point sg. OUT (TO sy.)**. - Il (me) fit remarquer mes fautes = He pointed out my mistakes (to me). - Faire remarquer (à qq'un) que... = = To point OUT (to sy.) THAT.... - Il (me) fit remarquer que j'avais tort = He pointed OUT (to me) that I was wrong. - (*Quand le sens est clair, on omet le complément de personne*.)

Faire rien : Cela ne fait rien (*voir* « important »; « égal »; « se soucier »).

Faire semblant : *voir* « semblant ».

Fait = fact. - En fait = **In fact; as a matter of fact**. - ATTENTION : A matter of course = Une chose naturelle.

Falloir, devoir : 1.33 *à* 1.43; 1.01 *à* 1.03; 1.17. - Il faut + DURÉE : Il (me) faudra cinq heures pour aller à Londres (à pied) = **It will take (me) five hours to walk to London** (1.43).

Familier : *Ne pas conf. les deux constructions. a*) Cette question lui est familière = **He is familiar WITH that subject** (4.41).

b) Il me semble reconnaître ce mot = This word looks (sounds) familiar TO me (*voir aussi* 1.72).

Fastidieux, fatigant, lassant = tiring, tedious; éprouvant = trying. (Fastidious *veut dire* méticuleux, pointilleux, difficile.)

Fatiguer : *voir* « mal » *i*. - Fatigué (de, par) : 2.43.

a) *Sens propre* : Tired (WITH). - Il était fatigué de travailler = He was tired with working (*ou* his work) (GV 14).

b) *Sens figuré* : J'en ai assez de... = I am tired OF it. - Il était fatigué de vivre, de la vie = **He was tired OF living, OF life** (*voir* « dégoûté »).

c) Las, découragé de = weary WITH *ou* OF *comme a*) *et b*) (*voir* « ennui »).

d) Se fatiguer (de) = **To get** (*ou* grow) tired (OF).

Faut; il faut : 1.33 *et suiv*.; 1.01 à 1.03; 1.17.

Faute : *voir* « erreur ». - **Fautif** : *voir* « mal »; « erreur »

Faux : *voir* « erreur ».

Femme = woman ('wumən). - *Pluriel* : women ('wimin) (2.19). *La femme et son mari* = The wife and her husband.

Fiancer : Être fiancé (à qq'un) = To be engaged (*sous-entendu* to be married) (TO sy.). - Se fiancer. - Il s'est fiancé à... = **He got (*ou* became) engaged to...**

Figure = face. - MAIS a figure = un personnage (une personnalité) *ou* une silhouette, *et, enfin,* un chiffre (*ou* un prix).

Finalement : (2.05); at last; finally ('fainəli). (ATTENTION *à l'orth. et à la prononciation*); in the long run (*voir* « finir »).

Finir : *a*) *Voir* « achever » *et* « arrêter ».

b) Finir par : *employer la tournure* « à la longue » = in the long run. - Il finira par m'obéir = He will obey me in the long run *ou* eventually *ou* in the end.

c) Avez-vous fini? = Are you (*ou* have you) finished?

d) Avez-vous fini de discuter? = Will you stop arguing?

Fixer : *le plus souvent, employer* to set, set, set (p. 199) (*voir* « installer »). - To fasten = attacher.

Fois : Une fois = Once (= *aussi* : un jour). - Deux fois = Twice. - Trois fois = Three times, etc. (*voir* « quelquefois »).

Folie : madness (*ou* mania) *et* distraction. - A la folie = To distraction (*voir* « manie », « maniaque » *et* « fou »).

Fonder = to found (RÉGULIER). - Il fonda un empire = He founded an Empire. (*Surtout, ne pas conf. avec* to find, found, found = trouver; voir p. 197.)

Forme des verbes : Forme dite emphatic (1.28). Forme fréquentative *ou* d'habitude (1.13 ; 1.26). Forme d'insistance : (1.28). Forme interrogative et interro-négative (1.22 ; 1.23). Forme progressive (1.24 *et suiv.* 1.12). Forme réciproque et forme réfléchie (1.27).

Forme : *préférer* shape *à* form. *Ce dernier a trop de sens pour ne pas être dangereux* (= formulaire, classe d'école...).

Formulaire = form *ou* application form (*voir* « demande »).

Fort : *a*) dur, durement : *voir* 2.08. *b*) à haute voix : *voir* « haute voix ».

Fou : *le terme courant est* mad (adj.). - Un fou = a mad man (2.36); a maniac; a lunatic ('lu:nətik) (*voir* « folie »). Crazy(= « piqué ») *est familier*. - Il est devenu fou = He has gone out of his mind *ou* gone mad. ATTENTION : A fool; a foolish person *c'est seulement* une personne sotte, stupide, p. 197.

Fou de : *a*) Fou d'amour, de rage = Mad WITH love, rage (GV 14).

b) Fou de, (passionné de). - peinture = Mad ABOUT painting.

Fournir (qq'chose) à qq'un = to supply sy. (WITH sg.); to provide sy. (WITH sg.). - Fournir qq'un DE : *mêmes verbes et mêmes constructions*. - Il nous fournit (de cidre) = He supplies us (WITH cider). - Fournir qq'chose : Il fournit le beurre = He supplies the butter. - Ils ont fourni tout ce qui était nécessaire = They provided all that was necessary.

ATTENTION : to furnish = meubler (avec des meubles).

N. B. - To provide for sy. (GV 12) = subvenir aux besoins de qq'un.

Frais (= pas trop froid) = cool. MAIS, le poisson frais = fresh fish, ET, le poisson d'eau douce = fresh water fish.

Français : le français, les Français, *etc.* (2.35 *a*).

Frapper : *au sens propre on ne pense pas assez à employer* to HIT, HIT, HIT (*traduction le plus souvent excellente*) pour *exprimer que* L'ON ATTEINT LA CHOSE VISÉE. *Et l'on ignore souvent le plus dangereux des verbes irréguliers, celui qui cause statistiquement le plus grand nombre de fautes* : frapper, donner un coup, ENTRER VIOLEMMENT EN CONTACT, *volontairement ou non* (*sens propre et figuré*) = To STRIKE, STRUCK, STRUCK (p. 200). C'est LE NOM : un coup, *qui se dit* A STROKE. - Frappé DE, par. - Il fut frappé de terreur = He was struck WITH terror. - Il me frappa (de son épée) = He struck me (WITH his sword). - Il fut frappé par la beauté de cette ville. = He was struck BY the beauty of the town. - Il fut frappé par son ami = He was struck BY his friend.

N. B. - *On voit que* WITH *introduit* L'INSTRUMENT *personne ou chose,* QUI SERT A PORTER *le coup,* BY *ce qui le porte,* L'AGENT (GV 14).

Frapper (à la porte...) = To knock (AT the door...).

Frémir : *voir* « trembler ».

Frequentative form = forme D'HABITUDE (1.13 ; **1.26** ; 1.33).

Friand de : Il est friand de bonbons = He is fond OF sweets.

Froid : j'ai froid = I AM cold.

Fuir, s'enfuir = to fly *ou* to flee (p. 198) (*voir* « s'échapper »).

Futur : 1,17; 1.18 ; 1.19 ; 1.33.

Gai = merry, cheerful ET jolly (*qui signifie aussi,* jovial, *ou* un peu « pompette »).

Garder, conserver = to keep, kept, kept (*voir* « conserver »). - Garder (surveiller) des enfants, etc. = To look after *ou* to watch (*voir* « attention ») : Gardez mes affaires pendant mon absence = Watch (over) my things while I am away.

Gauche; à gauche. : *Faut-il traduire* ON the left, *ou* TO the left, *ou* the left hand (side)? (*voir* « droite »).

Gêné = uneasy, embarrassed; troubled; nervous (GV 14) (*voir* « ému » *et* 2.43 *a* ET *b*).

Gêner, déranger : *a*) *Voir* « égal »; « importer ».

b) Faire changer d'idée ou d'occupation. - Je ne vous dérange pas? = I am not intruding (ON you)? (= faire intrusion); Am I disturbing you? (*voir* « contrarier »; « ennuyer » *d*; « importuner »).

Généralement = generally (2.05); as a rule (2.05).

Généreux pour, envers = generous TO, kind TO (*voir* « bon »).

Génial : *l'anglais n'a pas d'adjectif correspondant au nom.* Donc se contenter du nom : génie = genius. - Un homme génial = A man of genius. - Un enfant prodige = An infant prodigy. - ATTENTION : Genial = amical, « sympathique » *et* enjoué.

Gens, personnes = people (2.26) (*mot* TRÈS *dangereux*).

Gentil avec qq'un = kind TO sy. MAIS : C'était très gentil A vous (de votre part) = It was very kind (*ou* nice) OF you.

Gerund (= gérondif) : *il a la même forme que le participe présent :* infinitif + ING. Ex. ComING, BeING, SeeING, TalkING. *Il veut dire* « l'action de faire », « le fait de faire » (2.48; 3.26). - La marche fait du bien = WalkING is good for you.

Goût; avoir le goût de : Cela a le goût du gin = It tastes like gin. - On dirait du gin = It tastes OF gin (1.72). - Avoir du goût pour (*voir* « aimer »).

Gracieux : Notre gracieuse Reine (*elle a le droit de gracier*) = Our gracious Queen. - Une gracieuse jeune fille = A graceful girl.

Grade (*dans l'armée*) = rank. - A grade = une qualité; un degré; une pente. - To grade = classer par catégorie, par qualité, graduer. *Ne pas conf. avec* to graduate (*voir* « étudiant »).

Grand : *ne jamais conf.* la grandeur physique *et* la grandeur morale. - Napoléon était peut-être un grand homme mais il était petit = Napoleon may have been a GREAT man but he was SMALL (he was not TALL). [great (4.21).]
Big = grand, *dans toutes les directions.* - Quel grand garçon vous êtes = What a big boy you are! (big *fait penser à* L'ENSEMBLE *de la corpulence,* PAS *à la* grosseur; *il n'est jamais péjoratif pour une personne*). - Une grande ville = A big town; a large town. - Une grosse faute = A big mistake. - Tall *ne s'applique qu'à la hauteur* (tall trees, tall houses) *et surtout pour les personnes; et* grand (grænd) = grand, GRANDIOSE.
N. B. - A large *ou* big town. - A large *ou* big piece, family, population. - Big *est un peu plus familier que* large.

Grandir : *voir* « devenir ».

Grappe : Une grappe de raisins = A BUNCH of GRAPES (grapes = les raisins). - Raisins ('reiznz) = raisins secs.

Grelotter de : *voir* « trembler ».

Groupes verbaux : GV I, GV 2, GV 3, etc., p. 10 et 11.

Guérir (de) : *a*) **La blessure guérit rapidement = The wound healed quickly.**
b) Le docteur ne put le guérir (de cela) = The doctor could not CURE him (OF that).
c) Vous guérirez bientôt = You will soon be better *ou* You will soon recover (*voir* « aller mieux »).

Habiller (GV 4 et GV 3) : to dress. - Il **s'habille** DE noir = He dresses IN black.

Habit de soirée = dress-coat *ou* tails; evening dress (*habit, ou robe*) (*jamais* smoking). - Redingote = frock-coat.

Habiter = to live (*voir* « vivre » *et* p. 198).

Habitude; habitué à : *problème* TRÈS *délicat* (1.26 ; 1.13). Use (*nom*) (ju:s) = utilité, usage (*se prononce avec un* s *et non un* z). To use (*verbe*) (ju:z) (*avec un* z). *La difficulté provient de ce qu'il y a* QUATRE *sens principaux, courants, suivant la* CONSTRUCTION. *Partons du sens originel :*
a) A quoi cela sert-il? = What use is it? (use *est un ici un nom*) (ju:s) (*voir* « servir »).
b) Je me sers de (j'emploie) mon auto = I use my car (*verbe*) (ju:z). (*Prétérite :* J'utilisais mon auto = I used my car, etc.)
c) JE SUIS (TRÈS) HABITUÉ A SON AUTO = I AM (QUITE, *ou* WELL) USED TO his car ('ju:zd). - JE SUIS HABITUÉ À CONDUIRE SON AUTO = I AM USED to drivING his car. [*Dans ces deux derniers cas* USED TO (ADJ.) = habitué A (2.43 ; 2.44) *est suivi d'un* NOM *ou d'un* GÉRONDIF.]
d) Autrefois, je conduisais = I USED TO DRIVE (j'avais coutume de...; c'était une habitude, je conduisais de temps en temps. Cette forme n'a PAS DE PRÉSENT (*voir* 1.13 *et* 1.26).

Habituer à (s') (GV 3) : *On emploie* devenir = to get, *ou* to grow, *ou* to become et l'ADJECTIF : used to : Je m'y suis habitué = I got used to it.

Hasard : *voir* « chance ».

Hâte; j'ai hâte de : *voir* « tarder » *et* « se dépêcher ».

Hâter (se) de : *voir* « se dépêcher ».

Haut, hauteur : Haut = high (hai) (*pas de* t). - Hauteur = Height (hait) (*voir* « grand »).

Haute voix : *a*) Dire, penser, rêver, lire (qq'chose) à haute voix (*c.-à-d. le contraire de* silencieusement *ou le contraire de* à voix basse, tout bas) = To say, to think, to dream, to read (sg.) ALOUD (*contraire* silently *ou* in a whisper).
b) Fort (= bruyant *ou* bruyamment). — Une voix forte, un rire bruyant = A loud voice, a loud laugh. - Il parlait fort (à haute voix) = He was speaking in a loud voice; he was speaking loud, *ou* loudly. - Parlez PLUS fort! = Speak louder!

N. B. 1 : Loud *est adj.* ET *adverbe*, aloud *et* loudly *ne sont qu'adverbes* (*et* aloud *est sans comparatif, il n'en a pas besoin*).
N. B. 2 : Un haut-parleur = A loud speaker. - Parler bas = To speak in a low voice *ou* softly (2.08).

Heure : *a*) Quelle heure est-il? = What time is it?
b) Il faudra deux heures (*donc* UNE DURÉE *de* 120 *minutes*) = It will take two HOURS (4.27 ; 4.34 ; 2.24 *f*).
c) Il est deux heures de l'après-midi = It is two (o'clock) p. m. (du matin = a. m.) (3.19).

Heure; tout à l'heure : *paradoxalement cela se dit* : presently, *ou*, in a moment, in a minute (*pour l'avenir*) (2.05 *b*). *Pour le passé :* Je l'ai vu tout à l'heure = I saw him a minute (a few minutes...) AGO *ou* just now (*voir* « instant »).

Heureux de, que : *voir* « content » et « chance ».

Hier = yesterday (2.05 *b*).

Homme = man; *pluriel,* men. *Attention à* L'ARTICLE (2.19).

Honte; honteux : Avoir honte de *se traduit* ÊTRE honteux de = To BE ashamed OF (2.43).

Horreur : avoir horreur de, détester : Je déteste mentir = I hate lying (GV 8). - Avoir horreur que, détester que (1.21 - 1°).

Horrible = dreadful, awful... *et* shocking.

Horrifié par = shocked AT (*ou* BY); horrified BY (GV 14) (2.43) (*voir* « choqué » *et* « révolté »).

Hôte : *a*) qui reçoit = host. *b*) qui est reçu = guest.

Huile (d'olive; de moteur, etc.) = oil. - Oil *veut dire aussi* pétrole, essence brute... (*voir* « essence »).

Humeur = mood; temper; state of mind (*et aussi* humour, MAIS *sous forme composée*). - Mauvaise humeur = Bad temper; bad humour. - Bonne humeur = Good temper; good humour.
ADJECTIFS : Il était de bonne humeur = He was good-humourED; he was good-temperED. - (Il était de mauvaise humeur : *remplacer* good *par* bad *ou* ill.) (*voir* « colère »; « tempérament »).

Ignorer : *ce mot* N'EXISTE PAS *en anglais*. J'ignore = I don't know. ATTENTION : to ignore (ig'nɔ:ɔ) = refuser de remarquer, *donc,* faire semblant de ne pas voir ou de ne pas entendre, détourner la tête, *etc.*

Il y a : *C'est probablement le plus faux des faux amis* (3.08 *et suiv.*; 1.06 *et suiv.*) Il y a peu de temps; récemment; dernièrement = Lately; some time ago (2.05 *b*).

Imaginer = to imagine, to fancy (GV 4, 3 *et* 10).

Imaginer que (s') : 1.21-1°.

Immédiatement : 2.05.

Imparfait (l') : 1.10 *et suiv. et* 1.14.

Impératif : *voir* « laisser ».

Important, importer, avoir de l'importance (*voir* « égal » *et* « se soucier »).

a) To matter *s'emploie le plus souvent, dans les négations, les interrogations et au conditionnel.* - Quelle importance cela a-t-il (pour vous que...)? = What does it matter (TO you if...)? - Cela (ce que je dis) a beaucoup d'importance = It (what I say) matters a lot. - Ce qui compte (vraiment), ce qui importe c'est qu'il travaille = What (really) matters is that he works (*en fait il travaille; donc* he works); *ou* What really matters is that he SHOULD work (*il ne travaille pas mais il le* DEVRAIT (1.21-1°).

b) Cela ne (me) fait rien, cela ne me dérange pas, cela n'a pas d'importance (pour moi) = It does not matter (TO me). - Cela n'a pas (guère) d'importance qu'il vienne (ou non) = It does not (much) matter whether he comes (or not) (*voir* « si »).

c) Qu'importe ce qu'on fait, il n'est jamais content = NO MATTER what you do he is never satisfied (*voir* « si »).

N'importe qui, quoi, quel : 3.28 *b* ; 3.30 *c* ; 2.41.

Importuner qq'un de, par : *voir* « ennuyer »; « déranger »; « contrarier »; « gêner ». - Je ne vous importunerai pas (avec mon histoire) = I shan't bother you (with my story) (GV 14).

Importuné par, de = annoyed AT, BY, WITH; bothered BY (GV 14) (2.43).

Incapable (de) = unable (TO + infinitif); incapable (OF + nom *ou* + gerund) (2.44) (*voir* « valoir »).

Inconnu (de) = unknown (TO) (2.44 *b*).

Indifférent : Cela m'indiffère (*voir* « égal »; « importance »).

Indiquer, faire remarquer : *voir* « faire remarquer ».

Indulgence, indulgent : *employer* leniency, lenient *et non* indulgence *et* indulgent. *En effet,* self-indulgence = satisfaction de ses propres désirs. - To indulge IN = s'adonner à, avoir un penchant pour, un faible pour. - Il se permet souvent un verre de whisky = He often indulges IN a glass of whisky.

Industriel : L'ADJECTIF *est bien* industrial, MAIS *le* NOM : UN industriel = a manufacturer.

Inexact : *voir* « erreur ». - Imprécis = inaccurate.

Infinitif : 2.48. - *Proposition infinitive :* 1.21.

Infirmier, infirmière = nurse. - *Pour préciser qu'il s'agit d'un homme dire* a male nurse.

Informé : *voir* « renseigné » , « au courant de ».

Informer qq'un sur qq'chose : *voir* « renseigner ».

Informer (s') : *voir* « se renseigner » *et* « s'adresser ».

Ingénieux = clever *ou* ingenious (in'dʒi:njəs).
ATTENTION : Ingéniosité = ingenuity ('indʒə'nju:iti). *Ne pas conf. avec* ingénu.

Ingénu, naïf = innocent, artless, naive, *et*, ingenuous (in'dʒenjuəs). - Ingénuité, naïveté = ingenuousness (in'dʒenjuəsnis).

Injurier = to insult; Une injure = an insult. - ATTENTION : to injure = blesser (physiquement, *ou* moralement). - Injury = blessure *et même* avarie.

Inquiet : *employer* alarmed, nervous, uneasy (= mal à l'aise), worried, concerned (= soucieux, affecté) (GV 14) *plutôt que* anxious *qui a surtout le sens de* très désireux de, avide. - Il désirait vivement venir = He was very anxious to come (*voir aussi* « énervé », « soucieux », « se soucier »).

Inquiéter (s') : *voir* « se soucier ».

Inquiétude = concern, uneasiness, worry (*voir* « souci »).

Insouciant = care-free. MAIS, négligent = careless.

Insister : *a*) *Verbe intransitif* (*pas de complément*) = To insist. - N'insistez pas! = Don't insist!
b) Il a insisté pour venir = He insisted ON coming.
c) Insister sur qq'chose = To insist ON sg.; to stress sg.; to emphasize sg. : Il faut insister sur ce point = You must stress that point; You must PUT the stress (= mettre l'accent sur) ON that point; You must emphasize that point.

Installer : *a*) To SET, SET, SET, *est souvent la meilleure traduction* (p. 199) (*voir* « coucher »).
b) Installer, fixer = To fix. - Attacher = To fasten.

Installer (s') (GV 3 *et* 4) = to settle. - Nous nous sommes installés dans notre nouvelle maison = We settled in our new house.

Instant : *Employer* while (*aussi juste et courant que* moment *ou* instant). - Dans un instant, tout à l'heure = In a while, in a short while... *ou*, PRESENTLY (*voir* « heure »).
EN un instant = In no time, quickly, swiftly, *etc.*

Instruction = education, learning (= culture) - *En tous cas*, PAS instruction *car* instructions *ou* directions (for use) = directives; mode d'emploi.

Insulter : *voir* « injurier ».

Intention : avoir l'intention de = to intend, to mean (meant, meant). - Il avait l'intention de se promener = He intended to (have a) walk.

Interdire : *voir* « défendre ».

Intéressé (par qq'chose) = interested (IN sg.) (2.43).

Intéresser à (s') (GV 3) : Il s'intéresse à la peinture = He is interested IN painting. - Cela ne m'intéresse pas = I am not interested (*le complément est ici inutile*) (*voir* « aimer »).
N. B. - Uninterested = qui ne ressent pas l'intérêt. MAIS disinterested = désintéressé, qui n'a pas des mobiles intéressés.

Interrogatifs : 3.27 ; 3.28 ; 1.22 ; 2.47.

Interrogation et interro-négation : 1.22 ; 1.23.

Inutile = useless (*voir* « servir à qq'chose »).

Inversion du sujet et du verbe : 2.01 *et suiv.*

Jamais : *a*) *Sens affirmatif* (= ne serait-ce qu'une fois). - Si jamais je te vois = If I EVER see you. - Il est parti à jamais (= pour toujours) = He has gone for ever.
b) *Sens négatif.* - Je ne le vois jamais = I NEVER see him.
N. B. - EVER = à un moment quelconque.
Presque jamais = HARDLY EVER.
NOT + EVER = NEVER (*voir* 2.05 *et* 2.02).

Jeter : *voir* « lancer ». - Jette-le! = Throw it AWAY!

Jeu : *a*) Jouet = Toy.
b) Partie (de tennis, etc.) = Game. - A play = une pièce de théâtre. - Le bridge est un jeu = Bridge is a game (*voir* « jouer »).

Joli = pretty. ATTENTION : Jolly (ADJ.) *veut dire* plein d'entrain, gai (*voir* « gai »). - Jolly (ADV.) = très, fichtrement. - C'est bigrement bon = It's jolly good.

Jouer à, du... : to play bridge, football; to play Red Indians (= jouer aux Indiens). MAIS, to play THE violin, THE piano, THE flute...

Jouir de qq'chose, prendre plaisir à, apprécier = to enjoy sg. (*voir* « plaire »).

Jour, journée = day (*voir* 2.22 *d* ; 3.20.) - *Faut-il rappeler que* journey = voyage? (*voir ce mot*).

Juger : *a*) En justice = To try. - Cet homme fut jugé pour meurtre = The man was tried for murder. - Un procès criminel = a trial. (Condamner à mort, à la déportation = To sentence TO death, to transportation).
b) Juger qq'un (ou qq'chose) d'après... = To judge sy (or sg.) BY (*ou* FROM....)

Jurer contre qq'un = to swear AT sy.

Jusque : *distinguer soigneusement a, b, c.*
a) TEMPS : Till *ou* until (*un seul* l) - Il est ici jusqu'à vendredi = He is here until Friday.

b) ESPACE : TO; UP TO; DOWN TO; AS FAR AS. - Il a marché jusqu'à l'auberge = He walked to the inn; up to the inn; down to the inn (*suivant le cas*) *ou* as far as the inn.

N. B. - Jusqu'ici = so far; as yet; up to now. *Ainsi, dans l'expression :* Jusqu'ici tout va bien = So far so good.

c) QUANTITÉ - Up to; as much as; as many as (2.38). - Les avions emportent jusqu'à 25 000 litres de carburant et jusqu'à 150 passagers = Airliners carry AS MUCH as 5,000 gallons of fuel and AS MANY AS one hundred and fifty passengers.

d) Jusqu'où va sa bravoure... (*voir* 3.06).

Jusqu'à ce que : UNTIL (*un seul* l); TILL (1.21-5°).

Juste : *trouver d'abord des synonymes français : analyser le sens exact dans la phrase donnée.*

a) C'est juste! C'est exact! = That's right! (*voir* « erreur »).

b) Le mot juste = The right (*ou* proper) word (*voir* « propre »).

c) Ce n'est pas juste de le gronder = It is not fair to scold him.

d) *Utiliser aussi, suivant le sens,* exactly, precisely, hardly enough (= à peine suffisant), accurate (= précis), *etc.*

Labeur = work. - (Labour *c'est* la main-d'œuvre. - To labour, to toil = peiner. - Labour Party = Le parti Travailliste *ou* parti ouvrier.)

Laboureur = ploughman. - Charrue = plough.
Ne pas conf. avec labourer = ouvrier faisant de gros travaux, manœuvre, journalier.

Laisser : *ce mot est un piège.* SENS PRINCIPAUX :

a) Laisser, quitter, abandonner = To LEAVE, LEFT, LEFT (p. 198). *Le complément de* to leave *n'est jamais suivi de l'infinitif sans* to. - Laissez-la seule; laissez-la tranquille = Leave her alone. - Laissez-moi un mot = Leave (me) a message (GV 2 *b*).

b) Laisser, permettre = Let (let, let) + l'infinitif (SANS to) (p. 198). - Laissez-la travailler seule = Let her work alone. - Laissez sortir le chien = Let the dog (go) out. - Il faut laisser éteindre le feu = We must let the fire (go) out.

c) Laisser, permettre d'acquérir. - Il me l'a laissé pour deux shillings et demi = He let me HAVE it for half a crown.

d) Laissez-moi faire (*voir* « confier »).

Lancer : Lancer qq'chose à qq'un = to throw (threw, thrown); to cast; to fling... sg. TO sy. (*sans idée d'hostilité*) ou AT sy. (*idée* D'HOSTILITÉ) (GV 14).

Lancer, jeter un coup d'œil à qq'un (ou qq'chose) = to glance AT sy. (or sg.); to throw a glance AT sy. (or sg.). - GLANCE = le coup d'œil que l'on JETTE. - *Ne pas conf. avec*

GLIMPSE = aperçu rapide, vision fugitive, *que l'on* REÇOIT. *Donc :* to CATCH a glimpse OF sg. = Apercevoir, entrevoir qq'chose (*voir* « regarder »; « apercevoir »).

Large = wide, broad. MAIS, *jamais* large (la:dʒ) (= grand). - Il a l'esprit (les idées) large = He is broad-minded.

Laver (GV 4) = to wash. - Il se lava les mains = He washed his hands. - N. B. - To wash UP = Faire la vaisselle (GV 11).

Lecture = reading. (*Ne pas conf. avec* a lecture = une conférence, un cours de faculté.)

Léger, légèrement : *a*) *Sens propre*. - C'est une voiture très légère = It is a very light car. - Il me toucha légèrement l'épaule = He touched me lightly on the shoulder.
b) *Sens figuré*. - Une faute légère = A slight mistake. - Légèrement blessé = Slightly injured (*voir aussi* « tempéré »).

Lequel : 3.28.

Lessive : Faire la lessive = to do the washing.

Lever, élever; Se lever, s'élever : *a*) *Action* involontaire. - Se lever = to RISE, ROSE, RISEN (p. 199) (GV 3) - Le soleil se lève tous les matins = The sun rises every morning. - Les salaires viennent d'augmenter de 5 % = Wages have just risen by five per cent (*ce verbe* est INTRANSITIF).
b) *Action volontaire*. - Lever, élever = to RAISE (RÉGULIER) (p. 199) - Il augmenta mon salaire = He raised my salary. - Il leva le doigt = He raised his finger (*ce verbe* est TRANSITIF).
N. B. - To get up = se lever, *pour une personne, surtout, quand elle se lève* DU LIT; SINON to stand UP (= se mettre debout) *et* to sit up = se mettre sur son séant (*voir* « asseoir »).

Libraire; librairie = bookseller; bookshop. - *Il faut savoir que* library = bibliothèque; *et*, librarian = bibliothécaire.

Lieu : *expressions de lieu* : 3.17 *à* 3.21. - Avoir lieu = To take place (*voir* « arriver »). - Au lieu de = Instead of (2.48).

Liqueur : *voir* « boisson ».

Lire : to READ (ri:d), READ (red), READ (red) (p. 199).

Lire qq'chose sur, à propos de qq'un (ou qq'chose) = to read (sg.) ABOUT sy. (or sg.). - J'ai lu qq'chose là-dessus (dans le journal) = I read ABOUT it (in the paper). *Noter que* qq'chose *n'est pas traduit* (*voir* « entendre parler » *et comparer à ceci*).

Littérature = literature (*un seul* t). - La littérature anglaise = English Literature (PAS D'ARTICLE) (2.17).

Livrer : *a*) Faire une livraison = To deliver.
b) Livrer, révéler, trahir qq'un (ou qq'chose) (à qq'un) = To give sy. up (TO sy.) (GV 12).

Longtemps : *ne pas toujours traduire mot à mot à l'aide de* time. *Huit fois sur dix*, longtemps = long. - Je ne peux pas le faire longtemps = I can't do it for very long. - Il y a longtemps = Long ago. - Avant longtemps = Before long. - Je n'en ai pas pour longtemps = I shan't be long; it won't take me long.

Longtemps; aussi longtemps que : 1.19.

Lorsque : 1.19.

Mal, malade : (*voir* 2.37). - *a*) Indisposition. - Il a mal au cœur = He feels sick. - Il a le mal de mer = He is sea-sick. (ATTENTION *sens figuré* : J'en ai assez, « plein le dos » (de lire) = I am sick OF it (OF reading) (*voir* « dégoûté »).

b) Maladie véritable. - Il est malade = He is ill (2.37) *ou* sick (*mais ce dernier mot est moins précis*).

c) J'ai mal aux dents, à la tête, à la gorge, dans le dos... = I have a tooth-ache, a headache, a sore throat, a pain in the back...

d) Malade **de** (peur, etc.) = Sick WITH (fear...) (GV 14). - Malade (*nom*) : Un malade = A sick man; Les malades = The sick (2.36 ; 2.37).

e) Cela ne peut vous faire du mal, cela vous fera du bien = It can't do you any harm (*voir* « tort »); it will do you good. - Cela (vous) fera peut-être mal = It may hurt (you). - Vous êtes-vous fait mal? = Did you hurt yourself? - Est-ce que cela (votre oreille, etc.) vous fait mal? = Does it (your ear, etc.) hurt (you)?

f) Un mal = An evil ('i:vl). - Des maux = Evils. - *Attention à la prononciation : ne pas conf. avec* le diable = devil ('devl). - Le bien et le mal = Good and Evil. - Il ne voit pas la différence entre le bien et le mal = He does not see the difference between right and wrong. - Je ne lui voulais pas de mal = I did not want to harm him; I did not mean him any harm. - Il n'y a pas de mal = There is no harm done.

g) Il l'a mal fait = He did it badly (*ou*, wrongly = de travers).

h) Répréhensible, fautif. - C'est très mal (à vous) de voler des pommes, de mentir. = It is quite (*ou* very) wrong (OF you) to steal apples, to lie.

i) Le mal, LA PEINE que l'on se donne, etc. - Cela vous a-t-il donné trop de peine, de mal? = Did it give you too much trouble? - J'ai eu beaucoup de mal avec cet enfant = I had a lot of trouble WITH that child. - Qu'est-ce qui ne va pas, qu'est-ce qui va mal? = What is the trouble? (*voir* « aller mal » *et* « ennui »). - Ce qu'il y a, c'est qu'il ne comprend rien = The trouble is that he understands nothing. - J'ai eu du mal à lire votre écriture = I had some trouble IN readING your handwriting. - Cela m'épargne la peine (le mal), d'aller à la poste = It saves me the trouble OF goING to the post office. - Est-ce toute la peine que vous vous êtes donnée (pour cela)? = Is that all the trouble you have taken (OVER it)?. - Ne vous donnez pas la peine de téléphoner, je vous appellerai = Don't trouble to phone, I shall ring you up.

j) Mal aller, mal marcher, mal fonctionner. - Quelque chose n'a pas marché? = Did anything go wrong? - Oui, qq'chose n'a pas marché = Yes, something went wrong (*voir* « aller mal »).

Maison : 2.18 *b*. *Ne jamais placer* to *devant* home.

Maladie : La maladie (*mauvais état de santé sans plus de précision*) = illness *ou* sickness. - Maladie (*particulière qui porte un nom*) = disease (*voir* « mal »).

Malgré : Malgré le mauvais temps = In spite OF the bad weather (*ou* despite the bad weather); *ou* bad as the weather may be (*voir* « si »).

Malice, malicieux : La malice = Mischief. - Malicieux = sly (= rusé) *ou* mischievous (= coquin). *Surtout pas* malice (= méchanceté) *ni* malicious = (méchant).

Manger qq'chose dans qq'chose : *a*) Il mangeait DANS la salle à manger = He used to eat IN the dining room.

b) Il mangeait DANS une assiette (*il n'était pas dedans!*) = He was eating OFF (*ou* FROM) a plate (*voir* « boire »).

Maniaque : *a*) Difficile, exigeant = fussy; fastidious (= méticuleux, tâtillon); difficult.

b) Qui a un « dada » = faddy.

c) Un maniaque (de la mécanique, etc.) *voir* « fou de » - ATTENTION : a maniac ('meiniæk) = un fou (*voir* « manie »).

Manie = peculiarity (*voir* « particulier »); singularity; mannerism; trick *et* IDIOSYNCRASY (= trait de la personnalité). - Un « dada » = a fad. - La voiture est son dada = Driving is his fad (a hobby = un passe-temps).

ATTENTION : mania ('meiniə) = folie; idée fixe.

Manquer, faillir, échouer : *il faut absolument* ANALYSER LE SENS *avec soin*.

a) Il a manqué (*laissé passer*) le train, le ballon, le but... = He missed the train, the ball, the goal, etc.

b) Il a manqué DE (failli) tomber (il est PRESQUE tombé) = He nearly fell down.

c) L'eau manqua (*restriction, absence*); nous manquions (allions manquer) d'eau = We were (getting) short of water.

d) Ne pas réussir, échouer. - L'explosion manqua = The explosion failed (*voir* « échouer »).

e) Manquer (= laisser à désirer). - Cela manque de couleur = It lacks colour; it wants colour; it is wantING IN colour.

f) Ne manquez pas de lui dire = Don't fail to tell him.

g) ATTENTION : *Vous* ME manquerez = I shall miss YOU. - *Elle* manquera à tout le monde = Everybody will miss her. (*En anglais, les rôles sont* RENVERSÉS; *la construction est la même qu'avec* regretter : tout le monde la regrettera.)

Marche d'escalier : 2.29.

Marché : 2.18 *b*.

Marcher : *a*) Aller à pied = To walk (wɔ:k).
b) Fonctionner = To work, to go, to run (*pour une voiture, une montre, la radio, les chemins de fer, etc.*). *Employer le terme qui convient le mieux et au besoin* to travel, to sail, to drive.
c) Marcher, avancer = to drive, to sail, to fly, etc. (*voir* « aller » : 1,32). - Nous marchions (*en auto*) à 100 km/h = We were driving at 60 m. p. h.

Marcher (ne pas) : *voir* « mal »; « aller mal » *et* « réussir » *d*.

Mariage : *ne pas conf. a et b*.
a) Je suis allé au mariage = I went to the wedding (*cérémonie*).
b) Le mariage peut être une bonne chose = Marriage may be a good thing (*l'institution*).

Marier (se) (GV 3) : *a*) *Construire* to marry *comme* épouser *en français* - Elle ne voulut pas se marier avec lui = She did not want to marry him.
b) Se marier (*intransitif; donc, pas de complément*) = To marry. - La reine ne s'est pas mariée = The Queen did not marry.

Massif : argent, or... massif = solid silver, gold...

Matériel (*nom*) : Le matériel = The equipment.
ATTENTION : Material = tissu (*voir* « matière »).

Matière, substance = stuff, substance, etc. C'est la matière de ce livre = It is the subject of this book. - Nous étudions différentes matières = We study different subjects (subject-matters). - Le plastique est une matière molle = Plastic is a soft substance. ATTENTION : MATERIAL (*nom*) = tissu (*synonymes* : cloth, fabric, stuff).
N. B. Le fond et la forme = The matter and the manner.

Mauvais = bad ou ill (*voir* « erreur »). - Mauvaises manières, mauvaise conduite = Bad manners, bad conduct. - Mauvaise santé = Bad health. - Qui sent mauvais = evil-smelling.

Mécontent (de) = displeased (WITH); not pleased (WITH) (ou AT) (GV 14). - Il est mécontent (de notre travail) = He is not pleased (WITH our work) (*voir* « content »).

Méfier (se) : *voir* « attention ».

Mélancolie, mélancolique : *bien accentuer* melancholy *sur la première syllabe* ('melənkəli). Melancholy *est, le plus souvent, un adjectif*. - La mélancolie = Gloom; despondency.

Mêler : Mêlez-vous de vos affaires = Mind your own business (*voir* « regarder » *c*).

Même : C'est le livre même que je voulais; le même que le vôtre = It is the VERY book I wanted; the SAME (one) AS yours (*voir plus bas* « le même que »).

Même, y compris = even ('i:vn). - Même les riches peuvent être avares = Even the rich may be miserly.

Même que (le) = The same... AS (*ne pas conf... voir* 1.58). - La même chose (que) = The same (thing) (AS...) (*On omet souvent* « thing »).

Même : *Pronoms réfléchis* (1.27). **De même** : 3.01; 3.05.

Mener, conduire = to LEAD (li:d), LED, LED (p. 198) (*voir* « emmener »).

Mentir = to LIE (RÉGULIER, *donc*, lied lied). *Part. prés.* LYING. *Se méfier de la ressemblance avec* to lie, lay, lain = être couché (p. 198).

Mériter = to deserve (*mais voir* « valoir »).

Mettre = to put. - Mettre, poser (à plat) = To LAY (lei), LAID (leid), LAID (leid) (p. 198), (*voir* « coucher »). - Mettre, installer, fixer = To SET, SET, SET (p. 199) *ou* to fix (régulier).

Mettre, porter un vêtement : *a*) En hiver, je mets un manteau = In Winter I wear (wore, worn) a coat (= je mets habituellement).
b) Mettre, passer, endosser, enfiler. - Ne le mettez pas maintenant = Don't PUT it ON now (GV 12).

Mettre à (se) = to start (GV 8 *et* 3) (*voir* « commencer »). - Il se mit à pleuvoir = It started raining.

Mettre qq'chose **en marche** = to start sg. going (GV 7).

Meubles : *En anglais, neuf fois sur dix, on parle de* MOBILIER (= furniture) *et non de meuble au singulier; il faut donc, au singulier, préciser de quel meuble il s'agit, ou si l'on y tient, dire* A PIECE of furniture - Ses meubles SONT vieux = His furniture IS old.

Mieux = better. - LE mieux = THE best. (1.57 ; 1.58).

Mieux, faire mieux, aimer mieux : 1.57 ; 1.58.

Mille, millier, million : 2.25 *b*.

Mince : thin *est péjoratif pour une personne, pour une femme par exemple. Employer* slim, slender (mince, élancé).

Misérable (adj.) : Wretched, unhappy, miserable, *sont à peu près synonymes* (miserable = qui inspire la pitié). - Je me sens très triste = I feel miserable.
a) Un misérable, un miséreux (*qui mérite la pitié*) = a wretch, a poor wretch.
b) Un misérable (*qui n'inspire pas la pitié, et ne la mérite pas*) = a villain, a rascal.

Misère = Poverty. - ATTENTION : Misery ('mizəri) = tristesse extrême (*voir* « misérable »). *Ne pas conf. avec* miser ('maizə) = avare (*nom*) et miserly ('maizəli) = avare (*adj.*).

Mobilier : *voir* « meubles » *et* 2.27.

Modifier : *pourquoi pense-t-on si rarement à* to alter ('ɔ:ltə)? (*voir* « transformer »; « changer »).

Moins que (à) : 1.21-3°.

Moins (... que) = less (... than). - **Le moins** : C'est le moins que vous puissiez faire = It is THE LEAST you can do. (*Ne pas conf. avec* LE dernier = The last). - Le moins de gens (possible) = The smallest (possible) number of people.
ATTENTION : *Ne pas conf. le comparatif* moins = LESS *et le superlatif* LE moins; le moindre = THE LEAST.

Moins (au), du moins = at LEAST. - *Ne pas conf. avec* enfin, finalement = at last; finally. - *Noter l'expression* : Le dernier et non le moindre = Last but not least.

Monde (tout le) = everybody; everyone (*verbe* AU SINGULIER) (2.26). (*Ne pas employer* people.) - Tout le monde connaît le secret = Everyone knows the secret.

Monnaie = change (4.21) (*voir* « argent »).

Monter; s'élever = to RISE, ROSE, RISEN. - Les prix montent = Prices are rising (*ou* going up). *Ne pas conf. avec* lever, élever = to raise (régulier) (p. 199).

Monter (à bicyclette, à cheval... etc.) (GV 3) = to ride (rode, ridden) a bicycle, a horse... (PAS *de préposition*) (p. 199). - Monter dans l'autobus, le train... = To get ON (*ou* into) the bus, the train...

Monter, élever, soulever : *voir le mot suiv. et* « lever ».

Monter à (se), s'élever à : Le prix se montait à 2 livres et demi = The price amounted TO 50 shillings. - Le prix est monté JUSQU'À 50 shillings = The price went up to 50 shillings.

Montrer = to show, showed, shown (SEMI *régulier*) (GV 5 *et* GV 2 *a*).

Montrer (qq'chose du doigt) = to point (AT sg.).

Montrer; faire remarquer qq'chose : *voir* « faire remarquer ».

Moquer de qq'un (se) = to laugh AT sy. (GV 14); to make fun OF sy. - Taquiner qq'un = to pull sy.'s leg. - Je m'en moque, cela m'est égal = I don't care (*voir* « égal » *b*).

Moral (*adjectif*) = moral ('mɔ:rəl).
Le nom est : *a*) LA morale = moralS, morality.
b) LE moral = the morale (*rarement*, moral) [morale *se prononce à la française* (mɔ'rɑ:l)]. - Le moral de l'armée (*non pas sa moralité*) = The morale of the Army.

Mordre = to **BITE, BIT, BITTEN** (p. 197).

Mordu = bitten ('bitn) [(*si l'i est prononcé long, cela devient* battu : beaten ('bi:tn) (p. 197)].

Mort (*adj.*) = **DEAD** (ded). (*Mot* TRÈS *dangereux*) (2.44 *b*). - Mort de peur = **Dead WITH fright** (GV 14) (*voir* « mourir »). - *Le nom* LA mort = **Death** (p. 197). - Les morts = **THE dead** (*sans* s) (2.36).

Mourir = to **DIE** (dai) (*régulier; participe présent,* **DYING**) (*voir* « mort »). - Le roi est mort hier (*donc* Il mourut hier) = **The king DIED yesterday.** - *Ne pas conf. avec* Le roi est-il mort ou non? = **Is the king dead or not?** [(mort *est ici* ADJ. *comme le seraient* vivant, absent, *etc.* (*voir, plus haut,* mort)]. - Il est mort DE pneumonie = **He died OF pneumonia** (p. 197).

Mouton : *a*) *L'animal* = **sheep** (*pluriel* **sheep**; *voir* 2.25). *b*) La viande = **mutton** (*voir* « bœuf »).

Moyen = **means** (*prend toujours un* s *même au singulier*). *Y a-t-il un autre moyen de le faire?* = **Is there another means of doing it?** - Je connais un moyen = **I know a way** *ou* **I have the means.** - Les voies et moyens = **Ways and means.** - Je n'ai pas les moyens (*voir* « se permettre »).

Muet (de surprise, etc.) = **dumb (WITH surprise, etc.)** (GV 14). - Les muets = **THE dumb** (*pas d*'s) (2.36).

Naître : Il est né en 1959 = **He WAS born in** 1959. *Tout se passe comme si l'on avait à traduire* il FUT porté, il FUT produit. *En effet,* Porter = **to bear, bore, borne** (*et,* **born** *sans e dans le sens de* donner naissance, enfanter).

Nationalités (*noms et adjectifs*) : 2.35 *et suiv.*

Naturel = **natural.** - Comme de juste; cela va de soi; il est naturel que... = **It is natural that...** (1.21-1°).

Naturel à = **natural TO.**

Naturellement = **of course; naturally,** *etc.*

Navré par, pour, de = **sorry FOR.** - J'en suis navré = **I am sorry FOR that** (*voir* « désolé » *et* « regretter »).

Nécessaire (à) = **necessary (TO)** (*voir* « besoin » *et* 1.33 *et suiv.*). - Il est nécessaire que (1.21-1°).

Négation : 2.41 *c* ; 1.23.

Ne pas : *voir* 2.41 *c* ; 1.23. - Ne pas + *l'infinitif* : Ne pas être = **NOT TO be** (SEULE construction possible) (2.48).

Ne ... plus : 3.24 *d.*

Nerveux : *voir* « énervé ».

Ni ... ni : 3.28 *c.*

N'importe qui, quel... : 2.41 ; 3.30 ; 3.28 *b*.

Nom; particularisation du nom : 2.14 *et suiv.*

Noms géographiques; noms propres : 2.21 *et suiv.*

Noms de nationalités : 2.35 *et suiv.*

Noms dérivés des adjectifs : 2.36 ; 2.35 ; 2.37.

Nombre : *voir* « chiffre » *et* « beaucoup » : 2.38 *et suiv.* **A number** = un nombre, *ou. aussi*, un numéro.

Nombreux, beaucoup = **many** : 2.38 *et suiv.*

Nourrir de (se) = **to feed (fed, fed) ON.** (GV 4) - Les vaches se nourrissent surtout d'herbe = **Cows feed mainly ON grass.**

Nouvelles = **news** (*malgré le* s, *ce mot est* UN SINGULIER). - Quelles sont les nouvelles? = **What IS the news.** - La nouvelle est connue de tous = **The news IS known to everybody.** - Voici les dernières nouvelles = **Here is the latest news.** - Une bonne nouvelle = **Good news.** - *Au singulier, on emploie aussi* **a piece of news.** - Avoir des nouvelles (*voir* « entendre parler de »).

Noyer : Nous avons noyé le chien = **We drowned the dog.** - Il se noya dans le fleuve = **He WAS drowned in the river.** - Il se noya (*suicide*) = **He drowned HIMSELF.** - Il se noyait = **He was drowning.** - Un homme qui se noie = **A drowning man.** - Un noyé = **A drowned man,** *etc.* (2.36).

Obéir à qq'un = **to obey sy.** (*comme* **disobey**, *ce verbe est* TRANSITIF DIRECT *en anglais*). - Il a désobéi (à son père) = **He disobeyed (his father)** (PAS *de préposition*).

Obligation : *comment exprimer l'obligation :* 1.17 *etc.*; 1.33. *etc.*

Obligé, reconnaissant, (envers qq'un) = **obliged (TO sy.).** - Je vous suis très obligé = **I am very MUCH obliged TO you** (*voir* 2.43 ; 2.44).

Occasion : *a*) *Voir* « chance ».
b) A cette occasion = **ON that occasion.** - A l'occasion, de temps en temps = **On occasions; occasionally, from time to time,** *etc.*
c) Si vous trouvez l'occasion (de lui parler) = **If you find** (*ou* **have**) **the opportunity (to speak to her)** (*voir* « chance »).
d) C'est un livre d'occasion = **It is a second-hand book** (ADJ.). - Je l'ai acheté d'occasion = **I bought it second-hand** (ADV.).

Occuper : s'occuper de : *voir* « se charger de » *et* « attention ».

Occupé à = **busy** (+ **gerund**, *obligatoirement*) - Je suis occupé (à lui écrire) = **I am busy (writing to him).** - Occupé, pris : Cette place est occupée = **This seat is occupied** (*ou* **not free**). - *Au téléphone*, la ligne est occupée = **The line is engaged.**

Offensé (par) = **offended (AT (sg.)** *ou* **BY (sg.** *ou* **sy.)** (GV 14) (2.43 *et* 2.44) (voir « peine » *c*).

Offre : *voir* « proposition ».

Offrir = **to offer** (GV 2 *a*) (*voir* « proposer »).

Ombre : *a*) **SHADOW,** *l'ombre que l'on projette, tache sombre que fait un objet sur le sol, un mur... Cette ombre a deux dimensions, et une* FORME. - J'ai vu son ombre = **I saw his shadow.**
b) **SHADE,** LA ZONE *privée de lumière située derrière un objet qui intercepte la lumière; cette ombre à trois dimensions n'a pas de forme précise.* - Nous sommes à l'ombre = **We are in the shade.** - Il marche du côté de l'ombre = **He walks on the shady side (of the street..., etc.).**

On : 3.23 ; 1.29 ; 1.51 *a*.

On dirait, il semble que : *voir* 1.72 *et* « sembler ».

Opposer qq'chose à qq'chose = **to oppose sg. TO sg.** MAIS *a*) S'opposer à qq'chose (ou qq'un) = **To oppose sg. (or sy.).** *b*) S'opposer à qq'chose; trouver à redire à qq'chose. - Cela vous ennuierait-il (que je fume)? = **Would you object (TO my smokING)?** (*voir* « égal »).

Opposé : *voir* « face » *ou* « contraire ». - Sa maison est en face de la mienne = **His house is opposite (TO) mine.**

Or (*conjonction*) : Or, il y avait un roi.... = **Now, there was a king...** *Ce mot assez littéraire est la seule traduction acceptable.*

Oser = **to dare.** *Ce verbe est, soit* TOTALEMENT *défectif, soit* TOTALEMENT *régulier.* - Il n'ose pas lui demander = **He does not dare TO ask her;** *ou,* **He dare not ask her** (*ni* **S**, *ni* **DOES**, *ni* **TO**). *On emploie aussi,* **to be afraid** (*voir* « peur »).

Où = **where.** MAIS, Le jour où tu es venu = **The day WHEN you came** (*ce qui est logique*) *ou...* **ON which you came** (3.20).

Oublier = to **FORGET, FORGOT, FORGOTTEN** (p. 198). - Ne pas oublier *se traduit aussi avec* **think** *et* **remember** *ainsi construit :* N'oubliez pas de le faire = **Remember TO do it** (*voir* « se souvenir », « manquer » *et* « penser »).

Outre : Outre cela; en plus de cela = **Beside that.** - En outre = **Besides** (*avec un* **s**) *ou* **moreover.**

Par conséquent : 3.02.

Paraître : *voir* « sembler ». - Il paraît (on dit) que : 1.29.

Pardonner = **to FORGIVE, FORGAVE, FORGIVEN** (p. 198) (GV 2 *b*). - Pardonner qq'chose = **To forgive sg.** - Pardonner (qq'chose) à qq'un = **To forgive sy. (FOR sg.).** - Pardonnez à vos ennemis = **Forgive your enemies.**

Pareil... à : *a*) **The same... AS** (*voir* « même »). - Ils sont pareils aux miens = **They are the same AS mine.**
b) Pareille chose (= telle) (3.05 *d*).

Parent : *a*) Le père et la mère *seulement* = **parents.**
b) *Les autres* (parents) membres de la famille = **relatives; relations.** - ATTENTION : Relations *d'affaires, etc.* = **friends, acquaintances, connections** (*voir* « amis »).

Parler de = **to speak (spoke, spoken) OF** (*ou*, **about**). - De quoi parliez-vous? = **What were you speaking OF?** Inutile de parler de cela = **You need not mention that.**

Parler de (entendre) : *voir* « entendre ».

Part : d'une part..., d'autre part : *voir* « côté ». - A part : à part cela = **except FOR that; a part FROM that.**

Partial (= de parti-pris), *et*, **partiel** (= incomplet), *pourraient tous deux se traduire par* **partial.** *Ce mot, peu courant, est donc ambigu. Tourner, à l'aide des mots suivants* : partie = **part**; en partie, partiellement = **partly; in part** (*voir* « partie »). - Partial (= de parti-pris) = **prejudiced, biassed** (baiəst). - Ne soyez pas partial = **Don't be prejudiced, biassed.**
N. B. - **He is partial TO...** = Il a un faible pour...

Participe passé : 2.43 *et suiv.*

Parti-pris; préjugé = **prejudice; bias** (*voir* « partial »).

Particulier : Avez-vous qq'chose de particulier à dire? = **Have you anything special to say?** - C'est une chose particulière aux Anglais = **It is peculiar to Englishmen.** (**Peculiar** *suggère souvent que la particularité est une bizarrerie*) (*voir* « manie »). - Une entrevue particulière = **A private interview.** - Cet impôt en particulier n'est pas pire que les autres = **This particular tax is no worse than others.** - ATTENTION : **particular** *veut aussi dire* difficile, exigeant, tâtillon. - **He is very particular; fussy: difficult** = Il est très difficile (*à contenter*).

Partie : *a*) **Part**, *souvent employé sans article.* - J'en ai pris une partie = **I took part of it.**
b) **Part** = pièce (détachée).
c) *Voir* « jeu », « rôle », « réunion ».

Partir (GV 3) : *voir* « s'en aller »; 1.32 *et suiv.*; 3.17. *Le plus souvent on emploie* QUITTER = **to LEAVE, LEFT, LEFT** (p. 198). - Il est parti = **He has gone,** *ou*, **he went (away).** - Il est parti en Amérique = **He went away to America.** - Il est parti de Paris = **He left Paris, he went away FROM Paris.** - Il est parti POUR le (au) Japon = **He left FOR Japan.** - Il est parti de chez lui = **He left home** (2.18 *b*).

Pas de : 2.38 *et suiv.* ; 2.41.

Passé (*temps du passé*) : 1.04 *à* 1.16.

Passer : *ne pas conf.* *a*) Passer et dépenser, utiliser son temps, ou son argent (*voir* « dépenser »). - Il passa deux heures au bureau = **He spent two hours in the office.** - Il passe son temps à crier = **He spends his time shoutING** (GV 8).

b) S'écouler (GV 3) = **To elapse.** - Il se passa deux semaines = **Two weeks elapsed; two weeks passed (BY).**

c) Passer à côté de qq'un (*sens physique*) (G V3) = **To pass by sy.; to walk BY** (*ou* **past**) **sy.** etc. (1.32).

d) Faire passer = **To pass.** En faisant passer un courant d'air à travers le fer liquide... = **By passing currents of air through molten iron...**

Passer (se); advenir, arriver (GV 3) : *voir* « arriver » *et* « lieu ». Que se passe-t-il? = **What is going on?** - Il ne se passa rien = **Nothing happened** *ou* **occurred.**

Passif : 1.29 ; 3.23 et 1.24.

Passionnant = **exciting; thrilling; fascinating.**

Passionné de = **extremely fond of** (*voir* « fou de ».)

Patrie : *notion assez typiquement française : traduire suivant le cas, par* **native country** (= pays natal) *ou* par **country.**

Patron : *selon le cas* **employer, manager, director, head** (*et* **boss**, *qui est familier mais très courant*) *mais jamais* **patron** ('peitrən), *qui veut dire* **client** (*à l'origine* protecteur, mécène).

Pauvre : Les pauvres = **The poor** (*sans* s) (2.36).

Payer : Combien avez-vous payé (cela)? = **How much did you pay (FOR that)?** - J'ai payé deux shillings et demi = **I paid half a crown.** - Payer qq'un = **To pay sy.** - Payer qq'chose (à qq'un) — **To pay (sy.) FOR sg.** (*Noter l'ordre des compléments.*) - (Lui) avez-vous payé les billets? = **Did you pay (him) FOR the tickets.** - Faire payer (*voir ce mot*).

Pays : *a*) **Country** *a l'inconvénient de signifier* PAYS *et* CAMPAGNE. *Ecrire* **THE country** *au singulier et, sans autre précision dans le contexte, c'est presque sûrement écrire la campagne.* - Il habite à la campagne = **He lives in THE country.** - Je suis allé à la campagne = **I went to THE country.** - MAIS : Je suis allé dans ce PAYS, c'est un PAYS que j'aime = **I went to THAT country, it is A country (that) I like.** - Un pays étranger = **A foreign country.** - Il habite dans notre pays = **He lives in OUR country.** - Un pays chaud = **A hot country.**

b) *Pour éviter la confusion avec* **country** = pays, *employer.* Région = **part** (*ou* **parts**) **of the country : What part of the country do you come from?** *ou encore* **Countryside** (région à la campagne).

Peindre en : Il a peint la salle de séjour EN jaune = **He painted the lounge yellow.** - DE quelle couleur l'avez-vous peinte? = **What colour did you paint it?**

Peine, peiner : *a*) La peine, le chagrin, la tristesse. - Il me parle de ses peines (*c. a. d. des* CAUSES *de son chagrin*) = **He is telling me about his troubles** (= difficultés, peines), **his cares** (= soucis, inquiétudes). *Dans ce cas* **trouble** *et* **care** *sont* AU PLURIEL. - Son âme est pleine de tristesse, de peine = **His soul is full of trouble** (*singulier*), **of unhappiness, of grief, of sorrow, of affliction, of anxiety, etc.**

b) Faire, causer de la peine, peiner. - Vous l'avez peinée = **You hurt her feelings; you distressed, grieved, pained, vexed her;** *ou encore,* **Her feelings were hurt** (*voir* « mal » *e*).

c) Peiné (2.43) = **hurt** (= qui a mal, *sans plus de précision, voir* « mal »); **concerned; distressed; grieved; pained** (GV 14); **sorry** (*voir* « ennuyé », « inquiet », « soucieux », « vexé »). - Il a eu (*ou* ressenti) de la peine = **He was** (*ou* **he felt**) **hurt** (*voir b*).

d) Avoir, prendre, se donner de la peine, du mal (*voir* « mal »).

e) Ce n'est pas la peine de = **It is no use** (GV 8); **It is no good** (GV 8). - Ce n'est pas la peine d'essayer = **It is no use trying** (*le* **gerund** *est obligatoire*) (*voir* « valoir).

f) J'ai (de la) peine à croire que... = **I can hardly believe that...** (*littéralement* je peux A PEINE croire...) (voir *g*).

g) A peine = **HARDLY.** NE PAS CONF. *avec* **HARD** (= dur, durement) (*voir* 2.06 ; 2,08).

Je vois à peine = **I can HARDLY see.** - MAIS, C'est dur (difficile) à croire, à comprendre = **It is HARD to believe, to understand.**

h) A peine... que; pas plutôt... que : 2.02.

Pendant; pendant que : 3.15 ; 3.16 ; 3,09 *et suiv.*; 1.19.

Penny : 2.28.

Penser à : *a*) **To think OF.** - Pensez à moi = **Think OF me.**

b) Penser DE = **To think OF** (*ou* **about**, *dans ce cas seulement*). - Qu'en pensez-vous? = **What do you think OF** (*ou* **about**) **it?** - Que penseriez (diriez)-vous d'une promenade? (*voir* 1.69) = **What would you say TO a walk?**

c) Penser à (+ infinitif) (= ne pas oublier de) = **Remember TO** (*voir* « oublier » *et* « se souvenir »). - Il a pensé à arroser nos fleurs = **He remembered TO water our flowers; he thought OF waterING our flowers.**

N. B. - Penser A qq'chose (*voir aussi* « se présenter »).

Perdre = **to LOSE, LOST, LOST** (*attention à l'orth. : au présent un seul* o) (p. 199). - Perdre la tête = **To lose one's head** (1.27). - Perdre la raison = **To go out of one's mind** (1.27).

Permettre, autoriser : *a*) *Voir* « laisser », 1.48 *et* 1.33. *Noter l'emploi du passif dans :* On m'a permis d'y aller = **I was allowed to go there** (1.29 *b*). (*Le français admettrait ce passif avec le verbe* autoriser, *non avec le verbe* permettre.)

b) Permettre, rendre possible = **To enable.** - Cela m'a permis d'entrer sans payer = **It enabled me to get in without paying.**

c) Se permettre (*voir* « indulgence »). - Je ne peux pas me permettre de l'acheter = **I can't afford (to buy) it.**

Perron : 2.29.

Personne = Nobody *ou* no one; *ou encore* not... anybody (not *fait alors partie du verbe*; 2.41) : Je ne vis personne = I did not see anybody, *ou* I saw nobody.

Personnes, gens : *mot* TRÈS *dangereux* (2.26).

Pétrole = Oil (*voir* « essence » *et* « huile »).

Peu, un peu, un peu de : 2.04 ; 2.09 ; 2.38 *et suiv.*

Peur : La peur = Fear. - Peur soudaine = Fright. - Peur violente = Dread. - *N'employer aucun autre mot.*

Peur; qui a peur de (*adj.*) : afraid OF (*voir* 2.43). *Ne pas conf.* : J'ai peur des souris = I am afraid OF mice. - J'ai peur d'y aller = I am afraid OF goING there (*voir aussi* « craindre »). - Je regrette, mais j'irai = I am afraid I shall go (*voir* « désolé »). - Je n'ose pas lui demander = I am afraid TO ask him.
FAIRE peur (*voir* « effrayer » *et ne* JAMAIS *employer* afraid).

Peut-être : 1.47; 1.33; 2.01.

Phrase = sentence. - ATTENTION : A phrase = une expression, tournure du langage.

Physicien, physique : La physique (*la science*) = Physics. - Physicien = Physicist (ATTENTION : physician = docteur).

Pièce : *a*) De théâtre = play.
b) Pièce, morceau = piece.
c) Pièce de monnaie = coin.
d) Pièce mécanique = part. - Pièces détachées = spare parts.
e) etc. (*voir un bon dictionnaire*).

Pitié : Avoir pitié de qq'un = To pity sy.; to take pity ON sy.; to have pity (*ou* mercy) ON sy. - Par pitié = For pity's sake.

Place : Il n'y a pas la place = There is no room. - Faire de la place (à qq'un) = To make room (FOR sy).

Placer, mettre = to put; to set. - Placer (à plat) = to LAY, LAID, LAID (p. 198) (*voir* « coucher »).

Plaire; Plaisir : Plaire (à qq'un) = to please (sy). (*voir* « content »; « contenter »); *mais surtout, en renversant les rôles :*
a) Cette personne me plaît = I like that person.
b) Cette pièce vous a-t-elle (beaucoup) plu? = Did you enjoy that play (very much)? - Cela vous a-t-il fait plaisir de venir? = Did you enjoy coming? (GV 8). - Est-ce que cela vous plairait de conduire? = Would you care TO drive? (*voir* « égal » *c*).

Plat = dish (*ne pas conf. avec* assiette = plate).

Plein, rempli de : Il était plein d'essence = It was full OF petrol. - Il était rempli d'essence = It was filled WITH petrol (*parce qu'*ON L'AVAIT *rempli de...* = It had been filled WITH...).

Pleurer de = to cry **WITH**; to cry **FOR** (*ou* to **weep, wept, wept**). - Il pleura (de joie) = **He cried (FOR joy).** - Il pleurait de colère = **He was crying WITH anger** (GV 14) (*voir* « crier »).
N. B. - **To weep** *est moins « bruyant » que* **to cry**. - **To sob** = pleurer convulsivement; sangloter. - **To wail** = gémir de douleur, de façon aiguë. - **Weep** *insiste sur la tristesse. Dans Jules Cæsar de Shakespeare :* « **When the poor have cried, Cæsar has wept** ». *Pour la rage, la douleur, la peur..., employer* **to cry**.

Plupart (la plupart) : 3.25 ; 2.44. *c*

Pluriel des noms : 2.25, *etc*. - **des adjectifs** : 2.34, *etc*.

Plus; **le plus**; **de plus en plus**, etc. : 3.24.

De plus; **en plus**; **en outre** : *voir* « outre ».

Non plus : 3.01. - **Ne... plus** : 3.24.

Plutôt ... que : 1.57. - **Pas plutôt... que** : **2.02**.

Poésie : La prose et la poésie = **Prose and VERSE** (*ou* **poetry**) (*voir* « romance »). - Un vers = **a line**. - LES vers = **verse.**

Poétique : Un lieu très poétique = **A very romantic spot** (*voir* « romance »). - Œuvres poétiques = **Poetical works.**

Poil : *voir* « cheveux » *au* § **2.28**.

Poisson : 2.25 *a*.

Populaire : Les classes populaires = **The working classes.** - Un quartier populaire = **A working class district.** - Les places populaires (au théâtre) = **Cheap seats.** - *Mais*, Il a du SUCCÈS (auprès des enfants) = **He is popular (WITH children).** (**Popular** = qui a du succès; très connu et admiré.)

Porc : *voir* « cochon ».

Porter : *a*) *Voir* « supporter ».
b) Porter un vêtement (*voir* « mettre »).
c) Porter, transporter = **To carry.**
d) Apporter = **To bring, BROUGHT, BROUGHT** (GV 2 *a*).

Poser = **to put**; **to lay** (p. 198) (*voir* « mettre » *et* « coucher »).

Position : *penser d'abord à traduire par* **place, condition, situation** (*voir* « situation »).

Postpositions : 1.30.

Pour : 3.26; 2.48. Pour que : **1.21-2°**.

Pour moi, etc. : Faites-le pour moi (*par amitié* pour moi) = **Do it for my sake.** - Pour l'amour de Dieu = **For God's sake.**

Pourquoi = **WHY**; *ou* **WHY NOT** *si la phrase qui précède est négative; et, très souvent*, **WHAT (....) FOR**. - C'est pourquoi : 3.02.

Pourtant : *ne pas conf.* YET, THOUGH, HOWEVER, *et leurs différents sens* (*voir* « cependant »). : Pourtant il était tard = Yet it was late. - Est-il DÉJÀ levé? = Is he up yet?

Pourvu que : 1.21-4°.

Pousser, croître = to grow, grew, grown. *Ce verbe signifie aussi* FAIRE POUSSER, cultiver. - Faites-vous pousser (cultivez-vous) des choux? = Do you grow cabbages?

Pouvoir : 1.44 *et suiv. et* 1.33.
Je n'y peux rien = I can't help it (*voir* « s'empêcher de »).

Pratique, commode (adj.) = convenient (*voir* « commode »).

Préférable (à) = preferable (TO) (1.58).

Préféré, favori : C'est mon livre préféré = It is my favourite book.

Préférer = to prefer (GV 8) (1.57 ; 1.58).

Préférer que : 1.21-1°.

Préjudice, dommage, dégât = damage (*voir* « tort ») (ATTENTION *au mot suivant*).

Préjugé, parti-pris = prejudice (*voir* « partial »).

Premier, dernier : *voir* « dernier ».

Prendre : *a*) *Voir* 1.64.
b) Prendre = Faire payer (*voir* « faire payer »).
c) Prendre qq'un pour (*voir* « considérer »; « se tromper »)
d) Ça ne prend pas, ça ne marche pas... = It does not work.

Prendre plaisir à qq'chose = to enjoy sg. (GV 8) (*voir* « plaire »). - Il prend plaisir à la taquiner = He enjoys teasing her.

Préparer à (se) (GV 3 *et* 4) : *a*) To prepare FOR; *ou*, to prepare (TO + l'infinitif); *ou* to get ready (FOR); *et* to get ready to + *l'inf.* - Je prépare un examen = I prepare FOR an exam.
b) Préparer qq'chose = To prepare sg.; to make sg. ready.

Prépositions : 2.48 ; 1.31 ; 3.26 ; 3.17.

Présent de l'indicatif : 1.04 ; 1.06 *et suiv.*; 1.14.

Présent (à), présentement = AT PRESENT; NOW. ATTENTION : presently = dans un instant, tout à l'heure.

Présenter qq'un (à qq'un) (faire les présentations) = to introduce sy. (to sy.). *Noter que* faire cadeau de qq'chose à qq'un = to present sy. WITH sg. (*ou* to offer sg. TO sy.).

Présenter à l'esprit (se), à la mémoire (GV 3) = to occur. Il m'est venu à l'esprit que... = It occurred to me that...

Present perfect : 1.04 ; 1.06 *et suiv.*; 1.14 ; 1.16

Préserver qq'un (ou qq'chose) de, ou contre qq'chose (ou qq'un) = to protect sy. (or sg.) FROM sg. (or sy.); to save (sauver, épargner) sy. (or sg.) FROM sg. (or sy.) (GV 1). ATTENTION : To preserve = conserver.

Presque = nearly; almost (*voir* 2.06). - Presque jamais = Hardly ever.

Pressé : Je suis pressé (de m'en aller) = I am in A hurry (to leave) (*voir mot suiv. et* « se dépêcher »).

Presser (se) = to hurry; to hasten ('heisn) (*voir* « se dépêcher »).

Prétendre (réclamer, *à tort en général*) = to claim. - Il prétendit qu'il avait gagné = He claimed that he had won. - N. B. - To pretend = Faire semblant. - Il fit semblant de savoir = He pretended to know.

Prêter = to lend, lent, lent (GV 2 *a*).

Prétérit : 1.04 ; 1.05 ; 1.09 ; 1.14.

Prévenir : Avertir = To tell; to warn (*voir* « avertir »). - Il faut me prévenir quand vous vous en allez = You must tell me when you go.
ATTENTION : To prevent *veut dire* prévenir, EMPÊCHER.

Principalement : *voir* « surtout ».

Privé de : La ville était privée d'électricité = The town was WITHOUT electricity (*voir aussi* « manquer »).

Priver de (se) = to go (*ou* to do) without. - Il se priva de nourriture = He went without food.

Prix : *a*) *Que l'on paye* = price.
b) *Que l'on gagne* = prize. - Gagnant, lauréat = Prize-winner. - Boxeur professionnel = Prize-fighter.
c) *Prix d'un billet de transport* = fare; fare money.

Probable : *voir* « susceptible ». - Ce n'est pas probable (*ou* vraisemblable) = It is not likely. - Probablement : 2.07.

Prochain : L'été prochain (*le premier été à venir*) = Next Summer (*sans article*). - L'été suivant (*qui suivit celui dont on parle*) = THE next Summer (2.05 *b*). - *Mêmes règles que pour* last [= dernier (*voir* « dernier »)].

Prochainement = soon (*voir* « tôt » *et* 2.05 *b*).

Produire (se) : *a*) *voir* « arriver ». *b*) *voir* « produit ».

Produit : *traduction la plus fréquente* : product ('prɔdʌkt). *Mais* le produit naturel, le produit du sol, etc. = Produce ('prɔdju:s). *Dans les deux cas, bien accentuer la* PREMIÈRE *syllabe; alors que dans le verbe* **to produce** (prə'dju:s) *c'est la seconde qu'on accentue* (*voir* 4.52).

Professions (noms de professions) : *voir* « situation » *et* 2.24 *c*.

Profiter de : *ne pas croire que* to profit BY *est une expression courante. Employer* to take advantage OF sg.

Progrès : LES ou DES progrès = Progress (SANS s) (227). - UN progrès = An improvement. - ATTENTION : To improve = *a*) FAIRE FAIRE des progrès; améliorer : Il a amélioré son anglais = He has improved his English; *b*) S' améliorer : Son anglais s'est (bien) amélioré (a fait des progrès) = His English has improved (a lot).

Progressive (forme progressive) : 1.24 *et* 1.12.

Promenade : Faire une promenade = To go FOR a walk; to have a walk; to take a walk, *etc.* (1.55 *b*).

Pronoms relatifs : 2.46 ; 2.47. - Pronoms réfléchis : 1.27.

Prononcer : *a*) *Sens restreint* = To pronounce.
b) *Sens général de* dire = to utter. - Il ne prononça pas une parole = He did not utter a word.

Proposer : *a*) To offer, to suggest, etc. - To propose, *manié imprudemment suggérera* une proposition... de mariage. - To propose = Demander la main. - **Proposal** = demande en mariage (*voir* « demande »).
b) SE proposer de (avoir l'intention de). - Que vous proposez-vous de faire? = What do you propose to do? (GV 4 *et* 3).
N. B. - To offer *veut aussi dire* se disposer à s'apprêter à : He offered to kiss her = Il s'apprêtait à l'embrasser.

Proposition = offer, suggestion, *et même*, proposal, *mais*... *voir* « proposer ».

Proposition infinitive : 1.21.

Proposition subordonnée de temps : 1.19 *et suiv.*

Propre : Le chat est un animal propre = Cats are CLEAN animals. - Écrivez proprement = Write NEATLY (*netteté et correction de la forme, de la présentation*). - Ce n'est pas le mot propre = It is not the PROPER (*ou* right) word. - Je suis mon propre maître = I am my own master. - Elle n'est pas propre A (capable de) faire la cuisine = She is not fit to cook (*voir* « capable »).

Propriété (des choses) = property ('prɔpəti). - Cet argent est ma propriété = This money is my property. - Bureau des objets perdus = Lost property office. - MAIS .. **propriété (des termes)** = propriety (prə 'praiiti) (*voir* « propre »).

Prudent = careful (*voir* « attention »).

Public : *a*) **A public house, a pub = Un café** (*anglais, donc fermé, sans terrasse où l'on sert des alcools et surtout de la bière*). Publican = Le tenancier de cet établissement.

b) Public school (*voir* « école »).

c) Le public *d'une salle* = The audience. - MAIS le public (*des lecteurs, etc.*) = The public. - Le grand public = The general public.

Publier : *voir* « **éditer** ».

Punir qq'un (pour, de) = to punish sy. (FOR) (3.26). - Je fus puni (de ma méchanceté) = I was punished (FOR my wickedness).

Qualifier, traiter de : Il me qualifia de... = He called me... - Il me qualifia (traita) de tous les noms = He called me names.

N. B. - To qualify (for) = réussir à un examen, se révéler (être reconnu) apte à occuper un poste.

Quand = when (1.19).

Quantités (expressions de quantités) : 2.38.

Que, quel : *a*) **Pronom relatif** : 2.46 ; 2.32.

b) **Interrogatif** : 3.06 ; 3.27 *et suiv.*

c) **Exclamatif** : 3.27 ; 3.07 ; 2.24.

d) **Ce que...** : 3.20.

e) **Que (conjonction)** : 3.27 *bis*.

f) **Avant que..., pourvu que; je veux que ..., 1.21.**

g) **Que** = seulement (*voir* « seulement »).

h) **Que** ce soit vrai ou non : whether it is true or not.

Quelquefois = sometimes (*avec un* s) (2.05). *En effet*, some time = *a*) Un certain temps : J'ai attendu quelque temps = I have been waiting some time.

b) Un de ces jours.

Question, sujet : *voir* « affaire ». - C'est une question d'adresse = It is a matter of skill.

Qui, que, quoi, quel : 2.46 ; 3.27 *bis* ; 1.22.

Quitter : *voir* « laisser ».

Quoique : *voir* « bien que » (1.21-3°).

Quoi que (*en* DEUX *mots*) : Quoi que vous disiez, j'irai = Whatever (*ou* No matter what) you (may) say, I'll go (*voir* « important » *c*).

Raisins = **grapes** (*voir* « grappe »).

Raison : *a*) Reason. - C'est la raison pour laquelle je suis venu = That is (the reason) why I came (3.02).

b) Tu as raison (de dire cela) = You are right (to say so), (*ou* IN sayING so).

c) Tu as LE DROIT de faire cela = You HAVE a (*ou* the, *ou* every = tout à fait) right to do so (*voir* « erreur » *et* « tort »).

Raisonnable : Soyez raisonnable (*le français fait appel à la raison*) = Be sensible (*l'anglais s'attache au bon sens* = sense, good sense, common sense) (*voir* « sens »). - Un prix raisonnable = A reasonable price.

Ranger : *deux cas sont possibles. a*) Mettre en un autre lieu = To put away : Rangez vos livres = Put away your books.
b) Mettre en ordre = To tidy up : Rangez votre chambre = Tidy up your room.

Rappeler *et* **se rappeler :** *a*) *Voir* « se souvenir ».
b) Rappeler qq'un (*ou* qq'chose) à qq'un. - Voulez-vous me rappeler votre nom? = Will you remind me OF your name (*littéralement* « remettre en mémoire, à l'esprit »).
c) Elle me rappelle que nous y allons ce soir = She reminds me that we are going there tonight.

Ravi par, de : *voir* « enchanté ».

Ravitailler qq'un en : *voir* « fournir ».

Réaliser : *en français, il n'est pas correct de dire comme on le fait souvent* je réalise *dans le sens de* je conçois, je me rends compte, *ce qui se traduit bien, en anglais par* I realize.
a) Je me rendis compte de la difficulté = I realized the difficulty.
b) Réaliser (= *rendre réel*) = To realize. - Ses espoirs se réalisèrent = His hopes were realized; his hopes materialized, *ou* came true.
c) Réaliser (convertir). - Ces actions ne peuvent être réalisées = These shares cannot be realized.
d) ATTENTION : réaliser (= accomplir) = To achieve. - Il réalisa un chef-d'œuvre = He achieved a masterpiece.

Récent = recent. - Récemment = lately (2.05).

Receveur (*d'autobus, etc.*) = conductor (*il dirige... les opérations mais non la voiture; comme le chef d'orchestre, cet autre* conductor).

Réciproque (forme réciproque) : 1.27.

Reconnaissant à qq'un de, pour, qq'chose = grateful TO sy. FOR sg.

Reconnaître = to know (*voir* « familier »). - Il ne m'a pas reconnu = He did not know (*ou* recognize) me. - Reconnaître deux personnes, distinguer une personne d'une autre = To know sy. FROM sy. - Je ne le distingue pas de son frère = I don't know him FROM his brother (*Voir aussi* « accord »).

Recouvrir : *voir* « couvrir ».

Rédacteur (en chef) = editor (*il écrit l'éditorial*) (*voir* « éditeur »).

Réellement = **really, actually,** *etc.* (2.07).

Réfléchie (forme réfléchie) : 1.27.

Regard, regarder : *a*) *D'abord, ne pas employer* **to regard** = considérer comme; prendre pour. *Ici encore, l'anglais exige que l'on précise* COMMENT *on regarde.* - Il regarda le peintre (*c'est l'homme qu'il regarde*) = **He looked AT the painter.**

b) *Il regarda* (ce que faisait) *le peintre* = **He WATCHED the painter.** - *Ainsi, il serait absurde d'utiliser* **to look** *pour traduire* Il « regarda » le match de football = **He watched the match...** *L'intérêt réside, ici, dans* CE QUI SE PASSE; *un match ne se voit pas, il se suit des yeux et... de la voix.*

Tous les verbes suivants sont du groupe GV 13. - **He gazed AT the painter** (*regard prolongé; admiration, surprise*). - **He glanced AT the painter** (*coup d'œil bref*) (*voir* « lancer » *et* « apercevoir »). - **He glared AT the painter** (*regard furieux*). - **He peeped AT the painter** (*regard furtif, par un trou, au-dessus d'un mur...*). — **He peered at the painter** (*regard profond, scrutateur*). - **He stared AT the painter** (*regard fixe, qui dévisage; avec effroi ou effronterie*). - **He winked AT the painter** (*clin d'œil de connivence, etc.*) (*voir aussi* « lancer » un coup d'œil).

c) Regarder, concerner. - Cela ne vous regarde pas = **That is none of your business.**

Regretter : *voir* « peur » *et* « craindre ». *a*) Je regrette de ne pas pouvoir venir = **I am sorry** (*ou* **I am afraid**) **I can't come.** - Je regrette de lui avoir dit = **I am sorry I told him.**

b) Je regrette de dire qu'il va pleuvoir = **I am afraid it is going to rain.**

c) Je regrette ce que j'ai fait = **I regret what I did,** *ou* **I am sorry FOR what I did.**

d) Regretter qq'un (*voir* « manquer » *g*).

Régulier : *Un pas, une avance, des progrès* réguliers = **STEADY.** - A intervalles réguliers = **At regular intervals.** - **Regular,** *familièrement veut dire* fieffé, parfait : C'est un parfait crétin = **He is a regular idiot,** *ou* **fool.**

Relâché, détendu : *voir* » desserrer « *et* **LOOSE** (p. 199).

Relatifs (pronoms) : 2.46 *et suiv.*; 3.27 bis ; 3.29.

Relations, connaissances, camarades : *voir* « parents », « amis ». N. B. : **relationship** = le rapport (entre une chose et une autre).

Remarquer : *a)* Distinguer = **to notice** (GV 7 et 10) (*voir* « s'apercevoir »; « faire remarquer » *et* « attention » *d et f*).

b) **To remark** *veut plutôt dire* faire une remarque, une observation.

Remercier qq'un (de, pour qq'chose) = **to thank sy. (FOR sg.)** (GV 1).

Remettre qq'chose **(à plus tard)** = to put sg. OFF until... (GV 12). - Ne remettez jamais à demain... = Never put OFF until tomorrow what you can do today.

Remettre (se), se rétablir (GV 3) : *voir* « aller mieux ».

Remettre à qq'chose (se) (GV 3) : *a*) Reprendre qq'chose (*voir ce mot*) = To take up sg. again (GV 12). - Vous êtes-vous remis au piano? = Did you take up the piano again?

b) Recommencer. - Il s'est remis à pleurer = He started crying again (*voir* « commencer »).

Remplir qq'chose (de qq'chose) = to fill sg. (WITH sg.) (GV 12). — Remplir un formulaire, un questionnaire = to fill IN (*ou* UP) a form (GV 12).

Rempli de = filled WITH, *ou*, full OF (*voir* « plein »).

Rencontrer = to MEET, MET, MET.

a) Il a rencontré M. Brown = He met Mr Brown.

b) *Sens figuré :* To meet WITH (bad fortune, good fortune, failure, disaster, success, *etc.*). *Ici,* to meet *a le sens de* se trouver DEVANT UN ÉVÉNEMENT *dont on est la victime, le bénéficiaire, l'objet...*

Rendre compte (se) (GV 3) = to realize (*voir* « réaliser »).

Rendre visite (à qq'un) = to pay a visit (to sy.); to call ON sy. (GV 13). - Pourquoi ne nous avez-vous pas rendu visite? = Why didn't you call? - N. B. – Appeler au téléphone = To call (*ou* ring) UP (GV 11) (*voir* « appeler »)

Renoncer : *voir* « abandonner ».

Renseignements = information (*jamais d'* « s »). - *Ce mot s'emploie comme* advice (*voir* « conseil » *et* 2.27).

Renseigné sur, au courant de qq'chose : J'étais au courant de sa mort = I knew about his death (GV 1).

Renseigner qq'un sur, (à propos de qq'chose) = to tell *ou* inform sy. (about sg.)

Renseigner (se) (GV 3) : *a*) S'informer (sur, à propos de qq'chose) = To inquire (ABOUT sg.)

b) Se renseigner (auprès de qq'un) sur, à propos de qq'chose = To ask (sy.) ABOUT sg. - Il m'a demandé des renseignements sur elle = He asked me ABOUT her.

c) Se renseigner sur la manière de = To inquire HOW TO (GV 9). - Je me suis renseigné (sur la manière d'envoyer un mandat) = I inquired (HOW TO send a postal order).

Répondre : *a*) Répondre qq'chose = To answer sg.
b) Répondre à qq'un = To answer sy. - Répondez à votre père = Answer your father.
c) Répondre qq'chose (à qq'un) = to reply sg. (TO sy.). - To reply = Répondre, répliquer, *en faisant, en disant qq'chose* - Il répondit en claquant la porte = He replied BY slamming the door (3.22).

Reposer, Repos : *a*) Être couché (*voir* « coucher » et p. 198).
b) Se reposer = To rest. - Après avoir marché, il se reposa un instant = After walkING he rested for a while; *ou*, he took a short rest. - Reposé = rested, refreshed (= dispos); relaxed.

Reprendre : *voir* « remettre ». Reprendre après une interruption. - Il reprit son discours = He resumed his speech. - Il reprit sa place, son voyage (= to resume). - *Ne pas confondre avec* Il résuma son discours = He summed up his speech. - Il reprit tout le travail = He went over the whole work again.

Reproche : *employer de préférence une tournure comportant le verbe* reprocher. - Sans reproches (*adj.*) = Blameless.

Reprocher qq'chose à qq'un : Ce n'est pas à moi qu'il faut faire des reproches = I am not to be blamed (*ou* not to blame) (FOR it). - Il fait toujours des reproches à ses amis = He always finds fault WITH his friends.

N. B. - To reproach sy. WITH sg. *est une bonne traduction mais bien moins courante que les précédentes.*

Reprocher, trouver à redire. - Qu'est-ce que vous reprochez à ce livre? = What is wrong WITH this book? - Je ne trouve rien à redire à cette voiture *(à son fonctionnement)* = There is nothing wrong WITH this car (*voir* « aller mal »).

Résister à qq'chose (*ou* qq'un) = to resist sg. (or sy.). - On ne peut lui résister = You can't resist her.

Résolu à : *voir* « décidé ».

Responsable de = responsible FOR.

Ressembler à : *voir* « sembler » *et* 1.72 *et suiv.*

Ressortir, dépasser (*voir* « doubler ») = to come out, to stick out, to project, to stand out. *Ce dernier, également au sens figuré* = surpasser; être remarquable. - Un clou qui dépasse du mur = A nail sticking OUT OF the wall; projecting FROM the wall. - Remarquable = Outstanding, remarkable.

Rester : *a*) **Demeurer** = To stay (*régulier* : stayed, stayed) *pour un séjour assez bref*; to remain *pour un séjour prolongé, ou un état définitif.* (To stay *n'a rien à voir avec* to stand, stood, stood = être debout.) - ATTENTION : to rest = se reposer.
b) Il en reste, etc.; *se traduit à l'aide de* to leave. - Combien en reste-t-il? = How many are left? (2.38) - Il m'en reste encore quelques-uns = There are some more left (*ou* I have...). - Il n'en reste pas beaucoup = There are not many

left. - Il n'en reste pas du tout = There are not any left; there is none left. - Il nous en reste assez = We have enough left [*voir* « encore » (2.38 *et* 3.24 *e*)].

Résumer = to sum up; to summarise. [*Surtout pas* to resume *qui veut dire* reprendre (après une interruption.)]

Rétablir (se), aller mieux : *voir* « aller mieux ».

Retard : *voir* « tard ».

Réunion : *ne pas oublier* party = petit groupe de personnes réunies *dans un but quelconque* (*pour travailler, danser, boire, faire une corvée dans l'armée, etc.*) (a surprise party, *etc.*). *Penser aussi à* meeting, conference, committee.

Réussir à; s'arranger pour; arriver à : *a*) Il a réussi (à me convaincre) = He succeeded (IN convincING me) (GV 13) (2.48), *ou* He managed TO convince me (*ici, le résultat est inattendu; il s'est arrangé, débrouillé pour...*). - SEUL to succeed IN *peut être suivi d'un* NOM. - Il a réussi cette épreuve difficile = He succeeded IN that difficult test (*ou* He managed TO PASS the test) (*voir* « échouer »).

Réussir à faire faire qq'chose à qq'un : 1.51 *a*.

b) Il réussit très bien = He is doing very well.

c) Ne pas réussir : *voir* « manquer » *et* « agréable ».

d) Ça n'a pas réussi, ça n'a pas marché, ça n'a pas pris = It didn't work.

Réveiller : *voir* « éveiller ».

Revenir à, consister à : *voir ce mot.*

Rêver à = to dream OF.

Révoltant : shocking *est un bon synonyme de* revolting *et il est encore plus courant.* - Un spectacle révoltant = A shocking sight.

Révolté (de, par qq'chose) = shocked (AT, BY sg.) (*ou* TO + l'infinitif) (GV 14) (2.43).

Riche : Les riches = The rich (*sans* s) (2.36).

Rien = nothing (2.41). - Rien... que = nothing... BUT (1.58). - Rien de bon; rien de vrai = Nothing good; nothing true. - Cela ne fait rien (*voir* « importance »; « égal »).

Rire de qq'un = to laugh AT sy. (GV 13).

Rôle (*au théâtre*) = part. - Jouer un rôle = To play a part. - Character = un personnage.

Romance = song, ballad, melody, etc.

ATTENTION : Romance = le romanesque, *ce qui fait* la poésie *de qq'chose*. - La poésie de la mer = The romance of the sea.

Romantique : Romantic *a aussi, le sens dérivé de* romance, (*voir ce mot*) *c'est-à-dire* poétique, idyllique, romanesque.

Rougir de (honte,...) = to flush; **to blush WITH (shame,...).**

Rouler (*en voiture*) = to drive (*voir* « marcher »).

Route : Le revêtement de la route est excellent = The road surface is excellent. - C'est sur la route (l'itinéraire) du trolley = It is on the trolley-bus ROUTE - [*Prononcer* (ru:t) :]

Sage, sagesse : Un homme sage = **A** wise man [wise (waiz)]. - Cet enfant est très sage = This child is very **good.** - La sagesse (des anciens, etc.) = **Wisdom** ('wizdəm).

Saluer (qq'un) **(incliner la tête)** = to bow (TO sy.). *Prononcer* (bau); *sinon*, a bow, *prononcé* (bou) = un arc, un archet,...

Sans : 2.24 *e*; 2.48. - **Sans que** : *Une seule construction possible* : Il l'a fait sans que je le sache = He did it without my knowing it... - Sans qu'on lui dise = **Without being told.**

Satisfaire, satisfait : *voir* « content », « se contenter », « plaire » *et* 2.43.

Savoir : *a*) Savoir faire, savoir **comment** = To know HOW TO (GV 9). - Savez-vous écrire mon nom? = Do you know HOW TO write my name? *ou, plus simplement* Can you write my name. *Cette deuxième forme est cependant moins précise; elle suggère* êtes-vous capable, pouvez-vous, *au sens large.*
b) Faire savoir. - Faites-moi savoir (quand vous serez de retour) = LET ME KNOW (when you will be back).

Scandalisé par = shocked AT *ou* BY (GV 14) (2.43).

Scier = to saw, sawed, sawn (SEMI-régulier) (p. 200).

Scolaire : *seule traduction possible : un mot composé avec* school. - Travail scolaire = school-work, etc. *En effet* a scholar (*nom*) = un érudit *et* scholarly man, work, *etc.* = homme érudit, travail d'érudit, *etc.*

Se : *pronom réfléchi ou réciproque :* 1.27.

Semblable à = similar TO *ou* the same AS (1.58-4°).

Semblant; faire semblant = to pretend. - Il fit semblant de ne pas savoir = He pretended not to know.

Sembler, paraître, avoir l'air de : (*voir aussi* 1.72 *et suiv.* et 1.24, note 1). *Ne pas confondre les cas suivants :*

a) Il a l'air INTELLIGENT (ADJ.) = He looks intelligent; he seems to be intelligent.
b) Il a l'air d'un (il ressemble à un) HIBOU (NOM) = He looks LIKE an owl. - Il ressemble à sa sœur (nom) = He looks LIKE his sister.
c) Il semble (on dirait) QU'IL PLEUT (PROPOSITION) = It looks AS IF it is raining (1.72 ; 1.73).

d) Il semble AIMER la musique (INFINITIF) = **He SEEMS to like music.**

e) Il (me) semble QUE... = **It SEEMS (TO me) (that)...**

N. B. - 1° **To appear,** *moins usité, s'emploie dans les mêmes cas et de la même façon que* to seem.

2° Il ME semble que J'aime cela; j'ai l'impression que j'aime cela = **I SEEM to like that.**

Sens, signification = meaning, sense. - *Mais* sense *veut surtout dire* bon sens, sens commun (*voir* « raisonnable »). - Un homme sensé = **A man of sense** (*voir mot suiv.*). - Cela n'a pas de sens = **It does not make sense** - Quel est le sens de horse en français? = **What is the French FOR « horse »; What is the meaning of « horse » in French? What does « horse » mean in French?**

Sensible : Un enfant sensible = **A sensitive child.** - *Ne pas conf.* avec un enfant SENSÉ, RAISONNABLE = **a sensible child.**

Sensibilité = sensitiveness. *Mais aussi* sensibility.

Sentir (GV 7 et 6) : *a*) *Sens général :* **To FEEL, FELT, FELT** (*ne pas conf. avec le verbe* tomber; *voir* p. 197).

b) Sentir (*odorat*) = **To SMELL, SMELT, SMELT** (1.72).

Sentez ceci = **Smell this.** - Cela sent la peinture = **It smells OF paint** (1.72).

Sentir (se) : Vous sentez-vous mieux, bien? = **Do you feel better, well?** (GV 4 et 3).

Séparer = to separate (GV 3 et 4), *et*, to part (GV 3 et 4). - Ils se séparèrent (bons amis) = **They parted (good friends).**

Servir de (se), utiliser = **to USE** sg. - ATTENTION : *Ne pas conf.* to use *avec la forme d'habitude* (frequentative form) *ni avec* L'ADJECTIF habitué à (*voir ce mot*).

Servir à qq'chose : A quoi cela sert-il? = **What use is it?** - Cela sert à arrêter la voiture = **It is used FOR stoppING the car** (*ou*, **to stop the car with**) (3.26). - Il ne sert à rien de courir = **It is no use** (*ou* **It is no good**) **runnING** (GV 8 *obligatoirement*).

Servir (qq'un) à table : *a*) **To wait on** (*ou*, **upon**) **sy.** (GV 12) Est ce que personne ne nous servira (à table)? - Si, le garçon = **Will no one wait UPON** (*ou* **serve**) **us? - Yes, the waiter will.**

b) Madame Brown servit le gigot = **Mrs. Brown served the leg of mutton.**

Servir (se) (à table, etc.) = **to help oneself** (1.27). - Servez-vous (en légumes, etc.) = **Help yourself (TO some vegetables, etc.).** - Servez-vous encore une fois; reprenez-en = **Have a second helping** *ou* **have some more (vegetables...).**

Seul : *ne pas conf.* alone *et* lonely (2.37 ; 2.44 *b*). *Noter encore les deux traductions très courantes :* J'étais seul = I was BY myself; I was ON my own.

Seul, seulement : Seul un roi peut faire cela = Only a king can do that. - Un roi NE peut faire QUE cela = A king can only do that.- Non seulement : *voir* 2.02.

Si : *a*) Mais si, je lui ai dit! (1.28).

b) Si je suis chez moi vous pourrez rester = If I am at home you can stay. - Je ne sais pas si je serai chez moi (*ou si je n'y serai pas*) = I don't know whether I shall be at home (or not). - Whether *exprime donc l'existence de deux possibilités. On peut le remplacer par* if *dans la langue parlée.* ATTENTION : Si j'étais vous, à votre place.... = If I WERE you, in your place ... Employer WERE à TOUTES LES PERSONNES (1.24 - 4° *et* 1.73).

c) Si = tellement : 3.03 ; 2.42 ; 2.43 ; 2.45.

d) Comme si = As if (*voir* « sembler » *et* 1.73).

e) Si grand que vous soyez... = However big you are; However big you may be; No matter how big you are; No matter how big you may be; Big AS you are *ou* Big as you may be (*voir* « malgré »). *Ces dernières tournures sont tout aussi correctes,* **moins** *littéraires, et plus fréquentes que la première; voir* « importer ».

f) Si souvent que vous écriviez, il n'est jamais content = No matter how often you write he is never pleased. - Si fort que tu essaies, tu ne pourras pas réussir = No matter how much you try you can't succeed; *ou* However much you try...

N. B. - *En fin de proposition* however *veut dire* cependant.

Silencieusement = quietly, noiselessly (2.08).

Simple; simplement : C'est très simple = It is very simple. - C'est simplement une affaire d'argent = It is merely (4.23) (*ou* simply) a matter of money.

N. B. - *Ne pas conf.* simple *et* single (= simple, unique). - Pas un seul sou = Not a single penny; not ONE penny. - Il est célibataire = He is single.

Situation, profession : *se traduit le plus souvent par* job, *et* position. Dans ma situation = In my position. - N. B. - Situation *évoque un emploi rétribué et plutôt modeste.*

Smoking *est un mot français* (*voir* « habit de **soirée** »).

Soif : *voir* « altéré ».

Soin, soigneusement : *ne pas conf.* care *et* cares (*voir* « souci »). - Il faut le faire avec soin; soigneusement = You must do it with care; carefully (2.08).

Soleil ; sun *n'est pas la seule traduction. Employer aussi* sunlight; sunshine. (*Réserver* sun *pour l'astre lui-même.*)

Solide = strong. (Solid *veut dire* compact, massif : Argent massif = Solid silver.)

Sommeil : Avoir sommeil = TO BE sleepy (2.37).

Souci : Des années de soucis le font paraître plus vieux = Years of trouble make him look older (*voir* « ennui », « peine » *et* 2.29). - Cares (*au pluriel*). Ses (*causes de*) soucis le rendaient triste = His cares made him sad. - Il a des soucis d'argent = He has money troubles (*au pluriel*). - N. B. - *Cependant* care *au singulier représente une abstraction* : le souci, l'inquiétude : Sa vie fut rongée par des années de souci = Years of care wore out his life. - C'est un sans souci = He is a care-free fellow (ATTENTION : careless = négligent).

Soucier (se) : *voir aussi* « égal », « ennui », « attention », « importer ». *a*) Se soucier, s'inquiéter. - Il ne faut pas vous inquiéter parce qu'il est en retard = You must not worry just because he is late. - Il ne semble pas s'inquiéter de votre échec = He does not seem to trouble ABOUT your failure; He does not seem to mind your failure.

b) Ne pas se soucier : To care *s'emploie le plus souvent dans les négations et les interrogations* (*voir* « égal » *et* « importance »). - Qu'est-ce que cela fait? (= qui se soucie de cela?) = Who cares? (*suivi de* when, who, what, which, how, etc.). - Ça ne fait rien; ne vous souciez pas (de cela); « ne vous en faites pas » (pour cela) = Never mind (that); don't worry (about it); don't bother (about that) (*voir* « égal »; « importance »).

Soucier de (se), pour : Il ne se soucie de rien (rien n'a d'importance pour lui) = He does not care ABOUT (*ou* FOR) anything. - Ne vous souciez pas (de cela) = Don't worry (*ou* bother) (ABOUT it) (*voir* « aimer », « ennui », « peine » *et* « souci »).

Soucieux = worried, concerned, alarmed (2.43; 2.44) (GV 14). - Il a l'air très soucieux = He looks very much concerned (*ou* worried) (*voir* « inquiet »).

Souffrir (de) : *a*) To suffer (FROM) (*voir aussi*, « **mal** »).
b) Ne pas souffrir. - Je ne peux pas le souffrir (supporter) = I can't bear him; I can't stand him. - Je ne peux pas souffrir (supporter) les jeux (*de hasard*) = I can't bear gambling (GV 8 *obligatoirement*); I hate gambling (GV 8 *et* 1.21-1°) (= je déteste jouer). - Ne pas souffrir que..., détester que... *voir* 1.21

Souhaiter : *voir* 1.59 *à* 1.65. - Je leur souhaite un joyeux Noël = I wish them a Merry Xmas (GV 2 *a*). - Je souhaite qq'chose d'autre = I wish FOR sg. else. - Que souhaitiez-vous que je fasse? = What did you wish me TO do? (*proposition infinitive* : *voir* 1.21). - J'aurais souhaité être là = I wish I HAD been there (1.60).

Soulever : *a*) Soulever une pierre,... = **To lift a stone....**
b) Soulever une pierre, etc., une question, les yeux, etc. (*donc, aussi au sens figuré*) = **To raise** (**régulier**) **a stone, a question**, etc. (p. 199) (*voir* « lever »).
c) Soulever, éveiller, susciter (l'intérêt, la jalousie, l'admiration, la colère...) chez qq'un = **To excite** (*ou* **to arouse**) (**interest, jealousy, admiration, anger**) **IN sy.**

Sourd = deaf. - Les sourds = **THE** deaf (*pas d's*) (2.36). Sourd à (nos prières, etc.) = **Deaf TO** (**our prayers**, etc.).

Soutenir : *a*) Appuyer, encourager = **To support** (*penser aux* « supporters » *d'une équipe*...). - Je ne peux pas soutenir cette proposition = **I can't support that suggestion.**
b) Soutenir, maintenir une opinion... = **To maintain, to assert, to affirm.**

Souvenir de qq'chose **(se)**, se rappeler qq'chose : Vous rappelez-vous l'hiver dernier? = **Do you remember last Winter?** - Je ne me souviens pas y être allé = **I don't remember going** (*ou* **having been**) **there** (GV 8). - Souvenez-vous d'y aller (N'OUBLIEZ PAS d'y aller) = **Remember TO GO there.** - Je ne me souviens plus de la manière de faire cela (comment on fait cela) = **I don't remember HOW TO do it** (GV 9).

Souvenir (nom) : Ses souvenirs de guerre = **His memories of the war.** - Il a rapporté quelques souvenirs (*des cendriers par ex.*) = **He brought back a few souvenirs.**
En souvenir de = **In remembrance of; in memory of.**

Souvent : 2.05.

Spirituel : *voir* « esprit ».

Stupéfait, confondu (frappé d'étonnement) (de, par) = **amazed** (**AT** *ou* **BY**) (GV 14) (2.43 ; 2.44). - Je fus stupéfait de son habileté = **I was amazed AT his skill** (*voir* « étonné »).
N. B. - **Amazed** *est plus fort que* **astonished** *ou* **surprised**, *mais moins fort que* **astounded.**

Stupide : *le mot le plus courant est* **foolish** (*moins fort que* **stupid** : *on peut être passagèrement* **silly** *ou* **foolish** *sans être* **stupid**). N. B. - **Foolish** *ne veut pas dire* fou, *et c'est un mot usuel.*

Subjonctif : 1.21 ; 1.60 ; 1.61.

Subordonnées de temps, *ni futur, ni conditionnel* : 1.19.

Substance : *voir* « matière ».

Succéder à : Jacques II ne succéda pas à Jacques Ier. = **James II did not succeed James I.** - Il ACCÉDA au trône = **He succeeded TO the throne.**
Ne pas conf. avec réussir à = **to succeed IN.**

Succès : *voir* « populaire ». - Il a beaucoup de succès = He IS A great success. - Ce fut un succès = It was a success.

Suivant : l'été suivant (*voir* « prochain »).

Suivre : *a*) To follow. - Suivi DE = Followed BY. - Le loup était suivi de ses petits = The wolf was followed BY its cubs.
b) Suivre (des cours...), assister à (*voir ce mot*).

Supplémentaire, de plus, en plus : (3.24 *e*).

Supplier = to beg; to entreat; to beseech (besought, besought) (*plus littéraire*). *Surtout pas* to supply (= fournir).

Supporter, porter, soutenir = to bear, bore, borne. ATTENTION : *a*) Encourager = To support (*voir* « soutenir »).
b) Supporter, souffrir (*voir* « souffrir »).

Supposer (que) = to suppose (GV 10) (1.21-1° *et* 4°).

Sûr : *a*) Est-ce sûr? = Is it sure (*ou* certain)? - Êtes-vous sûr? = Are you sure (*ou* positive)?
b) Il est très sûr de lui = He is very self-confident (*voir* « confiance »).
c) C'est un officier, un document... sûr (qui mérite confiance) = He is a reliable officer... (*voir* « compter sur »).
d) Une route sûre (*sans danger*) = A safe road.
e) Bien sûr (*voir* « sûrement »).

Sûrement, bien sûr = of course, definitely, certainly, undoubtedly. - Surely *veut seulement dire* très probablement; *il reste donc un léger doute* (2.07).

Surprenant : *voir* « étonnant ».

Surprendre par (GV 14) : Il fut surpris (par cette nouvelle) = He was surprised (AT the news). - Il fut surpris par mon frère = He was surprised BY my brother.

Surpris : *voir* 2.43; « surprendre » *et* « stupéfait » (GV 14).

Surtout, principalement = mostly, mainly, chiefly, particularly *placés le plus souvent* DEVANT *le verbe*.

Surveiller = to watch (*voir* « garder »); to look after. - Surveillez mes enfants = Look after my children (*voir* « attention »). - *Ne jamais employer* to survey (= avoir, *ou* donner une vue d'ensemble; passer en revue les détails de qq'chose).

Susceptible : *a*) Les femmes sont susceptibles = Women are touchy.
b) La nouvelle est susceptible de vous intéresser = The news is likely to interest you.
N. B. - *D'une personne aussi, on dira* : Il est susceptible d'être; (il est probable qu'il sera) promu = He is likely to be promoted.

Susciter : *voir* « soulever ».

Sympathie : J'ai de la sympathie pour lui; il **m'est** sympathique = He is a nice fellow; *ou*, I like him.

ATTENTION : I sympathize with him = je compatis à ses malheurs... (*voir* « sympathique »).

Sympathique : *dans son sens moderne et familier* agréable, aimable = nice, friendly. ATTENTION : sympathize, *selon son étymologie, signifie* : souffrir avec qq'un, *donc* sympathetic = compatissant, sympathy = compassion, *et* sympathize = compatir (*voir mots précédent et suivant*).

Sympathiser avec qq'un; compatir aux malheurs de qq'un = to feel WITH sy. (*voir* « sympathique »).

Tandis que : *a*) Pendant que = WHILE (3.16 ; 1.19). - Il se blessa en jouant au football = He hurt himself while (he was) playing football (3. 22).

b) Au contraire; à la différence de - J'ai fait mes études à Oxford, tandis que mon père les a faites à Cambridge (*ce n'est évidemment pas* pendant que, au même moment) = I was educated at Oxford WHEREAS my father went to Cambridge. - Vous comprenez, tandis que moi, non = You understand whereas I don't. - N. B. - whereas *est un* MOT COURANT.

Tant : *voir* 2.40 ; 2.45 ; 3.03. - **Tant que; aussi longtemps que** : *voir* 1.19.

Tant mieux (pour lui) = All the better (FOR him); *ou*, so much the better (*littéralement* d'autant mieux; 3.24 *c*).

Tant pis (pour lui) = All the worse (FOR him); *ou*, so much the worse (for him) (*littéralement* d'autant pis; 3.24 *c*). - Tant pis! = Too bad! what a pity! What a shame! It is a pity! (= c'est dommage!).

Tard = late (*voir* 2.05 *b et* « dernier »). *Ce mot a tant de dérivés que l'on s'y trompe constamment.* - *a*) Je suis en retard = I am late. - J'ai trois minutes de retard = I am three minutes late. - Il était très tard = It was very late. - Je le ferai plus tard = I shall do it LATER; *ou* later ON (2.05); *prononcer* ('leitə) (4.52).

Tarder : Il me tarde de le revoir = I long (I am longing) to see him again (*attention à la construction*; *voir* « désirer ardemment »); *de façon moins passionnée* : I am looking forward TO seeING you again (GV 8 *obligatoirement*).

Technicien = engineer. *En effet le mot anglais est d'acception beaucoup plus large que le mot* ingénieur. - The royal engineers = le corps du GÉNIE de l'armée britannique. *Il n'est pas constitué d'ingénieurs, mais de SOLDATS du génie donc de TECHNICIENS.*

Tel : 3.05 *d*. - **Tellement** : 2.09; 2.40; 2.45; 3.03. - Tellement plus beau = So much finer; so much more beautiful.

Témoigner : *a*) En justice = To give evidence.
b) Témoigner, manifester, montrer. - Il lui **témoigna de la** tendresse = He showed his fondness for her.

Tempérament : temperament (*voir aussi* « caractère »). - ATTENTION : temper = humeur, *et même* colère. - Il était en colère = He was in A temper, *ou* he was OUT OF temper (*ce qui peut sembler contradictoire*; *voir* « humeur »).

Tempéré (climat, etc.) = mild. *Mot peu connu des traducteurs et pourtant courant, veut dire* doux (*tabac, caractère*); léger (*punition*...); clément (*hiver*...); bénin (*mal, maladie*), etc.

Temps : *a*) *Voir* « heure ». - Il y a quelque temps; **récemment** = Some time ago, lately (2.05) (*voir* « longtemps »).
b) Le temps qu'il fait = weather. - Beau, mauvais **temps** = Fine, bad weather. - *c*) Combien de temps = How long (*voir* « longtemps »).

Temps (expressions de temps) : 3.17, *etc.*; 3.09, *etc.*

Temps des verbes : 1.01 à 1.22. - **Temps composés** : 1.01 ; 1.15 ; 1.33 ; 1.36 *b* ; 1.37 *b* ; 1.38.

Tenir, avoir en main = to HOLD, HELD, HELD. (ATTENTION : hold *est bien le* PRÉSENT *et* held *le prétérite*.)

Tenir à qq'chose (ou à qq'un) = to care FOR sy. (or sg.). - Il tient à ses collections = He cares FOR his collections (*voir* « aimer »).

Tenir (se), se conduire (GV 3) = to behave. *Ce mot veut dire* se conduire, ET se conduire BIEN (*on peut ajouter* well). - Il s'est conduit comme un sot = He behaved LIKE A fool - Il ne s'est pas conduit comme (s'il était) un enfant = He did not behave like a child; *ou* ...AS IF he were a child (3.05). - Se conduire bien envers qq'un = To behave well TOWARDS sy. (ou TO sy.). - Mal se conduire = To misbehave.

Tenir assis (se) = to SIT, SAT, SAT (p. 199) *et surtout, à la forme progressive,* to be sitting (*voir* « asseoir »).

Tenir couché (se), rester couché (GV 3) = to LIE, LAY, LAIN (p. 198). *Le plus souvent à la forme progressive,* to be LYING (*voir* « coucher »).

Tenir debout (se) (GV 3) : to stand, stood, stood (*voir* « debout »).

Terminer, se terminer (GV 4 *et* 3) = to end, to finish (*voir* « achever »).

Tirer : *a*) Tirez! = Fire!
b) Tirer sur qq'un (ou qq'chose) = To shoot (shot, shot) AT sy. (or sg.) (GV 14).
c) Fusiller, abattre, tuer qq'un = To shoot sy.

Tissu : *a*) *Les termes généraux sont* **material** *et* **fabric.**
b) Tissu en laine = **material; cloth (stuff** *a trop d'autres sens pour ne pas être dangereux*). ATTENTION : *Le pluriel est* **cloths** (klɔθs). — *Mais* vêtements = **clothes** (klouðz).
c) Tissu animal (*la peau etc.*) = **tissue.**
ATTENTION : **Tissue; tissue paper** = Papier de soie.

Tomber = **to FALL, FELL, FALLEN** (GV 3). (p. 197) : Il tomba = **He fell down.** - Tomber de, par : Il tomba de son vélo (*séparation*) = **He fell OFF his bike.** - Il tomba par la fenêtre = **He fell OUT OF the window.** - Il tomba du toit (*provenance*) = **He fell FROM the roof.**

Tort : *a*) *Voir* « erreur ». - J'ai tort = **I am wrong.** - Il est dans son tort = **He is in THE wrong.** - Il l'accusa à tort = **He accused her wrongly.** - A tort ou à raison = **Right or wrong.**
b) *Voir* « reprocher » *et* « mal » *h*. - Elle m'a donné tort, elle a dit que je me trompais = **She said I was wrong** (*voir* « erreur »). - Elle m'a fait des reproches = **She blamed me (for...)**
c) Faire du tort (du mal). - Cette publicité nous a fait du tort = **That publicity did us a lot of harm** (*ou*, **of damage**) (*voir* « mal » *e*, *et* « dommage »). - Elle lui a fait du tort = **She was unfair TO him** (**unfair to** = injuste envers; *donc, elle a mal agi*). - Elle l'a lésé (de... deux livres, etc.) = **She cheated him (OF... two pounds).**

Tôt, bientôt : *a*) *Faut-il employer* **EARLY** *ou* **SOON?** : Il sera bientôt de retour = **He will soon be back.** - Il reviendra tôt le matin = **He will come back early in the morning.** - Vous avez parlé trop tôt = **You spoke too soon,** *ou* **too early** (2.05 *b*). - Il alla bientôt se coucher (*peu après*) = **He soon went to bed.** - Vous êtes très en avance = **You are very early** (*voir* « avance »). - Tôt ou tard = **Sooner or later.**
b) Bientôt = presque : *voir* « presque ».

Toujours : *a*) Il ment toujours = **He always lies** (2.05).
b) *Voir* « jamais », « encore ».

Tous, tout : 3.30 ; 3.29 *b* ; 2.17 (*voir* « tout le monde »).

Tout = **everything** (3.30 ; 3.29). *Éviter d'employer* **all** *qui veut surtout dire* TOUS.

Tout à fait = **quite; absolutely** (2.44 ; 2.06 ; 2.08).

Tout à l'heure : *voir* « heure ».

Tout le monde = **everybody; everyone.** - *Surtout ne pas employer* **people** (2.26). - ATTENTION : **every one OF THEM** (**every one** *en* DEUX *mots*) = Tout, toutes ces CHOSES.

Tout entier = **whole** (3.30; 4.34). Le pays entier = **The whole country.**

Traiter de : *a*) To deal WITH. - Cet ouvrage traite de philosophie = This book deals with philosophy.
b) Traiter, qualifier de : *voir* « qualifier ».

Tranquille : Un enfant tranquille (*qui ne fait pas de bruit*). - = A very quiet child. - Rester tranquille (immobile); ne bougez pas! = Keep still! - Laissez-le tranquille = Leave him alone.

Tranquillement : 2.08.

Transformer : *on ne pense pas assez au verbe si courant* to alter ('ɔ:ltə). - Il fit transformer (modifier) sa veste = He had his coat altered.

Transformer en = to turn INTO (*voir* « changer »).

Travailleur : *a*) Un travailleur (NOM), un ouvrier = A workman.
b) Travailleur (ADJ.) = Hardworking; industrious.

Travailler à qq'chose = to work AT sg. - *Neuf français sur dix prononcent mal ce mot. Bien prononcer* work (wə:k) *pour distinguer de* to walk (wɔ:k) (= marcher).

Trembler de : *il existe de nombreux verbes pour traduire* « trembler ». TOUS *se construisent avec* WITH [*ou* AT *dans un sens différent* (GV 14)] : to shiver, (*de froid, de fièvre*); to shudder (*de peur, de répugnance, de froid*); to quiver; (*frissonner d'émotion, de joie*...); to quake (*de froid, de peur* : Un tremblement de terre = An earthquake); to shake (*tremblement violent*); to chatter : His teeth chattered = Il claquait des dents; to quaver (*comme la voix qui tremble ou tremblotte*).
Il tremblait de froid = He was shivering... WITH cold. - Il trembla à l'idée qu'il fallait sauter = He shivered... AT the thought that he had to jump (GV 14).

Très : *est-ce* Very? *ou* very MUCH? quite, *ou* most? *etc.* (*voir* 2.42 ; 2.43 ; 2.44).

Très bien : 2.08.

Tromper : *a*) Se tromper : *voir* « erreur ».
b) Tromper qq'un, induire qq'un en erreur = To deceive sy.
c) Il s'est trompé de train = He took the wrong train (*voir* « erreur »).

Trop : *voir* 3.31 ; 2.09 ; 2.40 ; 2.45.

Troublé = embarrassed (GV 14) (2.43) (*voir* « gêné »).

Trouver = to FIND, FOUND, FOUND (GV 2 *b*) (p. 197). Se trouver : *a*) To find oneself. : En un instant il se trouva sur le palier du troisième = In no time he found himself on the landig of the third floor. *b*) Cette île se trouve dans le Pacifique = That island LIES in the Pacific. - Cette maison se trouve en face = That house STANDS across the road (*voir* « se tenir »). *c*) Il se trouve que... : (*voir* « arriver » *e*). *d*) Comment avez-vous trouvé ce film? = How did you LIKE that film?

Utiliser = to use. - Utilisé = used (2.43). *Ne pas conf. avec* used TO (= habitué à) *ni avec la forme d'habitude* (*voir* « habitude »).

Vacances : EN vacances = ON holiday (3.19).

Vaisselle, faire la vaisselle = to wash up.

Valoir : *a*) Combien cela vaut-il = How much is it worth? - Cela ne vaut pas la somme que vous avez payée = It is not worth what you paid for it.
b) Valoir la peine, mériter (la peine) de = To be worth (while) (GV 8 *obligatoirement*). - Cela vaut la peine d'être lu = It is worth reading. - Cela vaut-il la peine? = Is it worth while? (*ou* worth the trouble?) (*voir* « peine »).
Cela ne vaut rien = It is no good. - Comme chauffeur, je ne vaux rien, je suis déplorable = As a driver I am no good.

Veau : *a*) L'animal = CALF.
b) La viande = VEAL (*voir* « bœuf »). MAIS foie de **veau** = Calf's liver.

Veiller, ne pas se coucher = to sit up (GV 11).

Veiller à, s'occuper de (*voir* « attention » *e*) : J'y veillerai = I shall see TO it. - Je veillerai à ce qu'il arrive tôt = I shall see to it that he comes early. - Cette porte ferme mal, il faut qu'on la répare = This door does not shut well, it wants seeing TO.

Vendre : to SELL (sel), **SOLD** (sould), **SOLD** (GV 4). ATTENTION : une vente = a sale (seil). (A sale *c'est aussi* une vente de soldes.)

Venir (GV 3) : **1.32** ; 3.22 *e* ; 3.26 *c*. - Faire venir : 1.55 *c*. - Venir à l'esprit : *voir* « se présenter ». - Je viens de... : 1.07.

Verbes : *Temps* : 1.01 à 1.21. - *Formes* : 1.22 à 1.31.

Verbes : groupes verbaux : p. 10. **Verbes trompeurs :** p. 197. - **défectifs :** 1.01 ; 1.03 ; 1.33 *et suiv.*; 1.44 *et suiv.* - **composés :** 1.30 ; 1.32 ; 3.22 *e*. - **de mouvement :** 1.32 ; 1.16; 3.22 *e* ; 3.26 *d*. - **transitifs et intransitifs :** 1.31. - **de volonté :** 1.21 ; 1.59 *et suiv.* - **prépositions** régies par les verbes : 1.31 *et* p. 10 et 11.

Vers : Un vers = a line. *En effet, le plus souvent* verse = la poésie, LES vers.

Vêtements : Des vêtements = clothes [(klouz) *ou* (klouðz)]. - *Ne pas conf.* **avec** cloths (klɔθs) = des tissus. - UN vêtement = a garment.

Vexer : to vex *a un sens plus large que* vexer (*voir* « contrarier » *et* « peiner ») (GV 14).

Vicaire = curate. *Et, naturellement* (*!*) curé = vicar.

Vie = life (laif). *Pluriel* lives (laivz), *ce qui s'écrit comme* Il vit = He lives (livz). *Ne pas conf. la prononciation.*

Ville : 2.18 *b*.

Vilain (*adj.*) = naughty. - A villain = Un gredin; un scélérat. *En littérature* the villain *est l'opposé de* the hero.

Visite : *voir* « rendre visite ».

Vivant : est-ce LIVING, ALIVE, *ou*, LIVE? (2.36 et 2.37). - Ces animaux sont bien vivants = Those animals are fully (2.44 *a*) alive. - Un poisson vivant = A live fish.

Vivre, habiter = to live (*régulier*). - Vivre DE = To live ON; To feed (fed, fed) ON (*voir* « nourrir »). - Il vit de lait et de pain = He lives ON bread and milk. - Il vit avec 10 dollars par semaine = He lives ON 10 dollars a week. - N. B. - Ne pas conf. I live (liv) in the town = J'habite dans la ville, *et* I leave (li:v) the town = Je quitte la ville (p. 198; *voir* « vie »).

Voici = Voici dix ans; il y a dix ans (3.08 *et suiv.*).

Voir = to SEE, SAW, SEEN (GV 5, 6 et 7) (p. 200). Cela se voit (que...) = It shows (that...)

Voler, dérober : to STEAL, STOLE, STOLEN; *et* to ROB (*régulier*) *ne s'emploient pas du tout de la même manière* :

a) *Un seul complément.* - Il a volé une montre = He stole a watch (*compl. de* CHOSE). - Il m'a volé = He robbed me (*compl. de* PERSONNE).

b) *Deux compléments.* - Voler qq'chose (à qq'un) = To steal sg. (FROM sy.) *ou* to rob sy. OF sg. - Il (m')a volé une montre = He stole a watch (from me); *ou,* He robbed me (OF my watch).

N. B. - To rob *s'emploie comme le verbe français* : DÉPOUILLER (qq'un DE qq'chose).

Voler, (*avec des ailes*, etc.) : to FLY, FLEW, FLOWN.

ATTENTION *il est très facile de conf. avec le verbe* couler = to flow (flou) *qui est* RÉGULIER (p. 198).

Volonté : *comment exprimer la volonté* : 1.17 ; 1.18 ; 1.21.

Vouloir : 1.59 *et suiv.* ; 1.17 ; 1.21 (*voir* « souhaiter »).

Vouloir que : 1.61; 1.21-1°.

Vouloir bien : 1.65.

Voyage = journey (*en principe* voyage *assez court*); travel (*en principe* voyage *plus important*). Travel = LES voyages, et jamais UN voyage. — Travel broadens the mind = LES voyages ouvrent l'esprit (*verbe au singulier en anglais*) - Voyage par mer = voyage ('voidʒ). - *Enfin* TRIP *s'emploie couramment dans tous les cas, aujourd'hui où la rapidité des communications rend court le plus long voyage.*

Aller en voyage = To go ON A journey *ou* on a trip.

Vu *et* **Vue** : *ne pas conf.* **VIEW** *et* **SIGHT.** *Ils sont rarement synonymes.* - Sa vue n'est pas bonne; il perd la vue = **His sight is not good; he is losing his sight.** - A sa vue, elle s'enfuit = **At the sight of him she ran away.** - A première vue = **At first sight.** - Le coup de foudre = **Love at first sight.** - Quel spectacle, quel gâchis! = **What a sight!** - Il me connaît de vue = **He knows me by sight.** - Visiter les endroits intéressants d'une ville = **To see the sights; to go sightseeing.** - La vue est superbe = **The view is magnificent.** - Nous étions en vue de l'Italie = **We were in sight of Italy.**

En vue de vous démontrer... = **With a VIEW TO showing you...** (*voir aussi* « pour », *au* § 3.26).

Vu; étant donné les circonstances = **In view OF the circumstances; Under the circumstances** (*voir aussi* « à cause de »).

Vue (point de), opinion = **View; opinion; point of view; standpoint.** - A mon point de vue = **IN my opinion; FROM my point of view,** *etc.* - A ce point de vue (*à cet égard*) = **In that respect.**

DEUXIÈME PARTIE

L'USAGE DES MOTS

VERBES

1.01 TROIS RÈGLES DE BASE

*** **a)** Les neuf formes suivantes :

must,	**can,**	**may,**	**shall,**	**will,**
	could,	**might,**	**should,**	**would.**

ne sont JAMAIS associées ni entre elles, ni à **do, did** (*auxiliaire*) (1) dans une même expression verbale (1.15).

b) Ces neuf formes sont suivies exclusivement de **l'infinitif** (sans **to**) présent, ou passé (l'infinitif passé = **have** + participe passé, comme en français).

*** **c) have,** au contraire, est exclusivement suivi du **participe passé** (sauf l'exception, § 1.02).

1) *Il pourrait mourir* = **He might die.**
(**might** + infinitif présent).

2) *J'ai vu* = **I have seen** (**have** + participe passé).

3) *Il aurait pu mourir* = **He might** { inf. passé. **have died.** inf. prés. + part. passé }

4) *Il aura quitté la ville* = **He will have left the town.**
(Ne pas conf. avec l'exemple du § suivant et voir § 1.15.)

1.02 **Exception** : Lorsque **to have** a le sens de « devoir »,
** il est suivi de l'infinitif complet (avec **to**) (1.33 et suiv.).

Il faudra qu'il parte (il devra partir) =
He will HAVE TO leave.

(Ne pas confondre avec l'exemple 4 du § précédent.)

(1) Il ne s'agit évidemment pas de **to do, did, done** (= *faire*).

1.03 VERBES DÉFECTIFS

***

a) **CAN** n'a que deux formes : **CAN, COULD.**
MAY n'a que deux formes : **MAY, MIGHT.**
MUST n'a qu'**une** forme : **MUST.**

MAIS l'usage permet d'utiliser ces formes **pour traduire** presque TOUS LES TEMPS.

*** *b*) LES « ÉQUIVALENTS » : les pseudo-équivalents **des verbes** défectifs sont souvent utilisés à tort et à travers.

CAN : on peut souvent se passer de **to be able to** (= *être capable de*), dont les français abusent souvent (1.33 ; 1.45 et suiv.).

MAY (éventualité, hasard) : **tout « équivalent » est** inutile (1.33 ; 1.47 **et** suiv.).

MAY (permission) : **to be allowed to** (= *être **autorisé** à*) est toujours plus clair (1.33 ; 1.48 et suiv.).

MUST : son UNIQUE forme sert très souvent à traduire le passé et le futur, et permet de former d'autres temps, encore (se méfier du conditionnel) (1.33 et suiv.).

EMPLOI DES TEMPS : PRÉSENT ET PASSÉ

1.04 *** **Emploi** : Les temps du présent et du passé français ne peuvent pas correspondre de façon absolue aux temps du présent et du passé anglais parce que :

1) le français dispose de **cinq temps au passé**, l'anglais de **trois** seulement ;

2) le passé français dit « simple », « que nous vous enseignâmes et que vous apprîtes », est aujourd'hui presque totalement abandonné, du moins dans la langue parlée; neuf fois sur dix on emploie le PASSÉ COMPOSÉ. On ne dit plus : *Je le vis, il **mourut en combattant***, mais *je l'ai **vu**, **il est mort** en combattant*.

L'anglais, lui, utilise sans gêne, et constamment, son **prétérit** qui est bien un temps **simple : I saw, you saw, he saw...** puisqu'il a la MÊME FORME à TOUTES les PERSONNES. C'est **le** temps de la narration (1.09 ; 1.05 ; 1.14).

1.05 CONSTRUCTION DU PRÉTÉRIT

*** Les fautes les plus graves sont les fautes de construction aux trois formes : affirmative, interrogative, négative (1.22 ; 1.23).

Nous sommes allés au théâtre =
We WENT to the theatre.

Êtes-vous allés au théâtre? =
DID you GO to the theatre?

Nous ne sommes pas allés au théâtre =
We DID NOT GO to the theatre.

Son vieux père a fait tout le chemin à pied =
His old father WALKED all the way.

♥ *Son vieux père a-t-il fait tout le chemin à pied?* =
DID his old father WALK all the way?

Son vieux père n'a pas fait tout le chemin à pied =
His old father DID NOT WALK all the way.

N. B. — Ne pas croire que la forme progressive permettrait d'éviter la difficulté, on doit ou l'on ne doit pas l'employer suivant le cas : § 1.24).

1.06 PRÉSENT, PRESENT PERFECT ET PRÉTÉRIT

Bien distinguer le présent vrai du présent apparent.

a) Présent vrai (exprimant l'**état** ou la **fonction**) :

Il joue du piano = } (c'est son métier, ou
He plays the piano } un passe-temps)

b) Présent vrai à la forme progressive (présent **immédiat** ou de l'**instant**) (1.24) :

Il joue du piano = } (en ce moment, il est EN
He is playing the piano } TRAIN de jouer)

... **c) Présent apparent :**

Il joue du piano depuis cinq ans
(ou : *Il y a cinq ans qu'il joue du piano*) =
He has played the piano for five years.
(donc, cinq ans sont passés et **il joue encore**)

Cette combinaison de deux idées : passé + présent, c. à. d. action qui touche au présent, exige le **present perfect.**

1.07 Passé très récent :

Il vient de jouer du piano = **He has just played the piano.**

Ce passé est trop proche pour être **classé** dans le passé. Donc, ici encore, employer le **present perfect** (1.09 1.14).

N. B. — **Just** insiste simplement sur la proximité dans le passé. Au passé : *Il venait de jouer* = He HAD just played.

1.08 Passé imprécisé :

Il a (déjà) joué du piano (mais quand? qu'importe) = **He has (already) played the piano** (*present perfect*).

Il n'a jamais joué du piano (ni hier, ni il y a vingt ans) = **He has never played the piano** (*present perfect*).

1.09 Passé vrai : Action CLASSÉE dans le passé.
***

Il a joué du piano (pendant deux ans)
ou *Il joua du piano (pendant deux ans)* =
He played the piano (for two years)
(*et il* **n'en joue plus**)

(Il y a cinq ans de cela, il n'en joue plus. Le fait, réellement **classé** dans le passé, exige le **prétérit.**)

Ce cas est des plus fréquents. Le prétérit est le temps de la narration (voir 1.04 et 1.14).

L'IMPARFAIT

1.10 L'imparfait français peut exprimer **trois** idées bien différentes (voir aussi 1.14 ; 1.26 et 3.10 ; 3.11 ; 3.12).

1.11 1° Action qui n'a pas eu lieu qu'une fois; ou idée **d'état** : **Imparfait de permanence** (1).

prétérit.

Nous habitions York = **We lived in York.**
Il bégayait = **He stammered.**

L'arbre étendait ses branches au-dessus de nos têtes = **The tree spread its branches over our heads** (1).

1.12 **2°** Idée de « être en train de... quand » (voir 1.24 ; 1.25)

forme progressive du prétérit

Nous nous moquions de lui quand il entra = **We were laughing at him when he came in.**

1.13 **3°** Idée d'habitude, ou idée de passé révolu.

** **Forme d'habitude** dite « **frequentative form** » (1.26).

Chaque fois qu'il bégayait nous nous moquions de lui = **Whenever he stammered we used to laugh at him** (2).

La forme **used to** (qui n'a PAS DE PRÉSENT) peut marquer simplement l'insistance sur un **passé révolu** (§-1.26) :

Autrefois (jadis), il y avait un arbre dans ce jardin = **There used to be a tree in this garden.**

(1) Il serait absurde de dire, ici, que l'arbre était *en train d'étendre* ses branches ou qu'il *le faisait habituellement, fréquemment*. Plus que de tout cela, il s'agit d'un *état permanent*, qui se prolonge pendant un temps appréciable, au moment passé considéré.

(2) Employer la forme d'habitude, surtout, dans les propositions **principales.**

1.14 TABLEAU DE CORRESPONDANCE DES TEMPS DU PRÉSENT ET DU PASSÉ

***

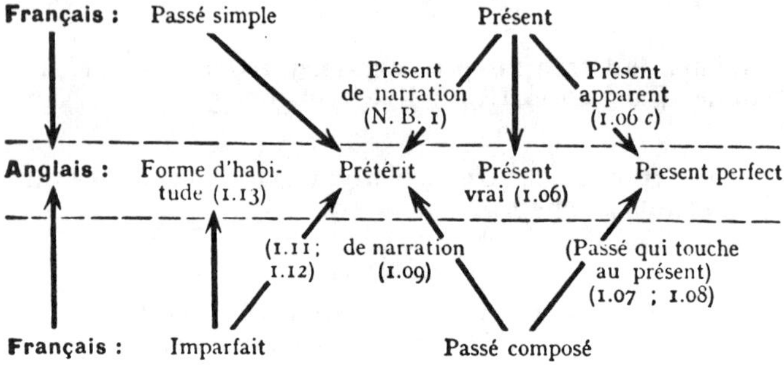

N. B. — 1° L'anglais répugne à employer le présent de narration français :

Je vois l'homme, j'entre, je le salue =
I saw the man, I went in, I bowed to him.

*** 2° : Le tableau fait particulièrement ressortir qu'en anglais le *prétérit est le temps de la narration* (1.04 ; 1.09).

1.15 TEMPS COMPOSÉS

A. Les temps composés anglais suivent **d'abord** les règles du § 1.01. Ils ne se traduisent presque JAMAIS MOT À MOT.

Pour les neuf formes du § 1.01, le schéma général de leur construction s'explique par la substitution suivante :

*** En anglais, LA NOTION DE PASSÉ est transférée A L'INFINITIF: **l'infinitif présent** en français devient **l'infinitif passé** en anglais.

La phrase anglaise se traduit parfois de deux manières. Malheureusement, la plus courante de ces deux formes françaises est celle qui ne suit pas le mot à mot de l'anglais.

Il a pu (passé comp.) *la voir* (inf. prés.)	}	**He may** (présent) **have seen** (inf. passé) **her.** (§ 1.01)
Il peut (présent) *l'avoir vue* (inf. passé)		

♥ *Il* *a dû* (passé comp.) *se perdre* (inf. prés.)
Il *doit* (prés.) *s'être perdu* (inf. passé) } **He must** (prés.) **have lost** (inf. passé) **himself.** (§ 1.01)

De même, et parallèlement :

Il vous aura prévenu (fut. ant.) = **He will** (fut.) **have told you** (inf. passé) (1.01).

Il l'aurait vue (cond. passé) = **He would** (cond.) **have seen her.** (inf. passé)

Voir les exemples des § 1.33 ; 1.38 ; 1,43 ; 1.46 ; 1.47.

1.16 B. — Le Verbe ÊTRE et les Temps Composés

Attention au PIÈGE tendu par le FRANÇAIS :

Il **a** compris; Il **est** tombé; Il **est** parti

sont, tous trois, des passés composés malgré le changement d'auxiliaire. (Verbes indiqués GV 3 dans l'index, p. 10.)

a) Lorsque l'on doit employer le **present perfect** (1.04 à 1.09), on le conjuguera toujours avec **to have** (et NON avec **to be**).

Il a *compris* = **He HAS understood** (1).
♥ *Il* **est** *tombé* = **He HAS fallen** (1).
Il **est** *parti* = **He HAS gone** (1).
Il **est** *arrivé* = **He HAS arrived** (1).
Il **s'est** *échappé* = **He HAS escaped** (1).

b) De même, aux autres temps composés :

(Pl. que parf.) : *Il* **était** *arrivé* = **He HAD arrived.**
(Futur ant.) : *Il* **serait** *tombé* = **He would HAVE fallen.**
etc.

c) Par contre, les temps de la voix **passive**, se construisent comme en français : *Il* EST *battu* = **He IS beaten.**
Il EST *cassé* = **It IS broken.** — *Il était cassé* = **It was broken,** etc.

(1) **He has** et **he is** ont la même forme contractée **he's**; de même **it has** et **it is** → **it's**; le risque d'erreur n'en est que plus grand.

1.17 SHALL, SHOULD, WILL, WOULD

** Autrefois, **shall**, et son prétérit **should**, employés à TOUTES LES PERSONNES, exprimaient simplement qu'une obligation était imposée au sujet :

I shall = *Je dois* (I.33).

Will et son prétérit **would**, employés à TOUTES LES PERSONNES, exprimaient la VOLONTÉ du sujet : **I will** = *Je veux.*

Il existe encore aujourd'hui DEUX futurs et DEUX conditionnels suivant que la volonté est celle du sujet ou extérieure au sujet (I.18) :

Futur (I.18) :

a) La VOLONTÉ est EXTÉRIEURE au sujet :

J'irai (il le faudra); ou : *il faudra que j'aille.* } **I SHALL GO** (1). (I.33)

Tu iras (il le faudra); ou : *il faudra que tu ailles (je te l'ordonne).* } **YOU SHALL GO.** (I.33)

b) La VOLONTÉ est celle DU SUJET : employer **will.**

J'irai (je veux bien); ou : *Je veux aller* (I.33). } **I WILL GO** (1). (I.18)

Tu iras (tu veux bien); ou : *Tu veux aller*, etc. } **YOU WILL GO.**

Conditionnel (I.33) :

a) La VOLONTÉ est EXTÉRIEURE au sujet; **should** peut exprimer l'OBLIGATION (voir I.33 ; I.36) :

J'irais (conditionnel pur sans arrière-pensée); ou : *J'irais (il le faudrait)*; ♥ ou : *Je devrais aller.* } **I SHOULD GO** (1).

b) La VOLONTÉ est celle DU SUJET : employer **would.**

J'irais (je voudrais bien;) ou : *J'irais volontiers;* ♥ ou : *Je voudrais aller.* } **I WOULD GO** (1).

(1) En mettant l'accent sur **will** (ou **shall**) pour souligner l'idée de **volonté** (ou d'obligation). Dans un texte imprimé on utilise l'*italique*, dans un manuscrit on souligne (shall ou will). De même pour **should** et **would**.

1.18 **Exemples** (*voir aussi* p. 115) :
***

SHALL.

Reviendrez-vous demain? = **Shall you come back tomorrow?** (en employant **shall**, je ne demande pas si vous désirez, mais si vous devez revenir demain.)

Dois-je ouvrir la fenêtre?
Est-ce que j'ouvre la fenêtre? } **Shall I open the window?**
(Cette question équivaut à une **offre**).

Si vous êtes gentil vous aurez un penny =
If you are good you shall get a penny.
(C'est une **promesse.** Il n'est pas question de vous demander si vous voulez de l'argent, c'est évident; mais il ne suffit pas que vous vouliez...)

Si vous n'êtes pas sage vous n'aurez pas un penny =
If you are not good you shall not get a penny.
(C'est une **menace.** Ce n'est pas vous qui déciderez.)

Tu ne feras pas ça (je te l'interdis) = **You shall not do it.**

WILL.

Entendu! j'irai à cette réunion =
All right! I will go to the meeting.
(**Consentement**, promesse, acceptation.)

Je promets de ne plus le faire =
I promise I will not (I won't) do it again.
(J'ai le désir, la **volonté**, de ne plus le faire.)

Voulez-vous me dire d'où vous venez? — Non! =
Will you tell me where you come from? — I won't (I will not).

(A la forme négative : **refus** d'obéir. Voulez-vous? — Je ne veux pas. Noter l'effet d'« **écho** » : **Will you.... I won't.**)

Règle pratique. — On connaît le futur et le conditionnel enseignés dans les manuels : **I shall, you will, he will..., I should, you would, he would...** Pour ne pas contredire le sens du contexte, il faut être prêt à employer **should** au lieu de **would** ou **shall** au lieu de **will**, et vice versa (voir « vouloir », : 1.59, etc.; et « devoir » : 1.33 *et* 1.36).

1.19 *** PAS de Futur, PAS de Conditionnel, dans la Proposition Subordonnée de Temps

N'employer ni **shall, will,** ni **should, would** dans les SUBORDONNÉES DE TEMPS, après *quand, lorsque* (**when**); *tandis que* (**while**); *tant que, aussi longtemps que* (**as long as**); *dès que, aussitôt que* (**as soon as**), etc.

1.20 **Conséquences : 1°** *Propositions indépendantes.*

♥ FUTUR français ↓ FUTUR anglais — *Quand gagnerez-vous de l'argent?* = **When will you make money?**

Quand travaillerez-vous? = **When will you work?**

Mais : 2° *Subordonnée de temps :*

♥ FUTUR français ↓ PRÉSENT anglais — *Il gagnera de l'argent quand il travaillera* = **He will make money when he WORKS.**

A partir de cet exemple de base, suivre le **mouvement parallèle** des temps en français et en anglais.

Cond. prés. ⟶ Prétérit.

*Je disais qu'il gagnerait de l'argent quand il travaille*RAIT =
I said he would earn money when he workED.

Fut. antér. ⟶ Prés. perfect.

Il se reposera quand il AURA TRAVAILLÉ =
He will rest when he HAS WORKED.

Cond. passé ⟶ Pluperfect.

Je disais qu'il se reposerait quand il AURAIT TRAVAILLÉ =
I said he would rest when he HAD WORKED.

Attention : *a*) La principale peut être sous-entendue :
Oui, quand je pourrai! (sous-entendu *je le ferai*) =
** **Yes when I can!** (sous-entendu **I shall do it**).

b) elle peut être placée après la subordonnée :
Quand il travaillera il aura de l'argent =
When he works (présent) **he will have money** (futur).
subordonnée — principale

N. B. — Il arrive que l'on envisage deux stades dans le futur.
(*Quand je le verrai*) *il me dira quand la voiture sera prête* =
(When I SEE him) he will tell me when the car WILL BE ready.

(Nous sommes le 1er, je le verrai le 5; ce jour-là il me dira si la voiture sera prête le 10 ou le 11, etc.). En effet *quand la voiture sera prête* n'est pas une proposition subordonnée de temps mais une proposition interrogative indirecte (interrogation directe : *quand la voiture sera-t-elle prête?*).

1.21 LE SUBJONCTIF FRANÇAIS

Les QUATRE TYPES de traduction

Type A. — Traduction par l'**indicatif** :
(Bien choisir le temps en fonction du sens.)
Je crains qu'il ne pleuve = **I am afraid it will rain.**

Type B. — Traduction par une **proposition infinitive** :
♥ *Je veux qu'il s'excuse* = **I want HIM TO apologize.**

Type C. — Traduction par **SHOULD** (à toutes les personnes) **MAY** ou **MIGHT** (précédés de **that**) (1).

Cette traduction remplace, parfois, celle du type A quand on veut souligner l'impression de DOUTE, de CONCESSION, de NÉCESSITÉ **(should)**, de POSSIBILITÉ **(may, might)**, de BUT **(may, might)**, (voir plus bas).

Type D. — Type peu courant sauf dans l'expression d'un souhait :

Dieu sauve la Reine! = **God save the Queen!** (2)
(Que Dieu sauve la Reine)!
Vive la Reine! (Que la reine vive!) = **Long live the Queen!** (2)

Traduction du Subjonctif français

1.21 — 1°) **Subordonnée complément** d'objet (ou sujet)

VERBE + que + subjonctif.

Type B : désirer que, vouloir que **(to wish; to want)** (1.61); aimer que, vouloir que **(to like)**; être désolé que, avoir horreur que, ne pas souffrir que, détester que **(to hate)**; défendre que **(to forbid)**; préférer que **(to prefer)** (1.57), attendre que **(to wait)**, compter sur **(to expect)**, etc.

♥ *Voudriez-vous que j'attende?* =
Would you like ME TO WAIT?

J'aime que les enfants se taisent =
I like children TO BE QUIET.

♥ *J'ai horreur que l'on parle comme ça* =
I hate PEOPLE TO TALK like that.

Je serais désolé qu'il dise non =
I should hate HIM TO SAY no.

(1) **That** est souvent sous-entendu.
(2) Ce n'est pas l'indicatif puisque **save** et **live** n'ont pas d'**s**.

Type A et parfois C (voir p. 103) :

Craindre que **(to fear that)**; douter que **(doubt that)**; supposer que, imaginer que **(to suppose that, to imagine that)**; croire que **(to believe that)**; s'étonner que **(to wonder that)**; être surpris que **(to be surprised that)**; penser que **(think that)**, etc.

Croyez-vous qu'il se soit trompé? = **Do you think he was mistaken?**

Je ne pense pas qu'il vienne = **I don't think he will come.**

♥ *Imaginez qu'il parte* { **Suppose he leaves** (*je pense donc qu'il partira*); **Suppose he should leave** (*je doute qu'il parte*).

♥ *Supposez qu'il soit mort* = **Suppose he should be dead** (*je doute qu'il le soit*).

Locutions impersonnelles : type C et, parfois, **type B** (p. 103) mais, avec un sens légèrement différent (1) :

Il est nécessaire que **(it is necessary that)**; il est bon que **(it is good that, it is a good thing that)**; il est mauvais que **(it is bad, it is a bad thing that)**; il est important que **(it is important that)**; il est surprenant que **(it is surprising that)**; il est naturel que **(it is natural that)**; etc.

♥ *Il est surprenant que vous vous en souveniez* =
It is surprising that you should remember.

♥ *Il est naturel que cela vous intéresse* =
It is natural that you should be interested (ou **FOR YOU TO be interested**) (1).

Il est nécessaire que vous veniez =
It is necessary that you should come (ou **necessary FOR YOU TO come**) (1).

1.21 — 2°) **Subordonnée de But** (ou finale) : pour que, afin que.

Type A (ou **C** pour insister sur la POSSIBILITÉ, etc. : p. 103).

Il travaille pour que tu sois riche =
He works so that you will be rich (2).

** *Pour qu'il comprenne* = **So that he might understand.**

(1) **Should** renforce l'idée d'OBLIGATION (I 33). Dans la deuxième traduction, **for** reliant **you** à **natural**, ou à **necessary**, cela suggère que « vous » acceptez, naturellement, d'avance, d'être intéressé, de venir, etc.

(2) MAIS : *Il est trop tard pour qu'il gagne* = **It is too late FOR him to win** (ici, il n'est pas question de but mais de conséquence).

1.21 — 3°) Subordonnée de **restriction** ou de **concession** : bien que, quoique (**though**) ; à moins que (**unless**) ; de crainte, de peur que (**for fear that**) ; si... que (voir l'index).

Type A [ou **type C** (p. 103) pour insister sur l'idée de RESTRICTION ou de CONCESSION].

Si fort qu'il soit = **Strong as he is** (*ou* **he may be**) (1).

Bien qu'il soit riche =
Though he is rich (ou **though he may be rich**) (1).

A moins qu'il soit pauvre = **Unless he is poor.**

1.21 — 4°) Subordonnée **conditionnelle** (hypothèse, doute) : à condition que, pourvu que (**providing that**) ; supposé que, en supposant que, en cas que (**supposing that, in case that**) ; si (**if**).

Type A [parfois, **type C** (p. 103), pour marquer l'INVRAISEMBLANCE].

A condition que tu viennes, pourvu que tu viennes =
Providing (that) you come.

En supposant qu'il parte =
Supposing (if, in case) he leaves (*ou* **...he should leave**).

En supposant qu'il soit parti =
Supposing (*etc.*) **he has left** (*ou*, ... **he should have left**).

1.21 — 5°) Subordonnée de **temps** : avant que (**before**) ; en attendant que, jusqu'à ce que (**until, till**) ; etc.

Type A (p. 103) (rarement **type C**) :

En attendant que je vienne *(Jusqu'à ce que je vienne)*	**Until I come.**
Avant qu'il soit rentré	**Before he is back** (ou, **before he was back**, ou, **before he will be back**, *suivant ce qui précède*).

1.21 — 6°) Subordonnée **relative** : NOM + qui (que) + subjonctif.

Type A (p. 103) : le seul que (qui) ; le plus (grand, etc.) que....

Je veux un avion qui aille vite = **I want a plane that flies fast.**

Le seul qui me convienne = **The only one that fits me.**

Le plus grand que vous ayez = **The biggest one you have.**

(1) **He is** → fait certain. — **he may be** → fait possible.

1.22 LA FORME INTERROGATIVE (construction)

*** La difficulté vient de ce que le français emploie différentes constructions, l'anglais UNE construction invariable :

1er auxiliaire + sujet.

VIENT-*il?*	= **Does he come?**
Jacques VIENT-*il?*	= **Does James come?**
Est-ce que Jacques VIENT?	= **Does James come?**
VIENDRA-*t-il?*	= **Will he come?**
Jacques VIENDRA-*t-il?*	= **Will James come?**
Est-ce que Jacques VIENDRA?	= **Will James come?**
PEUT-*il venir?*	= **Can he come?**
Jacques PEUT-*il venir?*	= **Can James come?**
Est-ce que Jacques PEUT *venir?*	= **Can James come?**
Votre vieil ami peut-il venir?	= **Can your old friend come?**
Lequel AVEZ-*vous* FRAPPÉ?	= **Which did you hit?**
♥ *Lequel Jacques* A-*t-il* FRAPPÉ?	= **Which did James hit?**
Quand NAQUIT *Dickens?*	= **When was Dickens born?**
♥ *Que* PEUT *faire ma pauvre mère?* (en ce moment)	**What can my poor mother be doing?**

** **EXCEPTION** : Quand le **sujet** est un pronom **interrogatif** ou un adjectif **interrogatif** + un nom.

Qui vient? { **Who comes?** / **Who is coming?** } *Qui est venu?* = **Who came?**

Qui peut faire cela? = **Who can do that?**

Quel garçon vous a frappé? = **Which boy hit you?**

1.23 LA FORME INTERRO-NÉGATIVE (construction)

Il existe parfois deux constructions. Mais, même dans la langue écrite, la forme contractée est plus courante et plus naturelle :

Jean n'est-il pas venu? N'êtes-vous pas content? =
DIDN'T John come? AREN'T you pleased?

Nos amis ne sont-ils pas encore arrivés? =
HAVEN'T our friends arrived yet?

Ne nous raconterez-vous pas cette histoire? =
WON'T you tell us that story?

N. B. — Éviter tout de même d'écrire **Aren't I, forme** très familière **de AM I NOT.**

LA FORME PROGRESSIVE

1.24 On PEUT et on DOIT employer la forme progressive lorsqu'il existe une CONTINUITÉ dans l'action, pour exprimer que celle-ci est, était, sera, serait... en train de se faire, au moment dont on parle, et, **uniquement** à ce moment (1).

Les vaches se sauvent (EN CE MOMENT) =
The cows are running away.

Mais

Les vaches se nourrissent d'herbe = **Cows live on grass.** (Pas seulement en ce moment : il s'agit d'un FAIT GÉNÉRAL. Donc, pas de forme progressive.) (*Voir* 1.11.)

La forme progressive s'emploie A TOUS LES TEMPS, et même pour le verbe ÊTRE, donc également à la voix passive puisque celle-ci se construit avec le verbe être. Il suffit de conjuguer **to be** et seulement **to be,** puis de le faire suivre du participe présent.

Partons = **Let us go,** *ou,* **Let us be going.**

Il se faisait battre par un champion (il était en train d'être battu) = **He was being beaten by a champion.**

(1) On ne l'emploie donc pas avec **to know, to like, to love, to hate, to look** (= sembler), etc., ni quand il s'agit d'une action INSTANTANÉE : *La pierre brisa la vitre.* = **The stone broke the window-pane** (1.25).

1.25 **Exception** : Les verbes exprimant une ACTION INSTINC-
*** TIVE OU INSTANTANÉE (donc, qu'on ne peut empêcher, maîtriser) ne prennent JAMAIS la forme progressive (1.24, note 1).

Je regarde mais je ne le vois pas =
I am looking but I can't see him.

(Je *regarde* : acte volontaire. Mais je ne *vois* pas : je n'y peux rien : acte instinctif.)

Je l'écoute et je l'entends =
I am listening to him and I hear him.

(On ne peut décider d'entendre ou non, mais on peut vouloir écouter.) De même *sentir* (= **to feel** ou **to smell**) etc. sauf s'il s'agit d'actes VOLONTAIRES.

1.26 **FORME D'HABITUDE (frequentative form)**

RECOMMANDATION : N'employer la forme d'habitude qu'au passé. Dans le thème et la rédaction, se contenter de la
*** traduction par **USED TO** (QUI N'A **pas de présent**) (1).

Bien sûr, la forme avec **would** peut avoir, à peu près, le même sens (**will** en est alors le présent), mais, si le contexte n'est pas absolument clair, on risque de suggérer, sans le vouloir un conditionnel avec **would** (un futur avec **will**), ou une idée de volonté exercée par le sujet (1.17 ; 1.18 ; 1.33) quand ce n'est pas les deux idées à la fois.

N. B. — **Used to** traduit souvent l'imparfait français.

Je ne suis plus aussi jeune que je l'étais (ou *qu'*AUTREFOIS) = **I am not as young as I used to be** (simple idée de **passé révolu** : § 1.13, et p. 97 note 1).

*** ATTENTION : Ne pas confondre :

Je buvais (*autrefois, de temps en temps*) *un peu de whisky* =
I used to drink a little whisky (forme d'habitude),

avec

Je suis habitué au whisky (*habitué* est adjectif)
(*j'ai l'habitude* du whisky) =
I am used to whisky (**used** est adjectif)
(voir dans l'index « *habitude* »).

N. B. — Forme interrogative → **Did he use to...? etc.**
Forme négative → **He did not use to... etc.**
Forme interro-négative → **Didn't he use to? etc.**

(1) En fait, le « d », suivi d'un « t », ne s'entend pas, ce qui fait souvent croire que l'on entend **use** ; or cette forme N'EXISTE PAS dans ce sens

1.27 FORME RÉCIPROQUE ET FORME RÉFLÉCHIE

Éviter la confusion entre ces deux formes : ici encore, l'anglais **précise** plus que le français.

« *Regardez-vous* » peut avoir deux sens suivant le contexte :

Forme réfléchie { *Regardez-vous* (DANS UN MIROIR) = **Look at yourself (in a mirror).**

** Forme réciproque { *Regardez-vous* (L'UN L'AUTRE) = **Look at each other** (*ou* **at one another**) (1).

REMARQUE. — De nombreux verbes qui sont pronominaux (réfléchis ou réciproques) en français, ne le sont pas en anglais. Ou encore, un même verbe anglais a le sens réfléchi et le sens non réfléchi (ou le sens réciproque et le sens non réciproque : groupe GV 4, voir p. 10). Ainsi, « *(se) cacher* », *(se) développer* », « *(se) battre* », etc. (voir l'index).

Ils SE battirent = **They fought** (ne RIEN ajouter).

Attention à l'infinitif des verbes réfléchis :

♥ *Il est stupide de se tuer* = **It is foolish to kill ONESELF.**
Se = SOI-MÊME (*Il est* est une expression IMPERSONNELLE).

Mais :

Il voulut se tuer = **He wanted to kill HIMSELF.**
Se = LUI-MÊME (*Il voulut* verbe à un mode PERSONNEL.)

1.28 FORME D'INSISTANCE (emphatic form)

Cette forme, qu'il faut reconnaître dans la version, doit être utilisée très modérément dans le thème et dans la rédaction quand on n'est pas très sûr de soi, surtout si le contexte n'est pas clair, la plus petite maladresse la ferait prendre pour une faute de conjugaison.

N'employer **I DID tell him** (= *Mais si! je lui ai dit*) que pour insister TRÈS FORTEMENT.

Le plus souvent, il est plus sage d'utiliser un adverbe qui portera le poids de l'insistance en langue parlée ou écrite : **Of course** (ou **naturally**), **I told him.**

A la forme négative, l'anglais moderne se contente d'accentuer le **not** (ou le **don't**).

Je n'aime pas cela = **I do NOT like that.**

(On soulignera not, ce qui dans un texte imprimé correspond à l'*italique*.)

(1) Les deux formes **each other** et **one another** sont aujourd'hui employées presque indifféremment.

1.29 LA VOIX PASSIVE

*** Le passif anglais est un sujet d'étonnement pour les Français.

a) L'anglais utilise cette forme d'autant plus volontiers que TOUS les VERBES peuvent être mis au passif, A CONDITION d'avoir un complément, quel qu'il soit, susceptible de fournir un sujet à la voix passive.

« On » se traduit donc, souvent à l'aide du passif (3.23).

On a battu ce chien = **This dog has been beaten.**

b) Double passif. Quand un verbe admet DEUX compléments, l'un direct, l'autre INDIRECT d'attribution, l'anglais, contrairement au français, préfère utiliser le second comme nouveau sujet à la forme passive (1) et (2).

On (le docteur) m'a prescrit des médicaments =
I was prescribed drugs (by the doctor).

On nous montra la maison = **We were shown the house** (2).

On nous parla beaucoup = **We were much spoken to** (2) (3).

Il faut que l'on s'occupe de cet enfant (2) =
This child must be taken care of (3).

♥ *On le ridiculisera* = **He will be made a fool of** (3).

♥ *On n'avait jamais couché dans ce lit* (2) =
This bed had never been slept in (3).

Noter de même les deux expressions courantes, construites sur ce modèle :

♥ *On m'a dit (raconté) que...* (2) = **I was told that...** (3).

On dit qu'il travaille (et qu'il réussit...) (2) =
He is said to work (and to succeed...).

c) Quand il n'y a pas de complément, le passif est, évidemment, impossible (voir 3.23 et 1.51, remarque 3).

Après dîner, on bavarda = **After dinner we (they...) talked.**

(1) Les verbes couramment employés au double passif sont indiqués GV 5 dans l'index (voir p. 10), ainsi **to give, to bring, to allow...**
(2) Passif impossible en français.
(3) Ne pas oublier la préposition.

1.30 VERBES COMPOSÉS ET POSTPOSITIONS

Un verbe composé est un verbe auquel est ajouté un adverbe (parfois appelé postposition) dont le rôle est de donner au verbe un sens différent de son sens premier.

To take = *prendre.*

To take off = *a*) *enlever* (un vêtement);
b) *décoller* (pour un avion).

Prenez votre manteau = **Take your coat.**

Enlevez votre manteau { **Take OFF your coat.**
Take your coat OFF (1).

L'avion décolle = **The plane takes off.**

Le verbe employé est toujours un verbe très courant. Les verbes composés sont très usités. Leurs équivalents d'origine française ou latine, sont généralement prétentieux.

Monter = **To go up (to ascend** serait **comique).**

Le verbe composé peut être :

a) **Transitif Direct** (il admet un complément direct, donc sans préposition).

Je l'ai abandonné = **I have given him up** (1).

Il a quitté son emploi = **He gave up his work.**

b) **Transitif Indirect** (admettant un complément indirect, donc précédé d'une préposition) (GV 12 et 13).

Rattraper le temps perdu = **To make up FOR lost time** (GV 13).

c) **Intransitif Absolu** (pas de complément du tout).

La voiture tomba en panne = **The car broke down.**

Je ferai la vaisselle = **I'll wash up** (voir p. 11, GV 11).

(1) Le complément se place devant l'adverbe quand c'est un complément court (un pronom personnel par exemple) : Enlève-le! = **Take it off!**

1.31 LA PRÉPOSITION RÉGIE PAR LE VERBE

***

On trouve, ici, toutes les discordances possibles entre le français et l'anglais. (*voir* p. 10 et 11).

Il regarde la maison = **He looks AT the house.**
(transitif direct) ⟶ **(transitif indirect)**

Il obéit À *son maître* = **He obeys his master.**
(transitif indirect) ⟶ **(transitif direct)**

Voler quelque chose à quelqu'un = (préposition « à »)
To steal something FROM somebody (préposition « **from** »).

Voler quelque chose à quelqu'un =
(complément direct de chose)
(compl. indirect de personne)
To rob somebody OF something.
(complément direct de personne)
(compl. indirect de chose)

Notre piano nous manquera = **We shall miss our piano**
(renversement des rôles : sujet et complément).

On ne se méfie jamais trop. Avant d'utiliser un verbe, toujours s'assurer de sa nature, de son emploi exact, de la préposition qu'il régit, etc. (voir page 10 et 11).

1.32 ALLER, VENIR, PARTIR...
Verbes de Mouvement

a) Ici encore, l'anglais attend des précisions (voir 3.22 *e*).

Combien de temps faut-il pour aller à Londres?
(comment? à pied? en voiture?...).

***

(en voiture)	**How**	**long**	**does**	**it**	**take**	**to drive**	**to London?**
(en avion)	«	«	«	«	«	**to fly**	**to London?**
(en bateau)	«	«	«	«	«	**to sail**	**to London?**
(à pied)	«	«	«	«	«	**to walk**	**to London?**
(à la rame	«	«	«	«	«	**to row**	**to London?**
(etc.)							

Chaque fois que possible, remplacer **to go** par un verbe PLUS PRÉCIS (3.22 *e*).

Il en est de même pour **tout** verbe de mouvement, même composé. Remplacer **to go down** par **to step down** quand il n'y a qu'un pas à faire, par **to rush down**, pour indiquer la précipitation, etc.

Ex. : *Ils sont tous descendus précipitamment à la cave* = **They all rushed down to the cellar.**

ATTENTION : *Aller en Grande-Bretagne* =
To go TO Great Britain (3.18).
(ou encore **to sail, to fly, ... TO Great Britain etc.**).

N. B. — Conjugaison des verbes de mouvement, voir § 1.16.

b) Autres exemples « pittoresques » mais très courants :

L'avion s'envola en vrombissant = **The plane roared away.**

Le train entra dans la gare en faisant un bruit de tonnerre = **The train thundered into the station.**

La vieille charrette est sortie (GV 3) *de la cour en faisant un bruit de ferraille* = **The old cart rattled out of the yard.**

*** **c**) Donc, pour traduire en anglais, **renverser l'ordre des idées :**

EN FRANÇAIS :

le **résultat** (1) — verbe   puis le **moyen** (2) — verbe ou locution

	1		2
Le bateau	*fit la traversée*	{	*à force de vapeur*
			à la voile

EN ANGLAIS (ordre chronologique) :

le moyen (comment?) — verbe   puis **le résultat** — postposition (puis préposition + complément s'il y a lieu)

		2	1
The ship {	**steamed**	**across**	**(to Dover)**
	sailed	**across**	

N. B. — 1) *Nous sommes allés en Angleterre* (en bateau) = **We sailed OVER TO England.**
(over précise qu'il s'agit d'une traversée).

2) Conséquence : (noter la concision de la phrase anglaise)
Irez-vous en bateau ou en avion? = **Will you fly or sail?**

1.33 **TABLEAU COMPARATIF (Anglais-Français)**
*** **Sens des défectifs et auxiliaires devant l'Infinitif :**

CAN, COULD exprime l'APTITUDE, la CAPACITÉ physique ou mentale (1), et couramment, aujourd'hui, la PERMISSION (§ 1.44 *et suiv.*).

She can work = *Elle peut travailler* (elle en est capable, ou elle en a la permission).

She could work = *Elle pouvait* (ou *put*, ou *pourrait*) *travailler* (elle en était, ou serait, capable; ou elle en avait ou en aurait la permission).

She could have worked = *Elle aurait pu travailler* (elle en aurait été capable, ou elle en aurait eu la permission).

MAY, MIGHT exprime surtout l'ÉVENTUALITÉ (1), le HASARD (et classiquement, mais de moins en moins, la permission) (1.47 ; 1.48).

She may work = *Il se peut qu'elle travaille* (je n'en sais rien), ou *elle a la permission* de travailler.

She might work = *Il se pouvait qu'elle travaillât*, ou *il se pourrait* (conditionnel) *qu'elle travaille*, ou *elle aurait la permission de travailler*.

She might have worked = *Il aurait pu se faire qu'elle travaillât*, ou *elle aurait eu la permission de travailler*.

MUST exprime la NÉCESSITÉ, l'action indispensable.

She must work = *Elle doit travailler ; il faut que...* (1.34 ; 1.43).

She must have worked = *Elle a dû travailler; il a fallu qu'elle travaille* (pour en arriver là : 1.40).

OUGHT TO : CONSEIL ou CRITIQUE (1.36).

She ought to work = *Il faudrait qu'elle travaille* (cela vaudrait mieux). Équivalent : **She should work.**

She ought to have worked = *Elle aurait dû travailler* (cela eut mieux valu). Équivalent : **She should have worked** (1.36).

(1) Éviter le mot *possibilité* qui n'a pas de sens précis, ici (1.45).

SHALL, SHOULD : auxiliaires du futur et du conditionnel (1re pers.), ou (**shall**) obligation impérieuse, ou (**should**) conseil ou critique (1.36).

I shall work = *Je travaillerai* (demain, etc.).

I should work if... = *Je travaillerais si...*

She shall work = *Il faudra qu'elle travaille* (sinon il lui en cuira) (1.17; 1.18) (cette forme est plutôt littéraire).

She should work = *Il faudrait qu'elle travaille* (cela vaudrait mieux). Équivalent : **She ought to work** (1.36).

She should have worked = *Elle aurait dû travailler;* il aurait fallu qu'elle travaillât (cela aurait mieux valu). Équivalent : **She ought to have worked** (1.36).

WILL, WOULD : auxiliaires du futur et du conditionnel (2e et 3e pers.) ou affirmation de la VOLONTÉ (1.17; 1.18), ou auxiliaire du FRÉQUENTATIF (1.26).

She will work = *Elle travaillera,* ou (avec l'accent sur **will**) *elle veut absolument travailler.*

She would work = *Elle travaillerait,* ou (avec l'accent sur **would**) *elle voulait absolument* (ou *voudrait*) *travailler,* ou (voir le contexte) *elle avait coutume de travailler.*

TO HAVE TO exprime, comme **must,** LA NÉCESSITÉ, l'action indispensable (1.34).

She has to work = *Elle doit travailler, il faut que...*

A. - Il se conjugue à tous les temps (1.34 et suiv.) :

Ex. : **She had to work** = *Elle dut* (ou *devait*) *travailler.*

B. - Il peut se combiner avec **may, might** :

She may have to work = *Il se peut qu'elle soit obligée de travailler.*

She might have to work = *Il se pourrait qu'elle fût obligée de travailler.*

Mais on distinguera soigneusement :

You must not work = *Vous ne* DEVEZ PAS *travailler.*

et

You don't have to work = *Vous* N'AVEZ PAS BESOIN (vous n'êtes pas obligé) *de travailler* (à toutes les personnes et à tous les temps) (voir 1.34, remarque 2).

1.34 DEVOIR ET FALLOIR

Question très délicate. Pour éviter les erreurs grossières, s'en tenir aux types de phrases suivants jusqu'à ce qu'on les ait maîtrisés complètement et voir les §§ 1.01 ; 102 et 1.33.

A. — Sens principal : La Nécessité

Je dois = Il faut que je, je suis obligé de
(voir aussi les nos 1.43, 1.17, 1.18 et 1.33).

PRÉSENT : **I must** *ou* **I have to.**

Il faut que je lui dise = { **I must tell him.** / **I have to tell him.** }

Must traduit le présent, et, quand le contexte est clair (1), le prétérit et le futur.

PRÉTÉRIT : Je devais; je dus; j'ai dû = il fallait que je...; il fallut; il a fallu que je... = **I had to...** (1).

FUTUR : Je devrai = il faudra que je... = **I shall have to** (ou **I must**) (1).

Le mois prochain il faudra que je quitte la société = **Next month I shall have to leave the firm.**

ou **Next month I must leave the firm** (si l'obligation existe déjà dans le présent).

PRESENT PERFECT { J'ai dû = il a fallu que je... = **I have had to...**

Il a fallu que je lui dise = **I have had to tell him.**

PLUPERFECT { J'avais dû = il avait fallu que je... = **I had had to...**

Remarques : 1) Pour marquer l'insistance, dans la langue parlée, accentuer **must** ou **have.**

On peut aussi ajouter **got (I have got to)** (1.43) mais uniquement au présent et au prétérit, et seulement dans le style parlé.

2) **Have to** se conjugue au présent et au prétérit, interrogatif et négatif à l'aide de **DO** et de **DID** avec le sens suivant :

Vous n'étiez pas obligé de rester = **You did not have to stay** (1.33).

(1) Ou **I must**, si un autre verbe mis au temps voulu indique clairement le moment de l'action : *Je pensais qu'il me fallait répondre* = **I thought I must answer.** Voir aussi le dernier exemple de la page 115.

1.35 **B. — Conditionnel**

***

(Voir 1.01 et 1.02).
Ne pas dire : il y a un « équivalent » de **must**.
En fait, il faut envisager **deux cas** :

1.36 **1° Conditionnel de CONSEIL ou de CRITIQUE** (3).

***

(Conseil ou critique adressés au sujet.)
C'est le cas le plus fréquent.

Sens : *Je devrais..., il faudrait que...* (si j'étais raisonnable, etc.). (Voir aussi les §§ 1.33 ; 1.43 et 1.17, 1.18).

a) CONDITIONNEL **PRÉSENT** :

Employer à TOUTES LES PERSONNES,
Should + l'infinitif présent (sans **to**) (1).

Je devrais lui dire = **I SHOULD TELL him** (1).

♥ *Je lui ai dit « tu devrais l'épouser! »* =
I said to him « You SHOULD MARRY her! » (1).

Il me dit que je devrais l'épouser =
He told me that I SHOULD marry her.

Devrions-nous répondre à son invitation? =
SHOULD we REPLY to her invitation?

b) CONDITIONNEL **PASSÉ** :

Should (à toutes les personnes) **est** suivi **de l'infinitif PASSÉ** (sans **to**) (1.01).

♥ *C'est juste! j'aurais dû lui dire* =
That's right! I should HAVE TOLD him (2).

(1) **OUGHT TO** peut remplacer **should** dans toutes les phrases du § 1.36 (**ought to** n'a qu'UN temps; forme négative : **ought not to**).
Il devrait l'épouser = **He ought to marry her.**

(2) Ici encore **ought to** peut remplacer **should** :
I ought to have told him.

(3) Ne pas parler d' « obligation morale ».

Le français emploie, ici, le conditionnel PASSÉ (*j'aurais dû*) suivi de l'INFINITIF PRÉSENT. En anglais faire le contraire :

Conditionnel PRÉSENT + infinitif PASSÉ (1.01).

J'aurais dû	*le lui dire* (1) =	**I should**	**have told him.**
cond. passé	inf. prés.	cond. prés.	inf. passé

Tout se passe comme si l'on traduisait :

Je devrais	*le lui*	*avoir dit*	(Voir 1.15 ; 1.38).
cond. prés.		inf. passé	

1.37 **2° Conditionnel de CONSÉQUENCE ou de CAUSE**

*** Cas beaucoup MOINS FRÉQUENT que celui du § 1.36.

Sens : *Je devrais..., si..., pour..., afin de...*

EMPLOYER **HAVE TO** (au conditionnel) + l'infinitif.

a) CONDITIONNEL PRÉSENT :

Si mon père mourait je devrais travailler =
If my father died I SHOULD HAVE TO work.
(littéralement : J'AURAIS A travailler).

La proposition conditionnelle est parfois sous-entendue :

... *Oui, mais* (*dans ce cas*) *il faudrait que tu travailles* =
... **Yes, but you would** (ou **you'd**) **have to work.**

b) CONDITIONNEL PASSÉ :

Si mon père était mort j'aurais dû travailler =
If my father had died I SHOULD HAVE HAD TO work.
(littéralement : J'AURAIS EU A travailler).

1.38 REMARQUER L'ANALOGIE ENTRE LES PHRASES SUIVANTES.

***

Je DEVRAIS *lui dire* = **I should**	**TELL him** (1.36).
Je POURRAIS *lui dire* = **I could** (*j'en serais capable*)	**TELL him** (1.45).
♥ *Je* POURRAIS *lui dire* = **I might** (*peut-être ; si j'y pense*)	**TELL him** (1.47).
*J'*AURAIS DU *lui dire* = **I should**	**HAVE TOLD him.**
*J'*AURAIS PU *lui dire* = **I could** (*j'en étais capable*) (1.46)	**HAVE TOLD him.**
♥ *J'*AURAIS PU *lui dire* = **I might** (*peut-être ; si j'y avais pensé*) (1.47).	**HAVE TOLD him.** (voir 1.01 ; 1.03 ; 1.15 à 1.18).

(1) Voir page 117 note 2.

C. — Autres Sens de Devoir

1.39 **1) Résultat convenu,** entendu : **to be to** + l'infinitif.

** Je dois = On compte sur moi pour ; on espère bien que je .
I AM TO + L'INFINITIF.

Ainsi, je dois comprendre qu'il nie =
So, I AM TO understand that he denies it.

Je devais recevoir de l'argent de ma tante =
I WAS TO receive money from my aunt.

** N. B. — *a*) Pour retenir cette construction noter que tout se passe comme si l'on abrégeait la phrase équivalente :

♥ *Où étais-je* CENSÉ *écrire mon nom?* =
Where WAS I (**supposed** *ou* **expected**) **TO write my name?**

b) Cette forme n'existe qu'au présent **et au prétérit.**

1.40 **2) Forte probabilité.**

Il doit être (= Il est sûrement) : Au présent on **emploie must**, et, au passé, **must** ou **must have** (1).

Il doit être midi = **It must be twelve a. m.**

Il doit être riche pour habiter un château =
He must be rich to live in a castle.

♥ *Il devait être midi* = **It must have been 12.** (1.33).

Il pensait qu'il devait gagner =
He thought that he must win (2).

Vous avez dû le voir à l'usine =
♥ **You must have seen him at the factory** (1).

[littéralement : vous devez l'avoir vu (3) (voir 1.01)].

Il doit y avoir; il devait y avoir, deux cents personnes =
There must be; there must have been, two hundred people.

N. B. — Cette forme n'existe qu'à ces deux temps.

1.41 **3) Il faut + durée :** voir § 1.43 et « *falloir* » dans l'index.

1.42 **4) Devoir (avoir une dette) :** voir § 1.43 et « *devoir* » dans l'index.

(1) **Must have** n'exprime pas une idée d'obligation (voir 1.33 ; 1.43).
(2) **Thought** ayant indiqué qu'il s'agit du passé, **must** suffit pour traduire le passé « devait ».
(3) Forme équivalente : **You certainly have seen him...**

1.43 Traduction de DEVOIR et FALLOIR : Récapitulation
***

Je dois lui donner l'argent (il faut que je...) (1)	**I must give her the money.** **I have to give her the money.**
Je dus lui donner l'argent (il fallut que...) (1) *J'ai dû lui donner l'argent (il a fallu que je...) Je devais lui donner l'argent (il fallait que je...) (je me rappelle la date, ou vous la connaissez, etc.* (1.09).	**I had to give her the money.** (1)
J'ai dû lui donner l'argent (il a fallu que je...) (à l'instant; ou à une date oubliée, ou, qu'importe la date) (1.07; 1.08).	**I have had to give her the money.**
J'avais dû lui donner l'argent (il avait fallu que je...).	**I had had to give her the money.**
Je devrai lui donner l'argent (il faudra que je...).	**I shall have to give her the money.**
♥ *Je devrais lui donner de l'argent (mais je ne peux pas, je n'ose pas).*	**I should give her some money** ou **I ought to give her...** (1.36)
♥ *J'aurais dû lui donner de l'argent (mais je ne l'ai pas fait...).*	**I should have given her some money** ou **I ought to have given her...** (1.36)

(1) Ou encore dans le style parlé, mais à ces deux seuls temps : présent **I have *got* to give...**; preterit; **I had *got* to give...**

Je devrais lui donner l'argent SI *elle me le demandait (il faudrait...* SI*...)* (1.01 ; 1.37).	**I should have to give her the money if she asked for it (*ou* if she asked me to) (1).**
J'aurais dû lui donner l'argent SI *elle me l'avait demandé (il aurait fallu...* SI*...)* (1.01; 1.37).	**I should have had to give her the money if she had asked for it (*ou* if she had asked me to) (1).**
Je dois lui donner de l'argent (c'est entendu; j'ai accepté).	**I am to give her some money. (1.39)**
♥ *Je devais lui donner de l'argent (c'était entendu; j'avais accepté...).*	**I was to give her some money. (1.39)**
Elle doit être (il faut qu'elle soit) pauvre pour mendier.	**She must be poor to beg for money. (1.40)**
J'ai dû lui donner l'argent (c'est très probable sans être sûr; mais quand? où?) Je dois lui avoir donné l'argent.	**I must have given her the money. (1.40)**
Il me faut (ou *faudra) cinq minutes pour lui donner l'argent.*	**It will take me five minutes to give her the money.**
Il m'a fallu une demi-heure etc.	**It took me half an hour etc.**
Je lui dois de l'argent, la vie, etc.	**I owe her some money, my life, etc.**
Je lui devais de l'argent. etc.	**I owed her some money, etc.**

(1) **For it** indique qu'elle m'avait demandé l'ARGENT; **me to** indique qu'elle m'avait demandé DE LE FAIRE. La phrase complète serait **ask me to do so** mais **do so** est très souvent sous-entendu.

1.44 POUVOIR

Ce verbe **a trois** sens très différents que le français ne distingue souvent qu'en employant des artifices, quand le contexte n'est pas évident (1).

Je ne peux pas y aller. Pourquoi?... n'en suis-je pas capable?... n'en ai-je pas la permission?...

L'anglais précise, en employant, suivant le sens, **CAN** ou **MAY**.

1.45 1) La Faculté de faire, La Capacité, Le Pouvoir matériel de faire

N'ayons pas peur de **can.** Il ne lui manque pratiquement que l'infinitif. Ne pas abuser de **to be able to** (= être capable de), dont l'emploi est, en fait, assez restreint (voir 1.01 et 1.03).

PRÉSENT :	Je peux = **I can.**

Je peux (je sais) parler anglais = **I can speak English.**

FUTUR :	Je pourrai = **I can** ou, si la possibilité ne doit exister que dans l'avenir : **I shall be able to.**
PRETERIT et PRESENT PERFECT	Je pouvais, je pus, j'ai pu = **I could.**
PLUPERFECT	J'avais pu = **I could** (ou **I had been able to**).
CONDITIONNEL PRÉSENT :	Je pourrais = **I could.**
CONDITIONNEL PASSÉ :	J'aurais pu + infinitif = **I could have** + PARTICIPE PASSÉ (voir 1.46)
INFINITIF PRÉSENT :	Pouvoir = **to be able to** (peu usité, voir 1.60).

Il est agréable de pouvoir parler l'anglais =

It is nice to be able to speak English ou, mieux : **I am glad I can speak...; you are glad you can speak...** etc.

INFINITIF PASSÉ :	Avoir pu = **to have been able to** (peu usité, voir 1.60).

(1) Exemple de ces artifices :

Je *ne peux pas* y aller = **I can't go there.**

Je *peux ne pas* y aller (il se peut que je n'y aille pas) = **I may not go there** (voir 1.47).

Vous avez dû savoir (pouvoir) nager quand vous étiez plus jeune =
You must have been able to swim when you were younger.
(Voir 1.40, note 3.)

.46 ATTENTION à la construction du conditionnel passé.

*** *J'aurais pu* (cond. passé) *comprendre* (inf. prés.) = **I could** (cond. prés.) **have understood.** (infinitif passé)

Tout se passe comme si l'on traduisait :
Je pourrais (cond. prés.) *avoir compris* (inf. passé) (voir 1.38, 1.15 et 1.33.).

.47 **2) L'éventualité (le hasard)**

**

N'ayons pas peur de **MAY.** Il ne lui manque pratiquement que l'infinitif.

Éviter les « équivalents », surtout au futur et au conditionnel.

PRÉSENT et FUTUR : { Je peux; il se peut que je... = **I may.**
Il peut pleuvoir (*il se peut qu'il pleuve*), *il pleuvra peut-être* = **It may rain.**
Je perdrai peut-être = **I may lose.** }

PRETERIT : *Je pouvais, je pus, j'ai pu* = **I might.**

PRESENT PERFECT { *J'ai pu* + infinitif (*il se peut que j'ai...*) = **I may HAVE** + participe passé (1.15). }

♥ *J'ai pu faire une erreur* = **I MAY HAVE MADE a mistake.**

Traduire comme si la phrase donnée en français était *je peux* AVOIR FAIT *une erreur* (avec l'infinitif PASSÉ *avoir fait* = **HAVE MADE**) ce qui se traduit mot à mot.

CONDITIONNEL PRÉSENT : { *Je pourrais* (*il se pourrait que je...*) = **I might** + inf. prés. (sans **to**) (1.01). }

Je pourrais gagner = **I might win** (1.01).

Je pourrais NE PAS *gagner* = **I might not win.**

CONDITIONNEL PASSÉ : { *J'aurais pu (peut-être)* (1.01). }

♥ *J'aurais pu* (cond. passé) *le casser* (inf. prés.) = **I might** (cond. prés.) **have broken** (inf. passé) **it.**

Tout se passe comme si l'on traduisait :
Je pourrais (cond. prés.) *l' avoir cassée* (inf. passé) (voir §§ 1.15 ; 1.33 ; 1.38).

1.48
***

3) L'autorisation

Dès que l'on emploie **MAY** on suggère d'abord et surtout L'ÉVENTUALITÉ, le hasard (1.47). Pour traduire l'idée de permission, d'autorisation (1), il est donc plus prudent et plus clair d'employer ***être autorisé à*** = **to be allowed to,** à tous les temps (1.33).

PRÉSENT : *Je peux (j'ai le droit de) fumer* =
I may smoke, *ou plus clairement* **I am allowed to smoke** *et même* **I can smoke** (1).

FUTUR : *Demain tu pourras fumer* =
To morrow you may (*ou* **you can**) (1) **smoke,** *ou plus clairement,* **You will be allowed to smoke.**

PRETERIT : *Je pouvais, j'ai pu, je pus* =
I was allowed to (*ou* **I might**) *ou* **I could.**

PRÉSENT PERFECT : ***J'ai pu*** = **I have been allowed to** (1).

PLUPERFECT : *J'avais pu* = **I had been allowed to** *ou* **I could** (1).

CONDITIONNEL PRÉSENT : *Je pourrais* = **I should be allowed to** *ou* **I might** *ou encore* **I could smoke** (1).

Il disait que je pourrais sortir jusqu'à minuit =
He said I might go out until midnight *ou plus clairement*
He said I should be allowed to (*ou* **I could**) **go out until midnight** (1).

(1) L'idée de permission, en anglais moderne, se traduit de plus en plus par **can** (1.33) : *Est-ce que je peux entrer?* = **Can I come in ?** Mais, plus poliment, plus respectueusement : **May I come in ?** (= *Puis-je entrer?*).

CONDITIONNEL PASSÉ : *J'aurais pu* + infinitif =
I might have / *ou* **I could have** + participe passé.

Il dit que vous auriez pu entrer (vous auriez eu le droit...) =
He said that you might have (*ou* **could have) come in,** *ou, plus clairement, mais avec quelle lourdeur ! :*
He said that you would have been allowed to come in.

***

Attention à la construction du conditionnel passé (1.01) :

J'aurais pu + l'infinitif présent =
I might HAVE + PARTICIPE PASSÉ.

Ici, encore, même transfert de l'idée de passé, du conditionnel à l'infinitif (voir 1.15 ; 1.36 *b* ; 1.38).

INFINITIF PRÉSENT : *Pouvoir* (*être autorisé*) = **to be allowed to** (peu usité) (1).

Il est agréable de pouvoir pêcher (*d'avoir le droit*) =
It is pleasant to be allowed to fish (1).

INFINITIF PASSÉ : *Avoir pu* (*avoir été autorisé*) = **to have been allowed to** (peu usité) (1) (voir, aussi, 1.60).

C'est agréable d'avoir pu pêcher (*d'avoir eu l'autorisation*) =
It is pleasant to have been allowed to fish (1).

(1) Pour éviter la lourdeur de **to be allowed**, on préférera une tournure plus simple :

Au Présent :

♥ **I am glad I may** (*ou* **can) fish.**

♥ **I am** (*ou* **we are**, etc.) **pleased I** (*ou* **we**, etc.) **have been allowed to fish.** *ou*, **I am** (*ou* **we are** *etc.*) **pleased I** (*ou* **we**) **might** (*ou* **could**) **fish.**

Au Passé :

I was glad (ou **he was glad**, etc.) **I could** (ou **he could**, etc.) **fish.**

FAIRE

To do, *ou*, To make?

1.49 **Sens concret** : Faire = fabriquer, produire, réaliser = **TO MAKE** (GV 2 *b*, p. 10).

Les hommes ont fait les villes = **Men have made towns.**

Cela fait 12 *shillings* = **That makes 12 shillings.**

Trois pieds font un yard = **Three feet make one yard.**

(Voir cependant les expressions idiomatiques dans l'index et les nos 1.55 et 1.56.)

1.50 **Sens abstrait, imprécis** : Faire = agir, accomplir, exécuter = **TO DO** (GV 2 *b*, p. 10 et GV 10, p. 11).

Faites comme vous voulez = **Do as you please.**

Il n'a rien à faire = **He has nothing to do.**

Faites-le bien = **Do it well.**

Il a fait son travail = **He has done his work.**

Cela vous fera du bien = **It will do you good.**

Cela ne peut (vous) faire du mal =
It can't do (you) any harm.

(Voir « faire » dans l'index et les nos 1.55 et 1.56.)

Faire + l'infinitif

On distingue DEUX CAS :

1.51 **A) Faire agir :**

***

Elle fit étudier l'anglais à son frère
Elle lui fit étudier l'anglais (1) =

♥ **(a)** Idée de contrainte } **She made her brother learn English**
She made him learn English
(elle l'a forcé).

(b) Sans contrainte } **She had her brother learn English;**
She had him learn English (2) ; (elle parvint, elle réussit; elle s'arrangea pour, à...).

(1) Toujours, cette déroutante inversion *du français* quand il y a un pronom personnel complément (voir 2.01).
(2) Voir § 1.52, remarque.

Remarques 1) La construction, variable en français, est fixe en anglais (**made** ou **have** sont SUIVIS du complément dans les quatre phrases : p. 126 note 1).

2) Quand le sens est FAIRE AGIR **learn** est à l'infinitif.

3) Noter l'absence de **to** à la forme active; alors qu'au **passif** :
♥ *On lui fit étudier l'anglais* = **He was made to learn English.**
La forme (**b**) (absence de contrainte) n'a pas de passif. On traduira « on » par **we, they, one, etc...** suivant le sens, en utilisant la voix active.

On lui fit apprendre l'anglais =
They (you, we...) had him learn English.

4) En anglais il faut donner un sujet à l'infinitif; en français pas nécessairement.

♥ *Cela fait rire* { **It makes PEOPLE laugh,**
ou, **it makes YOU, ONE, ..., laugh.**

1.52 ## B) Faire subir :

*** *Il fit apporter du thé* = **He had some tea brought.**

N. B. — **Brought,** PARTICIPE PASSÉ. En effet, le thé « SUBIT » l'action : il EST apporté (participe passé de *apporter*).

** ATTENTION : ne pas confondre :
Il avait apporté du thé = **He had brought some tea.**
Il fit apporter du thé = **He had some tea brought.**
La différence est considérable.

* REMARQUE : Lorsque **have** a comme ci-dessus, le sens de « faire », les formes interrogative et négative, se construisent à l'aide de **do** et **did.**
Il ne le fit pas traduire = **He DID NOT HAVE it translatED.**

1.53 ## SE Faire + l'infinitif

Il sait se faire comprendre =
He can make himself underSTOOD.
(Il est compris : donc, PARTICIPE PASSÉ.)

Il se fit blesser dans la bataille =
He was wounded in the battle.

Il se fit punir = **He was** (*ou* **got**) **punished.**

Il s'est fait construire une maison (*par qq'un*) =
He had a house built for him (by sy.).

(C'est le cas du § précédent (1.52) auquel on peut ajouter **for him** pour préciser.)

♥ *Il se fit apporter* (POUR LUI, *pas pour nous*) *du thé* =
He had some tea brought for him (voir aussi 1.55 *c*).

1.54 Il Fait (beau, chaud...)

Verbe impersonnel concernant le temps, la température :
Il fait beau = **It is fine (The weather is fine).**
Il fait chaud = **It is hot** (*ou* **warm**; voir l'index), etc.

1.55 *a*) Expressions construites avec TO MAKE

Faire du bruit; un discours; une erreur; des embarras, etc.
= **To make A noise, a speech, a mistake, A fuss,** etc.
Faire un effort, du feu, des grimaces = **To make an effort, A fire, faces,** etc. (Consulter un bon dictionnaire.)

b) FAIRE traduit par différents verbes.

Faire le malin = **To show off.**
Faire une promenade (*à pied*) = **To have a walk; To go for a walk.**
Faire une promenade (*en voiture, à bicyclette,* etc.) = **To have a ride; To go for a ride.**
etc. (Voir l'index et consulter un bon dictionnaire.)

c) Expressions comprenant Faire + l'infinitif.

Faire appeler qq'un = **To call FOR somebody.**
Faire venir (ou *envoyer chercher*) = **To send FOR sy** (*ou* **sg**).
Ex. : *Il fit venir le docteur* = **He sent FOR the doctor.**
Introduire (*faire entrer*) *qq'un* = **To show somebody IN.**
Accompagner qq'un (*jusqu'à la porte*) = **To show somebody OUT.**

1.56 Idiotismes Contenant « FAIRE » (voir l'index)

Faire mieux (vous feriez mieux de...) : 1.57 *b*.
Ne savoir que faire = **To be at a loss (what; how to...).**
Ex. : *Je ne sais que faire de lui* =
I am at a loss what to do with him.
Il ne savait que faire pour s'excuser =
He was at a loss how to apologize.
Cela ne (me) fait rien si; cela (m') importe peu : voir 1.65.
Faites comme chez vous = **Make yourself at home.**
Faire (= *s'arranger pour*) : VOIR DANS L'INDEX « s'arranger ».
Faire savoir qq'chose à qq'un = **To let sy. know...**
Faites-moi savoir quand vous serez de retour =
Let me know when you will be back (1.20).

1.57 JE PRÉFÈRE, JE PRÉFÉRERAIS; et JE FERAIS MIEUX

Attention : NE PAS CONFONDRE les deux cas **a)** et **b)**.

a) Je préfère, je préférerais, j'aime mieux, j'aimerais mieux =

I had (*ou* **I would**) **rather** (*ou* **sooner**) + L'INFINITIF (SANS **to**).

N. B. — Ici, **had** n'est PAS UN PASSÉ mais un conditionnel (1.58 - 3°). La forme **I'd** prononcée (aid) est la contraction aussi bien de **I had** que de **I would.**

♥ Ex. : *J'aime(rais) mieux me reposer* (*que travailler*) = **I had rather rest (THAN work)** (1.58-3).

Je préfère(rais) que vous n'en parliez pas = **I'd rather you did not mention it** (1.58-3).

b) Je ferais mieux de... (il serait plus utile, quoique moins agréable, sans doute...) =
I had better + l'infinitif (SANS **to**).

♥ Ex. : *Je ferais mieux de travailler* (*que de me reposer*) = **I had BETTER work (THAN rest)** (1.58-3).

1.58 REMARQUES : 1) **Rather,** et **sooner** veulent dire « **plutôt** »; ils indiquent la préférence personnelle.

2) **To prefer** se construit avec **TO** (ou avec le gérondif; GV 8, p. 11). *Je préfère le thé au café* = **I prefer tea TO coffee.**

3) **I'd rather** *et* **I'd better** n'existent **à aucun autre temps.**

*** 4) Ne pas confondre : *Plutôt... que* = **Rather... THAN, sooner... THAN** (comme : **bigger... THAN**).

Autre que... : = **Other THAN** (*ou* **...else THAN**).

Le même que (la même chose que) = **The same AS.**

Rien... que = Nothing **BUT.**

Rien d'autre que = Nothing else **THAN.**

Ex. : *Rien que la vérité* = **Nothing BUT the truth.**

Rien d'autre que la vérité = **Nothing else THAN the truth.**

1.59 VOULOIR

TO WANT est la traduction courante de *vouloir*, surtout au présent, prétérit, present perfect et futur; il exprime la volonté arrêtée, le besoin (réel ou non) : on est décidé à obtenir un résultat (voir « besoin », et, 1.17 et 1.18).

Je voulais réparer mon auto = **I wanted to repair my car.**

Je voulais une nouvelle voiture = **I wanted a new car.**

Vos cheveux ont besoin d'être coupés =
♥ **Your hair wants cutting.**

TO LIKE : Une volonté **conditionnelle** ne peut être absolue, donc, pour les conditionnels présent et passé de vouloir, employer **to like** : *Je voudrais* = **J'aimerais.**

♥ **Cond. prés.** { *Je voudrais une nouvelle voiture* = **I should like (to have) a new car** (1).

♥ **Cond. passé** { *J'aurais voulu une nouvelle voiture* = **I should have liked (to have) a new car** (1).

1.60 Vouloir (au conditionnel) + l'infinitif

a) On a vu, plus haut (§ 1.59), la traduction courante :
♥ *Je voudrais y aller* = **I should like to go there** (1).

b) Dans le cas d'un **désir irréalisable**, ou presque, employer les formes suivantes avec **to wish** (1.62). MAIS NE PAS LES CONJUGUER à d'autres temps (3).

♥ *Je voudrais être plus vieux de dix ans* =
I wish I were ten years older (2).

Je voudrais (je regrette de ne pas) être à votre place =
I wish I were in your place (2).

♥ *Je voudrais pouvoir jouer (être capable* ou *être autorisé)* =
I wish I could play.

Je voudrais avoir une auto =
I wish I { **could have a car** (*mais ce n'est qu'un rêve*)
had a car (*mais c'est impossible*).

(1) On entend de plus en plus employer **I would**, dans ce cas (et, surtout « **I'd** »), mais les grammairiens refusent en général ce laisser-aller.

(2) Littéralement : *je souhaite « que* JE *fusse »*; dans ces cas, employer **WERE** à toutes les personnes, **that** étant sous-entendu (*voir* « souhaiter » *dans l'index*).

(3) **Cond. Passé** : J'AURAIS VOULU *être là* = **I wish I had been there.**
J'AURAIS VOULU *pouvoir dire oui* = **I wish I could have said yes**, *etc.*

1.61
Vouloir QUE

a) CAS GÉNÉRAL : proposition dite infinitive (1.21).

♥ *Je veux qu il me dise la vérité* =
I want (*ou* **I wish**) **HIM TO tell me the truth** (1.62).
Je voudrais que vous vous arrêtiez de discuter =
I should like you to stop arguing.

b) Désir, souhait irréalisable (ou presque) : mêmes constructions qu'au § 1.60 *b*, avec **to wish.**

♥ *Je voudrais que vous vous arrêtiez de discuter* =
I wish you stopped arguing,
ou **I wish you would** (1) [*ou* **could** (2)] **stop arguing.**

1.62 **Remarque** : On voit dans les exemples précédents, que **to wish** est plus timide, plus poli que **to want.** Il exprime un souhait, un désir. Il s'emploie à TOUS LES TEMPS (voir « souhaiter » dans l'index).

1.63
Vouloir quelque chose

* **To want, to wish,** et, **to like** ne suivent pas les mêmes règles de construction :

Que voulez-vous? { **What do you want?** / **What do you wish (for)?** (1.62)
Que voudriez-vous? = **What would you like (to have)?**
Je le veux = **I want it** (1.59) ou **I want to** (3).
Je le désire = **I wish so** (1.62).
Vous ne pouvez pas partir! — Mais je LE *veux!* =
You can't go! — But I want to! (**GO** sous-entendu).
Un livre! — C'est ce que je désirais! =
A book! — That's what I wished FOR (3).
Je ne pouvais rien souhaiter de mieux =
I could not wish FOR anything better.

1.64
Vouloir (= vouloir prendre)

Voulez-vous du thé (une cigarette...)? =
Will you have tea (a cigarette...)? (1.18).

1.65
Je Veux Bien (J'accepte; Je Consens)

Comme vous voulez = **As you wish,** *ou* **As you like.**
Je veux bien (cela m'est égal) que... = **I don't mind if...**
Il voulait bien venir (il était consentant) } **He was willing to come.**
(Voir dans l'index « égal »; « aimer »; « désirer ».)

(1) Sous-entendu : *mais le voulez-vous? j'en doute.*
(2) Sous-entendu : *mais le pouvez-vous? j'en doute.*
(3) Ne pas omettre **TO** : il sous-entend un verbe. Ne pas omettre **IT** ou **FOR** : ils sous-entendent un NOM (*voir* « souhaiter » *dans l'index*).

1.66 **DIRE**

***

PROBLÈME : Faut-il employer **to tell** (GV 5 ; 9 ; 10) ou **to say** (GV 10)? [pour **to say** (GV 5) voir 1.29 *b*].

a) Dire (qq'chose) à qq'un = To tell sy. (sg.) (1).

1) RÈGLE : Quand il y a un **complément de personne** (non réfléchi) préférer **to tell.**

Je le lui ai dit = **I told him so** (*ou* **that**).
Je lui ai dit mon nom = **I told him my name.**
Ne me dites rien = **Don't tell me anything.**
Je l'ai dit à mon meilleur ami (1) =
I told my best friend (so) (GV 10).

2) CONSÉQUENCE : S'il n'y a PAS DE COMPLÉMENT DE PERSONNE, employer **obligatoirement to say (sg.)** (mais voir 1.71).
Je l'ai dit = **I said so.**
Personne n'a rien dit = **Nobody said anything.**

3) EXCEPTION : S'il y a des guillemets « ... », il **faut** employer **to say sg. (TO sy.)** (1). Ne pas oublier **TO**.
Je lui ai dit « Oui, M. Brown... » =
I said (TO him) « Yes Mr Brown... » (2).

1.67 **b) Dire à qq'un que.** MÊMES RÈGLES QUE plus haut (1.66) ; **to tell sy. that...**, ou, **to say (TO sy.) that...** (1) (2).
Il me dit qu'il ne pouvait pas venir (compl. de personne) =
He told me (that) he could not come.
Il dit qu'il ne pouvait pas venir (pas de compl. de pers.) =
He SAID (that) he could not come.
Il (me) dit « je ne peux pas venir » (guillemets) =
He SAID (TO me) « I can't come » (1) (2).

Attention : **He told me (that) I can't come** =
Il m'a dit que JE *ne pouvais pas venir.*
Le sens est presque *opposé* à celui de l'exemple précédent.

(1) On ne pourra omettre que les compléments entre parenthèses.
(2) Voir note 1, page 133.

1.68 c) **Dire ce que.** MÊMES RÈGLES que plus haut (1.66).

♥ *Je lui ai dit ce que je faisais* (compl. de personne) =
I told him what I was doing.

♥ *Je ne peux pas dire ce qu'il fait* (pas de compl. de pers.) =
I can't say what he is doing.

1.69 d) **Dire (à qq'un) de = To tell sy. to** (+ l'infinitif).

Dites-lui d'attendre = **Tell him to wait.**

Dites d'ouvrir la porte =
Tell him (her, them, somebody...) to open the door.

On remarque qu'il a fallu donner un complément à **tell.**

N. B. — Dire de (= penser de; aimer) : **To say TO** + nom.

Que diriez-vous d'une promenade =
What would you say TO a walk.

1.70 e) **Se dire,** se dire que, se dire ce que : **To SAY TO oneself...**

Il se dit « je ne dois pas le faire » =
He said TO himself « I must not do it » (ne pas oublier **TO**) (1).

Il se dit qu'il ne pouvait pas venir =
He said TO himself that he could not come (1).
etc.

1.71 f) **Expressions** : On emploie **tell** dans les expressions suivantes :

Il ne sait (peut) pas dire l'heure = **He can't tell the time.**

Raconter une histoire = **To tell a story.**

« *Voir* » *la différence, distinguer la couleur,* etc. =
To tell the difference, to tell the colour.

Locutions :

C'est-à-dire = **That is to say** (ou **that is**). *Cela va sans dire* = **It goes without saying.** *Il y a des choses qu'il vaut mieux ne pas dire* = **Some things are better left unsaid, etc.**

On a le choix entre **tell,** et, **say** pour traduire : *Dire un mensonge, la vérité,* etc. = **To tell a lie, the truth, etc.**

(1) Entre **say** et son complément de PERSONNE, **TO** ne peut jamais être omis.

ON DIRAIT

(Voir aussi « sembler » dans l'index.)

1.72 **a) On dirait :**

♠ ♥ *On dirait de la porcelaine* = **It looks like china.**

On dirait du Mozart = **It sounds like Mozart.**

On dirait du gin = **It tastes like** (ou **of**) **gin.**

On dirait du poisson frit = **It smells like** (ou **of**) **fried fish**.

N. B. - Dans les deux derniers exemples of suggère que l'on RECONNAÎT la chose à son goût, à son odeur; like suggère la simple RESSEMBLANCE avec le goût (du gin), l'odeur (du poisson); mais en est-ce vraiment?

1.73 **b) On dirait que :**

♥ *On dirait qu'il pleut*
1) **It looks like rain.**
2) **It looks as if it were raining** (1)
(**.... as if it is raining**) (1).

On dirait, il semble qu'il va pleuvoir.

3) **It looks as if it were going to rain** ou **It looks as if it is going to rain** (1).

ou 4) **It looks as if it would rain** (**...as if it will rain**) (1).

ou 5) **It looks as if it might rain** (**...as if it may rain**) (1).

N. B. — **To seem, to appear, to look** (= sembler) ne peuvent pas se mettre à la forme progressive (1.24).

1.74 On SE Dirait; on se croirait

On se dirait en Floride ou *On se croirait...*
- **You would think yourself in Florida.**
- **You would think you were** (*ou* **are**) **in Florida.**

(1) ATTENTION : en conjuguant les exemples 2) et 3) conserver **WERE** A TOUTES LES PERSONNES.

Bien que **will**, **may** et même **is** soient, de plus en plus, courants, ils sont généralement repoussés par les grammairiens classiques.

CONSTRUCTION DE LA PHRASE

2.01 Inversion du Sujet et du Verbe

L'anglais évite en général, l'inversion; il répugne à bouleverser l'ordre logique de la phrase. Il tient à la construction :

SUJ. - Verbe - Compl. dir. - Compl. indir. et circons.

(Voir § 1.51; et § 2.32 *c*).

1) INVERSION INTERDITE EN ANGLAIS

a) Après les relatifs.

Je sais ce que **disent les gens** =
I know what people say.

b) Après **to make** (= *faire faire*) (voir 1.51).

c) Après *aussi*, *par conséquent* (= **so**) (voir 3.02); mais, inversion obligatoire dans l'expression « moi **aussi** » (3.01 *b*).

d) Après *peut-être* (**perhaps; maybe**).

Peut-être les connaissez-vous?
You know them maybe (perhaps).
Perhaps (maybe) you know them.
You may know them (1.47).

2) Inversion OBLIGATOIRE en anglais

2.02 Quand un adverbe négatif, comme *jamais* (= **never**) ou
*** restrictif, comme *à peine* (= **hardly, scarcely**); *pas plutôt que* (= **no sooner... than**); *non seulement* (= **not only**)... est EN TÊTE DE LA PHRASE (ou proposition).

♥ *Jamais je n'avais vu une telle chose* =
Never HAD I seen (ou DID I SEE) such a thing.

Moi non plus, (je ne comprends pas) =
Neither DO I (understand) (voir 3.01 *b*).

♥ *A peine était-il arrivé que je le vis* =
Hardly (*ou*, **scarcely**) **had he arrived WHEN I saw him.**

N. B. — Noter l'emploi de **when** et comparer à l'exemple suivant :

♥ *Il n'était pas plutôt arrivé que je lui ai parlé* =
No sooner had he arrived THAN I spoke to him.

2.03 PLACE DE L'ADVERBE

Problème inéluctable, dès que l'on rédige un texte, même simple. On ne doit jamais hésiter sur la place des adverbes courants.

2.04 RÈGLE DE BASE

*** **L'adverbe ne doit pas séparer le verbe du complément d'obj. direct.** Cette règle permet d'éviter neuf erreurs sur dix. Elle résulte du principe énoncé au § 2,01, un adverbe étant toujours un complément circonstanciel.

♥ *Elle* fait *toujours très bien* son travail =
She always does her work very well.

Il reste donc QUATRE POSITIONS possibles pour l'adverbe :

1) TOUT AU DÉBUT de la proposition (2.02).

2) DEVANT LE VERBE (**always** dans l'exemple précédent).

3) APRÈS LE COMPLÉMENT (**very well** dans l'exemple précédent).

4) TOUT A LA FIN de la proposition.

ADVERBES DE TEMPS

2.05 a) **Always ; never** (2,02); **often ; sometimes ; usually** (= *habituellement*); **finally ; still** (= *encore*); **soon** (1), etc.

*** Les placer **devant le verbe** (2) (sauf si ce verbe est **to be**).

♥ *Il se lève souvent (parfois...) avant 7 heures* =
He often (sometimes...) gets up before 7 o'clock.

b) EXCEPTIONS : **early, late, lately,** ***later on, today, yesterday, tomorrow..., last week, next month..., presently*** (= tout à l'heure)...., ***this evening..., sometime*** (= un certain temps, *ou* un de ces jours), ***as a rule*** (généralement) ; **...ago,** etc.

Placer ces adverbes **tout à la fin**
(ceux qui sont en italiques se placent aussi tout au début).

♥ *Il se lève toujours* TRÈS TÔT =
He always gets up VERY EARLY.

(1) **Soon** : suivant le sens (voir « tôt » dans l'index et § 2.02).
(2) TEMPS COMPOSÉS : construire comme en français :
Il a toujours *parlé l'allemand* = **He has *always* spoken German.**
Tu seras toujours *en retard* = **You will *always* be late.**
Il n'aurait jamais *été en retard* = **He would *never* have been late.**

2.06 Adverbes de DEGRÉ

Presque (= **nearly**; **almost**); tout à fait, parfaitement (= **quite**) (voir 2.44 *b*); à peine (= **hardly**).

Ils se placent DEVANT LE VERBE (voir § 2.04).

Il comprend parfaitement = **He quite understands.**

Il a presque compris = **He almost understood.**

♥ *Il travaille à peine* = **He hardly works.** (Comparer **hardly** à **hard**, n° 2.08.) (voir aussi § 2.02).

2.07 Adverbes de MODALITÉ

Sûrement, très probablement (= **surely**); certainement (= **certainly**); probablement (= **probably, possibly**); réellement (= **really, actually**)...

Les placer DEVANT LE VERBE (voir § 2.04).

♥ *Vous vous souvenez probablement de cette soirée-là* = **You probably remember that night.**

2.08 Adverbes de MANIÈRE

**

Parfaitement (= **perfectly well**); assez bien (= **quite well**); très bien (= **very well**); mieux (= **better**); dur, durement (= **hard**); soigneusement (= **carefully**); tranquillement (= **quietly**); silencieusement (= **silently**); bruyamment (= **noisily**); à voix haute (= **loudly**); etc.

Les placer APRÈS LE COMPLÉMENT d'objet direct (§ 2.04).

Je fais très bien mon travail = **I do my work very well.**

Nous avions très (fortement) soigneusement attaché le bateau = **We had fastened the boat very (tightly) carefully.**

Il parle couramment l'anglais =
He speaks English fluently.

♥ *Il travaille dur* = **He works HARD** (comparer **hard** à **hardly**, n° 2.06).

2.09 Adverbes de QUANTITÉ

Beaucoup (= **much, very much**); plus (= **more**); peu (= **little**); très peu (= **very little**); moins (= **less**); tellement (= **so much**); trop (= **too much**), etc. (voir 2.38).

Les placer APRÈS LE COMPLÉMENT (voir § 2.04) (1).

♥ *Il n'aime pas beaucoup le chou* =
He does not like cabbage very much.

♥ *Je connais trop peu ces gens-là* =
I know those people too little.

2.10 ORDRE DES COMPLÉMENTS

Règle de base (voir § 2.04) :

*** Un adverbe ne doit **pas séparer le verbe du complément** d'objet direct.

2.11 **a**) Construction normale :

Il a raconté immédiatement l'histoire à sa famille =
He at once told the story to his family.

De même, quand le complément d'objet direct est un pronom personnel, bien que le français change alors de construction.

Il me l'a immédiatement racontée =
He at once told it to me.

2.12 **b**) Quand le complément d'objet indirect peut se construire sans préposition (2) il passe devant le complément d'objet direct. Mais l'adverbe suit la règle du § 2.10.

Il leur raconta immédiatement l'histoire =
He at once told them the story.

N. B. — Certains verbes conservent obligatoirement leur préposition devant un complément indirect.

Il leur expliqua tout = **He explained it all TO them.**

2.13 Compléments de LIEU et de TEMPS

En anglais, les placer dans cet ordre (lieu, PUIS temps); (voir les §§ 2.05 et 2.10).

Il est arrivé il y a deux semaines en Amérique du Sud =
He arrived in South America two weeks ago.

(1) ... Après le complément s'il n'est pas trop long sinon voir § 2.10.
(2) Avec les verbes des groupes GV 2 *a* ou GV 2 *b* (voir p. 10).

LE NOM ET L'ARTICLE

2.14 LA PARTICULARISATION DU NOM (1)

***

C'est un des problèmes les plus délicats de la grammaire anglaise. Nous donnerons surtout des exemples.

Le nom peut avoir un SENS GÉNÉRAL : *La neige est blanche*; ou un SENS PARTICULIER : *Une brique tomba dans le puits.*

Sens général : ne placer **aucun mot** devant le nom
Snow is white.

Sens particulier : la particularisation peut s'exprimer par un démonstratif (**the, this, that**); un adjectif possessif
♥ (*Il s'est cassé le bras* = **He broke his arm**); par un partitif (*Donnez-moi du pain* = **Give me some bread**); par un adjectif numéral (*Il avait un seul fils* = **He had one son**); par un
♥ article indéfini (*La cabane d'un berger* = **A shepherd's hut**); enfin par un article défini (**a brick fell in the well**).

L'ARTICLE DÉFINI ET LES NOMS COMMUNS

On ne peut, donc, employer **the**, au singulier comme au pluriel, que si le nom est PARTICULARISÉ (2). Il peut l'être de différentes manières.

2.15 1° Particularisation Implicite ⟶ THE (ou sous-entendue)

La particularisation provient le plus souvent du contexte, ou d'une idée sous-entendue par celui qui parle.

Tous les exemples suivants illustrent ce même cas :

Faut-il que vous alliez à la gare? =
Must you go to THE station?

(On ne va pas à la gare en général, mais toujours à une gare PARTICULIÈRE, la plus proche, celle de la ville...).

(1) Nous rendons un très amical hommage à MM. D. CHAUVIGNÉ et F. BARS à qui nous empruntons cette terminologie (voir CHAUVIGNÉ et BARS, Classe de Première; 4e édition, p. 206, *Librairie Vuibert*).

(2) REMARQUE : **the**, forme atténuée de **that**, reste un démonstratif plus fort que *le*; il traduit souvent *ce*. Ex. *...et cet homme nous raconta sa vie* = **...and THE man told us the story of his life.** — *A cette époque* = **At THE time.** — *A ce moment* = **At THE moment.** — *Rien de ce genre* = **Nothing of THE kind**; etc. (2.30).

Les maçons ont bâti les maisons =
THE masons built THE houses.
(Ces maçons-là ont bâti ces maisons-là, celles dont il est question.)

De la rue, les passants entendaient les enfants =
From the street, the passers-by could hear the children.

La particularisation implicite est assez facilement acquise pour un certain nombre de termes courants (lieux supposés connus, etc.).

♥ *Je suis allé au cinéma, au théâtre, chez le boucher...* =
I went to the pictures, the theatre, the butcher's...

(**Pictures... butcher's** sont considérés comme suffisamment particularisés : vous savez, je sais, ... à QUEL cinéma, QUEL théâtre, chez QUEL boucher...).

Et même
J'aime le cinéma, le théâtre, la radio (voir 2.19) =
I like the cinema, the theatre, the radio...

Raison de plus, si la particularisation est explicitée (2.16).

2.16 *** 2° Particularisation Explicite ⟶ THE

La particularisation provient du texte même qui indique de quelle chose PARTICULIÈRE il s'agit.

♥ *Je vais à l'église* DE *ma paroisse* =
I go to THE church of my parish.

Les maçons de York ont bâti les maisons DE *cette ville* =
THE masons of York built THE houses of that town.

Entendez-vous les enfants QUI *chantent dans les rues* DE *la ville?* =
Can you hear THE children who sing in THE streets of the town?

♥ *L'amour* DE *la nature; la nature* DES *choses* =
THE love of nature; THE nature of things.

Je n'aime pas le bleu DE *la* (ou *de cette*) *jupe* =
I don't like THE blue of the skirt.

Il n'aime pas le café DU *mess* =
He does not like THE mess coffee.

♥ *J'aime la musique* QU'*il écrit* =
I like THE music (that) he writes.

♥ *Je n'aime pas le bruit* QUE *cela fait* =
I don't like THE noise (that) it makes.

2.17 **Remarque :** Ni un adjectif, ni **all**, ni **most** (3.25) ne
*** suffisent **à eux seuls**, à particulariser le nom. Donc **pas d'article** pour traduire :

♥ *L'histoire d'Angleterre* = **English history.**

La littérature anglaise = **English literature.**

♥ *J'aime la musique espagnole, le café noir...* =
I like Spanish music, black coffee...

La radio américaine est un bruit de fond permanent =
American radio is a permanent background noise.

J'aime les jupes bleues (en général) = **I like blue skirts.**

Il aime tous les vins rouges = **He likes all red wines.**

J'habitais les pays chauds = **I lived in hot countries.**

Pour qu'apparaisse **the**, il faut un véritable élément de **particularisation**, c. à. d. : of, une proposition subordonnée relative, etc. (voir les exemples du § 2.16). **Donc :**

J'aime LES *jupes bleues* QU'*elle porte* =
I like THE blue skirts (that) she wears.

Il aime tous LES *vins rouges* DE *ce restaurant* =
He likes all THE red wines OF that restaurant.

Les pays OÙ *j'ai vécu* = **THE countries where I lived.**

N. B. — On voit que l'adjectif ne joue pas de rôle dans la particularisation : on peut, sans rien changer, le supprimer dans les phrases précédentes.

2.18 **Pas de Particularisation ⟶ PAS D'ARTICLE :**
***

a) **Cas général :**

Je vais à l'église = **I go to church.**

(En fait, je vais A L'OFFICE ; je peux aller dans n'importe quelle église.)

♥ *Allez-vous à l'école?* = **Do you go to school?**

(C'est-à-dire, faites-vous DES ÉTUDES? non dans telle école, mais, dans une école quelconque.)

Les maçons bâtissent les maisons = **Masons build houses.**

(Ce sont les maçons EN GÉNÉRAL qui bâtissent les maisons EN GÉNÉRAL, mais aucune plus particulièrement qu'une autre.)

♥ *J'aime la musique, la danse, la nature, le café, le bleu...* (EN GÉNÉRAL) =
I like music, dancing, nature, coffee, blue...

Je n'aime pas le bruit, les jupes longues... (EN GÉNÉRAL) =
don't like noise, long skirts... (voir 2.20).

b) **Exceptions** : l'article a disparu dans un certain nombre d'expressions d'un usage si courant qu'il semble inutile de l'employer :

♥ *Aller chez soi* = **To go home** (1).
Aller au travail = **To go to work** (1).
Aller au marché = **To go to market.**
Aller en ville = **To go to town.**
Aller à l'université = **To go to college.**
Aller au lit = **To go to bed** (1).

♥ *Être chez soi* = **To be at home** (1).
Être au travail = **To be at work** (1).
Être en ville = **To be in town.**
Être à l'université = **To be at college.**
Être au lit = **To be in bed** (1).

Quitter la maison = **To leave home** (1).
Quitter son travail = **To leave work** (1).
Quitter la ville = **To leave town.**
Quitter l'université = **To leave college.**
N. B. : De même devant **hospital, school....**

LOCUTIONS : *De pied en cap* = **From head to foot**, *ou*, **From top to toe** (ici, le français et l'anglais sont d'accord pour abréger en omettant l'article). MAIS : *Du Nord au Sud* = **From North to South.**

Consulter un bon dictionnaire; voir aussi 3.17 et « pays ».

2.19 *** 3° Particularisation Naturelle ⟶ THE

La particularisation peut aussi provenir du CARACTÈRE UNIQUE de la chose, qui est donc PARTICULIÈRE.

L'église (*Catholique*) = **THE (Roman Catholic) Church.**

Le soleil brillait = **THE sun was shining.**
(Le soleil est unique; c'est une chose particulière.)

La mer ne couvre pas la totalité de la terre =
The sea does not cover the whole of the earth.

La pluie ne s'arrêtera pas! = **The rain will not stop!**
(La pluie, élément naturel, unique, donc particulier.)

(1) Ne JAMAIS placer **to** devant **home.** En fait, c'est un adj. POSSESSIF qui est omis : **I go (to MY) home; I am in (MY) bed**, etc.

♥ *Nous sommes allés à la campagne, à la mer, à la montagne, au cinéma...* =
We went to **THE** country, **THE** sea (ou **THE** seaside), **THE** mountains, **THE** cinema...

Le chien est un animal fidèle = **The dog is a faithful animal.**
(Le chien, catégorie unique, particulière, d'animaux.)
Phrase un peu sentencieuse. Il est plus naturel de dire **Dogs are faithful animals** (= *Les chiens sont des animaux fidèles*) (voir § 2.20).

Exception : **MAN**, et **WOMAN** dans le sens d'*espèce humaine* ne prennent pas l'article :

♥ *L'homme fut alors créé* = **Man was then created.**

2.20 Pas de Particularisation ⟶ PAS D'ARTICLE

La pluie est nécessaire pour faire pousser les plantes =
Rain is necessary to make plants grow.
(Ici, la pluie est une « substance » considérée GÉNÉRALEMENT) (1).

♥ *L'amour est aveugle* = **Love is blind** (2).
(L'amour EN GÉNÉRAL, abstraction sans précision.)

La nature est le meilleur des médecins =
Nature is the best physician.
(Quelle nature? la nature EN GÉNÉRAL.)

J'aime la musique = **I am fond of music.**

Les chiens sont des animaux fidèles =
Dogs are faithful animals
(ou « le chien est un animal fidèle », voir 2.19).

(1) Ainsi, pour tous les noms de SUBSTANCES, de COULEUR, etc., non particularisés (voir 2.18 et 2.19).

Je ne supporte pas le vin = **Wine disagrees with me.**

(2) De même pour les SENTIMENTS, les QUALITÉS, les DÉFAUTS, les VICES, non particularisés :

La peur (EN GÉNÉRAL) = **Fear.** *La mort* (EN GÉNÉRAL) = **Death.**
La peur de la mort (cette peur LÀ) = **The fear of death.**

2.21 L'ARTICLE DÉFINI ET LES NOMS PROPRES ET GÉOGRAPHIQUES

En ce qui concerne l'emploi de l'article, l'anglais a une notion assez large du **nom propre.**

a) PAS D'ARTICLE. Sont considérés comme **noms propres** (au même titre que Monsieur Dupont, Durand...) SAUF S'ILS SONT PARTICULARISÉS :

*** 1) **England, Great Britain, France, Wales** (*le pays de Galles*) (verbe au singulier), **America..., South America..., Colorado** (*l'État et non pas le fleuve*), etc.

*** 2) **Queen Elizabeth, President Eisenhower, General Montgomery, Admiral Nelson, Doctor Faustus, Professor Lowell,** etc... (**THE Queen Elizabeth,** c'est LE BATEAU.)

** 3) Les noms de saisons (toujours s'ils ne sont pas particularisés) : **Spring, Summer, Autumn, Winter.**

* 4) **Heaven, Hell, Paradise...**

5) Les surnoms célèbres : **Old England, Merry England...**

6) **Mont Blanc, Saint Michael's Mount..., Cape Horn, Cape Cod..., Lake Erie...**

7) **Regent's Park, Regent Street, Park Avenue, Piccadilly Circus...**

8) **New Year's Eve, New Year's Day, Christmas Day, Easter...**

b) THE. - Sont considérés comme **noms communs :**

*** 1) **The United States** (VERBE AU SINGULIER, généralement), **the United Kingdom, the British Empire...**

*** 2) **The Queen, the Queen of England, the King of Spain..., the Duke of Norfolk, the Admiral, the Doctor, the General,** etc.

* 3) **The Alps, the Jura, the Pyrenees, the Cheviots..., the Atlantic (ocean), the Mediterranean (sea), the Cape of Good Hope, the Lake of Geneva...**

** 4) **The Seine, the Thames, the Hudson..., the Colorado** (*le fleuve et non pas l'État*), etc.

2.22 AUTRES CAS

a) L'article devant les **adjectifs utilisés comme noms** : *Un aveugle, les aveugles*, etc. (voir 2.36 et 2.37) (voir aussi, dans l'index, les mots en question).

b) Pas d'article après un **cas possessif** ou après **whose** (voir 2.47).

.. *Le chien de l'aveugle* = **The blind man's dog.**
(L'article **the** appartient, ici, à AVEUGLE, non pas à CHIEN.)

... **c)** **The** devant **Last** et **Next** (voir « *dernier* »; « *prochain* »).

d) Jours de la semaine :

Sujet — *Le samedi est mon jour de congé* = **Saturday is my day off.**

Complément circonstantiel —
1) *Il travaille le dimanche* =
He works ON Sunday (il travaille ce jour-là).
He works ON Sundays (tous les dimanches).
2) (Jour particularisé).
Il travaille le dimanche avant Pâques =
He works ON THE Sunday before Easter (voir 3.20).

e) Noms de nationalités : voir § 2.35.

2.23 L'ARTICLE INDÉFINI

***

On oublie trop souvent que **a (an)** n'a **pas de pluriel.**

SING. : *Une femme vint en voiture* = **A woman came in a car.**

PLUR. : Des *gens vinrent dans* des *voitures* =
People came in cars.

2.24 DIFFÉRENCES ESSENTIELLES ENTRE LE FRANÇAIS ET L'ANGLAIS

**

Principe : a (an) est une forme dérivée de **one.** Il a gardé un sens numérique plus fort que l'article français *un*. C'est, si l'on veut, un article *indéfini*, mais il se souvient d'avoir été NUMÉRAL et il PARTICULARISE le nom à sa manière. Son rôle est d'exprimer l'IDÉE D'UNITÉ, ni plus ni moins. En français, là même où cette idée est évidente, *un* disparaît parfois, ou se voit remplacé par l'article défini *le*; en anglais **a** demeure.

Conséquences :

a) En anglais **a** reste souvent « *collé* » au nom :

♥ *Un homme si habile* = **So clever A man** (3.03 *b*).

Un homme trop habile = **Too clever A man** (3.31).

b) Exclamation.

Quel homme habile (il est) ! =
What A clever man (he is) ! (3.27 *b*).

••• *Quelle impression !* = **What an impression !**
On peut avoir différentes impressions; il s'agit, ici, D'UNE impression PARTICULIÈRE; donc il faut employer l'article.

Quel courage ! = **What courage !**
Le courage ne se particularise pas : on ne peut avoir UN courage; on a DU courage ou on n'en a pas; donc, PAS D'ARTICLE.

c) Professions, etc. au singulier (2.23).

•• *Il est docteur* = **He is a doctor.**
(C'est *un* docteur, non pas indéfini, mais PARTICULIER parmi d'autres docteurs.) (2.14)

d) Apposition au singulier (2.23).

Johnson, grand écrivain du XVIIIe siècle =
Johnson, the great 18th century writer.
Johnson, a great writer of the 18th century.
THE si l'on considère qu'il est LE seul grand; **A** si l'on considère qu'il est l'UN d'entre eux.

Mon frère, interprète à New York =
My brother (who is) an interpreter in New York (il y en a d'autres).

e) Après « avec » et « sans ».

•• *Peut-on faire cela sans marteau (avec un marteau) ?* (1) =
Can you do that without a hammer (with a hammer) ?

f) Rapport à une unité.

Deux shillings la livre = **Two shillings a pound.**
(La livre? quelle livre? pour UNE livre que l'on paiera.)

50 milles à l'heure = **50 miles an hour** (en UNE heure).

10 heures par jour = **10 hours a day** (pour UN jour).

(1) En passant de « avec » à « sans », l'article a disparu en français; pas en anglais.

PLURIEL DES NOMS

2.25 **Singulier et pluriel identiques :**

a) *Mouton(s)* = **sheep.** — *Poisson(s)* = **fish.** — *Daim(s)* = deer. — *Truite(s)* = **trout.** — *Brochet(s)* = **pike.** — *Saumon(s)* = **salmon,** etc.

Le mouton était endormi = **The sheep was asleep.**

Les moutons étaient endormis = **The sheep were asleep.**

.. **b)** Cent, mille, millions. ... douzaine... :

Quatre cent (trois) = **Four hundred (and three)** (pas d'*s*).

Six douzaines de cravates = **Six dozen ties** (pas d'*s*).

Mais : *Des centaines de gens* = **HundredS of people.**
Des douzaines d'œufs = **DozenS of eggs.**

2.26 **Noms pluriels sans singulier** : le **verbe** est toujours
*** au **pluriel.**

People : JAMAIS d'*s* quand ce mot veut dire : les gens, les personnes, c'est-à-dire le plus souvent.

♥ *Deux ou trois personnes* = **Two or three people.**

♥ *Les gens parlent trop* = **People talk too much.**

Singulier : *Une seule personne connaît ce secret* =
Only one person knows that secret.

Attention : JAMAIS people ne traduit *tout le monde* :

.. *Tout le monde connait le secret* =
Everybody (*ou* **everyone**) **knowS the secret.**
Le verbe est AU SINGULIER.

2.27 **Le verbe est toujours au singulier.**

Sont **singuliers en anglais**, et pluriels en français :

Advice (= DES *conseils*); **Information** (= DES *renseignements*); **Travel** (= LES *voyages*), etc. (voir l'index).

Il me donna de bons conseils = **He gave me good advice.**

Business (voir « affaire » dans l'index).

Les affaires sont les affaires = **Business IS business.**

Furniture (= *des meubles*; voir l'index).

.. **News** (= *des nouvelles*; voir l'index).

♥ Quelles SONT les nouvelles? = **What IS the news?**

Luggage (= LES *bagages*); **progress** (= LES *progrès*); **spinach** (= LES *épinards*); **lightning** (= LES *éclairs*); **rubbish** (= LES *saletés*, LES *décombres*), etc.

2.28 Noms ayant **deux pluriels** de sens ou d'usage **différents.**

Cloth (voir « tissu »; « vêtement »).

** **Hair** a également deux pluriels :

1° Sens de cheveux = **hair** (ni **article, ni s au pluriel**); c'est le sens le plus courant.

♥ *Il a des cheveux blancs* = **He has white hair.**

2° Sens de *poil(s)* ou de **cheveux en nombre limité. Hair** est un nom comme les autres.

Vous avez un cheveu (blanc) sur votre manteau =
You have a (white) hair on your coat.

Voici deux cheveux (blancs) = **Here are two (white) hairs.**

Penny a deux pluriels : **Pennies,** et **pence.**

1° **Three pennies** = Trois PIÈCES de un penny.

2° **Three pence** ('θrepəns) = (Une somme, UN PRIX; UNE PIÈCE de) trois penny. — **Twopence** ou **tuppence** ('tʌpens) = (Un prix de, une somme de) deux penny.

N. B. — *Donnez-moi trois pièces de un penny pour une pièce de trois penny* =
Give me three pennies (θri peniz) **for a threepenny** ('θrʌpni) **bit.**

2.29 Le pluriel a un sens différent du singulier [de même qu'en français : un ciseau (d'ébéniste) et des ciseaux (de coiffeur)].

Care : (sing.) = *soin.* Plur. : **cares** = *des soucis.*

Faites-le avec soin = **Do it with care.**

Sa vie est pleine de soucis = **His life is full of cares.**

Stair :

sing. : **a stair** = *une marche d'escalier.*

plur. : **stairs** = *escalier.*

Steps :

sing. : **a step** = *un pas, une marche.*

plur. : **steps** = *des pas; un escalier extérieur, un perron* (se dit aussi **a flight of steps** : littéralement une « volée » de marches).

LES DÉMONSTRATIFS

2.30 Le français, ici encore, reste volontiers imprécis : *Cet*
*** *homme, cette femme.* Est-ce *cet homme-CI?* ou *cet homme-LA?; cette femme-CI?* ou *cette femme-LA?*

L'anglais ne peut pas traduire *ce chien, cet âne, cette oie,* etc. mais seulement *ce chien-CI* (**this**) ou *ce chien-LA* (**that**), *cet âne-CI* ou *cet âne-LA* etc.

Il faut nécessairement choisir entre **this** et **that** (1).

Ne pas se laisser aller au penchant des débutants qui abusent de **this** (pluriel **these**) alors que **that** (plur. **those**) est beaucoup plus courant.

Exemples : *A cette époque, la Reine Victoria, ...* Il s'agit de cette époque-LA, celle de la reine Victoria et non de cette époque-CI (la nôtre). **This** est donc impossible (de même que **these** son pluriel) :

In THOSE days Queen Victoria...

*** **This day** ne peut être qu'*aujourd'hui* (ce jour-CI). — **Up to this day** = *jusqu'à aujourd'hui.* — **This evening** ne peut être que *ce soir,* AUJOURD'HUI dans la soirée, et non ce soir-là (= **that evening**). — **This year** = *cette année* (-CI), l'année dans laquelle nous nous trouvons. — **This century** = NOTRE *siècle.* — **This country** = NOTRE *pays;* **This town** = *cette ville-ci,* où nous nous trouvons.

Toute autre ville, tout autre pays (étranger probablement) tout autre siècle, année, soirée, jour, seront qualifiés de **THAT town, THAT country, THAT century, THAT year, THAT evening, THAT day.**

Ex. : *Vous souvenez-vous de ce village avec cette église ancienne, ces rues étroites...* =
Do you remember THAT village, with THAT old church, THOSE (*ou* **the**) **narrow sreets** (1)...

On verra que **this** (et **these**) sont bannis des paragraphes 2.31 à 2.33.

Conclusion : Dans la narration, on sera amené à utiliser, le plus souvent **THAT** et son pluriel **THOSE.**

(1) On peut même utiliser **the**, qui suffit souvent à « montrer », comme un vrai démonstratif (2.14, et note 2, page 139) et très souvent aussi, **it**
C'est vrai = **It is true.**

2.31 CELUI (celle, etc.) suivis de QUI (que) ou DE.

ATTENTION : Éviter **the one** et **the ones** sauf au NEUTRE (animaux et choses).

2.32 ** Celui QUI, Celui QUE, etc.

(Ne jamais employer **this** ou **these**; voir 2.30.)

a) Singulier :

Masc. { *Celui qui connut Roosevelt* = **The man** (*ou* **boy**, etc.) **who** (*ou* **that**) **knew Roosevelt** (1).

Fém. { *Celle que vous cherchiez* = **The woman** (*ou* **girl**, etc.) **(that) you were looking for** (2).

Neutre { *Ce n'est pas celui que je voulais acheter* = **It is not the one (that) I wanted to buy** (2).

b) Pluriel :

Masc. { *Ceux qui connurent Roosevelt* = **Those** (*ou* **the people**) **who** (*ou* **that**) **knew Roosevelt** (1).

Fém. { *Celles que vous cherchiez* = **Those** (*ou* **the women**, etc.) **(that) you were looking for** (2).

♥ Neutre { *Ceux que j'ai sont usés* = **Those (that) I have are worn out** (2) *ou* **The ones (that) I have are worn out** (2).

(1) **Who** ou **that** SUJETS ne peuvent pas être omis.
(2) **That** complément est généralement omis surtout dans la langue parlée (3.27 *bis*).

*** ATTENTION c) : **Ne pas confondre.**

Ceux QUI *connaissaient Roosevelt* =
Those that (*ou* **who**) **knew Roosevelt** (2).

Ceux QUE *connaissait Roosevelt* =
Those that Roosevelt knew (1).

♥ *J'ai ceux qui sont usés* =
I have those (*ou* **the ones**) **that are worn out** (2).

Ceux que j'ai sont usés =
Those (*ou* **the ones**) **(that) I have are worn out** (3).

2.33 Celui DE, Celle DE, etc.

(Ne jamais employer **this**, ou **these**.)

Singulier :

♥ *Son histoire n'est pas celle d'une jeune fille pauvre* =
Her story is not THAT OF a poor girl.

Pluriel :

♥ *Les portraits de ma tante et ceux de mon oncle* =
My aunt's portraits and { **THOSE OF my uncle.** / **the ones of my uncle.** }

(1) Si l'on conservait l'inversion de la phrase française, ce serait « catastrophique » (2.01) : on retrouverait la première phrase (!).
(2) Voir note (1), page 150.
(3) Voir note (2), page 150.

L'ADJECTIF

2.34 **RÈGLE :**

***

L'adjectif ne prend **pas** d's au pluriel (**MÊME S'IL SERT DE NOM**).

ATTENTION : Bien distinguer certains adjectifs des noms correspondants qui ont parfois la même forme; ces NOMS SEULS, prennent un **s** au pluriel (2.35 *c*).

2.35 **ADJECTIFS ET NOMS DE NATIONALITÉS**

a) Quand il n'y a **pas de noms** correspondant :

L'anglais la (langue) = **English** (1).

*** ** *Les Anglais* (*tous les Anglais, ou presque*)	**The English** (jamais d's). **Englishmen** (sans article) (1). **English people** (sans article) (1).
Un anglais, une anglaise, etc.	**An Englishman** (an English boy, etc.). **An English woman** (an English girl, etc.).

Je connais DES *Anglais qui...* =
I know English people who...

MÊMES RÈGLES pour : **French**, **Dutch** (hollandais), **Irish**, **Welsh** (gallois) et **Scottish** (mais LE NOM est **Scotchman**, **Scotchwoman**...) (1) (2) et (3).

NOTER LA NUANCE SUIVANTE :

The English speak English (tous les Anglais).
♥ **Englishmen drink tea** (presque tous les Anglais).

(1) Pas d'article.... sauf s'ils sont PARTICULARISÉS (2.17) : *L'anglais que vous parlez* = **THE English (that) you speak.** — *L'anglais du roi* = **THE King's English.** — *Tous les Anglais que j'ai rencontrés* = **All THE English people (that) I met.**

ATTENTION : **THE American people** = LE PEUPLE *américain*.

(2) **British** ne peut pas être suivi de **man**, ou **men**; dire **a British subject.**

(3) Préférer **Scottish** (adj.) à **Scotch, sauf, devant whisky.** LE NOM est aussi **Scot** (pluriel **Scots**).

b) Quand il existe **un adjectif et un nom différents** : seul le nom prend un **s** au pluriel.

Noms : **Pole, Spaniard, Turk, Scot...** (1).
Adj. : **Polish, Spanish, Turkish, Scottish...** (1).

* *Les Espagnols parlent espagnol* = **The Spaniards speak Spanish.**

c) Quand le **nom et l'adjectif** sont **identiques** : seul le nom prend un **s** au pluriel :

American, Russian, Belgian, German, Greek...

Ex. : **The Russians drive Russian cars.**

d) Les noms et adjectifs terminés en **se** ou **s** sont invariables : **Chinese, Japanese, Portugese, Swiss...**

Ex. : *Des peintures chinoises* = **Chinese paintings.**

The Chinese drive Chinese cars.

REMARQUE : Pour les autres noms et adjectifs de nationalité, voir dans un dictionnaire à quel groupe ils appartiennent.

2.36 *** AUTRES ADJECTIFS UTILISÉS COMME NOMS

Même construction qu'au n° 2.35 *a* :

SINGULIER : adjoindre un nom. **PLURIEL** : pas d' « s ».

Un aveugle = **A blind man.** *Les aveugles* = **The blind.**

L'aveugle = **The blind man** (voir l'index).

Un pauvre = **A poor man.** *Les pauvres* = **The poor.**

Les riches = **The rich.** *Les sourds(-muets)* = **The deaf (and dumb).**

Les blessés = **The wounded.** *Les malades* = **The sick** (voir 2.37 et l'index).

Les morts = **The dead.** *Les vivants* = **The living** (voir n° 2.37).

(1) Voir note 3, page 152.

2.37 CAS SPÉCIAUX

Vivant, Seul, Effrayé, Endormi, Saoul, Malade.

1° ATTRIBUTS (adj. APRÈS le verbe) :

N'employer :

** **alive, alone, afraid, asleep, drunk, ill** (adjectifs), que comme attributs (APRÈS *être, sembler, paraître, devenir*).

Cet homme est vivant (seul, effrayé, endormi, saoul, malade) = **This man is alive (alone, afraid, asleep, drunk, ill)** (1).

(**Sick** = malade; voir l'index, et § 2.36.)

2° ÉPITHÈTES (adj. devant le nom) :

Les adjectifs épithètes correspondants, qui se placent DEVANT le nom sont les suivants :

Un homme vivant (seul, effrayé, endormi, saoul, malade) = **A living** (2), **(lonely** (3), **frightened, sleeping** (3), **drunken, sick) man.**

(Sick = malade; voir « *malade* » dans l'index et § 2.36.)

REMARQUES : *Très* devant **alive, alone, asleep, drunk** (§ 2.44 *b*).

Dans les constructions exclamatives :

Quel homme seul! etc. = **What a lonely man!** etc. (3)

N. B. — L'adjectif et l'article : voir 2.17.

(1) Voir aussi, dans l'index « mal » et « malade ».

(2) **Live** [prononcer (laiv)] remplace quelquefois **living** (mais pas **alive**). *Un poisson vivant* = **A live fish.** *Des êtres vivants* = **Living creatures.** *Les langues vivantes* = **Living languages.** Au sens FIGURÉ : *vif, plein de vie, vivant*, employer **lively** : *Un homme plein de vie* = **A very lively man.** *Une histoire très vivante* = **A very lively story.**

(3) **Lonely** et **sleepy** se rapportent aux SENSATIONS éprouvées : la solitude, le sommeil. *Une fille si seule* = **Such a lonely girl.** *Comme cette fille se sentait seule!* = **How lonely that girl felt!** *Il avait sommeil* = **He was sleepy.** Pour exprimer seulement l'absence de compagnie, employer **alone.** *Cet homme seul dans cette grande maison* = **That man alone in that big house** (sous-entendu *qui est...* = **who is alone...**).

2.38 EXPRESSIONS DE QUANTITÉ

**

Elles se résument dans le tableau de base suivant.

	beaucoup (de)	*peu (de)*	*quelques* (5) *un peu (de)*	*pas (de) aucun*	
Ce qui est dénombrable	many a lot (of) (1)	**few** (3)	**a few** (3) (5) **some** (2) (5) **any** (2)	**no** + nom *ou* **none (of)** [page 156 note (1)]	SUIVIS DU PLURIEL
Ce qui ne l'est pas	much (4) a lot (of) (1) **plenty** (of) (1) a **good deal** (of) (1)	**little** (3)	**a little** (3) (5) **some** (2) **any** (2)		SUIVIS DU SINGULIER

REMARQUE : pour la construction de ces expressions voir § 2.09.

2.39 Traduction de BEAUCOUP

***

A la forme AFFIRMATIVE on emploie peu **much** et **many**.

Il a beaucoup d'argent et d'amis =
He has plenty of money and a lot of friends.

♥ *A-t-il beaucoup d'argent, d'amis?* =
Has he much (a lot of) money, many (a lot of) friends?

REMARQUE : l'argent ne se compte pas, n'est pas dénombrable (pas plus que le temps) parce que l'on ne dit pas « un argent, deux argents... ». Les francs, les dollars... les heures... peuvent se compter, ils sont dénombrables. De même **people** (les gens, les personnes) sont dénombrables (voir 2.26).

(1) Littéralement : *un tas* DE, *une quantité* DE. S'en souvenir pour maintenir, ou omettre **of**. *Il en a beaucoup* = **He has a lot (of it; of them...).**

(2) **Any** *et* **some** : règles d'emploi, voir § 2.41.

*** (3) L'article a toute son importance :
J'ai UN peu de temps = **I have A little time.**
♥ *J'ai peu de temps* = **I have little time.**
J'ai QUELQUES amis = **I have A few friends.**
J'ai peu d'amis = **I have few friends.**

(4) On emploie volontiers **very much** au lieu de **much** seul.

(5) **Some** suggère un nombre plus élevé que **a few** : **A few minutes** = *quelques minutes* (SEULEMENT). — **Some days** = *Un certain nombre de jours.* — De même **a little** = (seulement) *un peu.*

2.40 Expressions de Quantités Composées

Les règles précédentes (§ 2.38; 2.39) s'appliquent à toutes les expressions suivantes, composées principalement à l'aide de **MUCH, MANY, LITTLE, FEW.**

Autant (*de*) (*...que*) = **as much (...as); as many (...as)** (§ 3.04).
Aussi peu (*de*) (*... que*) = **as little (...as); as few (...as).**
Tant, tellement (*de*) = **so much; so many; such a lot (of)** (§ 3.03).
Si peu (*de*) = **so little; so few.**
Trop (*de*) = **too much; too many** (§ 3.31).
Combien (*de*) = **how much; how many** (§ 3.06).

2.41 SOME, ANY, NO, et leurs composés SOMEBODY... SOMETHING... SOMEWHERE...

***

a) Affirmation : N'employer **ANY** que dans le sens de ***n'importe*** *qui, n'importe quoi,* ***n'importe*** *où* (voir aussi 2.41 *c*).

Je vais vous dire quelque chose =
I will tell you something.

Vous pouvez aller où vous voulez (***n'importe*** *où*) *et voir qui vous voulez* =
You can go anywhere you like and see anybody you wish.

b) Question : Dans une interrogative, employer :
Any, si l'on attend une réponse NÉGATIVE;
Some, si l'on attend une réponse AFFIRMATIVE.

Voulez-vous du thé (probablement non, j'en doute)? =
Will you have any tea?

Voulez-vous du thé (probablement oui)? =
Will you have some tea?

REMARQUE : La politesse fait que, dans cet exemple, la deuxième traduction est plus courante.

*** **c) Négation** : **NOT + ANY = NO.**

♥ **I have NOT ANY time = I have NO time** (1).
I did NOT see ANYthing = I saw NOthing.

On met donc à la forme négative **soit** le verbe, **soit** l'expression de quantité, **jamais les deux.**

(1) **No** (= ***pas de***) est obligatoirement suivi d'un ***nom.***
None est un pronom, (voir § 3.28 *c*).
Je n'en ai pas = **I have none.** — *Aucun de nous* = **None of us.**

COMMENT EXPRIMER LE DEGRÉ

2.42 Très, Trop, Tellement, Combien...

REMARQUE : sur la place des adverbes de degré voir 2.06. Voir aussi 3.03 (*aussi, si, tellement*), 3.06 (*comme, combien*) et 3.31 (*trop*).

Les expressions suivantes ne s'emploient que **devant un adjectif**, un **participe passé**, ou un **adverbe.** Éviter l'erreur grossière signalée au n° 2.45.

De façon générale penser à employer des synonymes de **very** : MOST, etc. que les français emploient trop peu dans leurs traductions (2.44).

PROBLÈME :

2.43 *Très* (very), *Trop* (too), *Tellement* (*si*) (so), *Aussi* (as), *Comme, Combien, Jusqu'à quel point* (how), sont-ils suivis ou non, de « much »?

** Il faut savoir si le mot modifié est un ADJECTIF ou un PARTICIPE PASSÉ.

a) Devant un adjectif, pas de difficulté : *très intéressant* = very interesting; *trop cher* = too expensive. De même, pour les participes présents utilisés comme adjectifs : *amusant* (= amusing); *passionnant* (= fascinating), etc.

Mais, sont considérés exceptionnellement comme **adjectifs** : tired (*fatigué*); pleased (*content*); worried (*soucieux*); excited (*énervé, ému*); limited (*limité*); distinguished (*éminent*); pained (*peiné*); puzzled (*intrigué*); troubled (*troublé, gêné*), et, quelques autres.

*** **b) Devant un participe passé** introduire **MUCH** : ainsi pour n'en citer que de courants : hurt (= *blessé* ou *vexé*); exaggerated; concerned (= *ennuyé*); disgusted; changed; astonished; embarrassed; admired; ashamed; obliged (= *reconnaissant*) et AFRAID (= effrayé) (celui-ci n'est pourtant pas un participe passé) qui sont des adjectifs, en français mais pas en anglais.

Très admiré = (Very) much admired.

♥ *Trop habitué à* = Too MUCH used to...

♥ *Tellement effrayé* = So MUCH afraid (*ou* so frightened).

c) Les cas discutables : **annoyed** (*contrarié*) ; **moved** (*ému*) ; **excited, touched, surprised, interested, frightened** suivent, soit la règle de *a*) (tendance moderne), soit celle de *b*). Par prudence, employer la forme *b*) (avec **much**) surtout si le participe passé a un complément.

Il fut très (*tellement*) *surpris par la nouvelle* =
He was very much (so much) surprised at the news.

Mais consulter aussi les paragraphes suivants.

2.44 AUTRES TRADUCTIONS DE « TRÈS »

On a vu (§ 2.42 et suiv.) que le problème était délicat. Pour les participes passés, on peut toujours **éviter la difficulté** en traduisant *très* par un terme plus précis que **very (much)**.

a) Suivant l'adjectif, on pourra dire : **greatly (exaggerated, changed, interested...)** ; **terribly (changed, afraid, excited...)** ; **highly (surprised, interested...)** ; **completely (unexpected, drunk, asleep...)** ; **badly (injured, wounded, worn, wanted...)** ; **well (known, trained)**, etc. On emploiera également **absolutely, extremely, perfectly, thoroughly, widely...**, enfin **QUITE** et **MOST** qui jouent ainsi un rôle important (voir plus bas). Ces adverbes de degré peuvent être précédés de **so** ou de **too**.

N. B. — En style écrit, éviter **awfully** mot passe-partout, très familier.

** **b) Tout à fait,** complètement = **QUITE** (voir 2.06).

Quite est délicat à manier. Il a soit le sens de *assez, passablement*, soit celui de *tout à fait, extrêmement*. Cela dépend surtout de l'intonation, du contexte, et de l'adjectif modifié : **quite** ne peut renforcer que des mots qui ont un sens TRÈS FORT OU ABSOLU.

Donc, éviter, par exemple, **quite good**, qui, sans intonation particulière, par écrit en particulier, veut dire *assez bon*. Avec une négation, cette ambiguïté disparaît.

Ce n'est pas tout à fait parfait (*inattendu...*) =
It is not quite perfect (unexpected...).

N. B. — Notez la place de l'article dans : **He is quite a strong man** = *C'est un homme assez fort.*

** Devant certains adjectifs, IL FAUT, d'ailleurs, employer **QUITE**, et non pas **very (much)**, et cela pour des raisons de logique. Devant **excellent, outstanding, horrible, mad, alive, dead, alone, asleep, drunk... open, shut, true...** *très* ne se conçoit pas : une chose excellente, folle... ne peut l'être *très*; elle ne peut l'être que *tout à fait* ou *complètement*.

Donc, écrire : **QUITE absurd; QUITE excellent; QUITE mad... QUITE true, QUITE different, QUITE lost.**

** **c) Très** (= extrêmement) = **MOST. Most**, employé SANS **the**, devant un adjectif, un adverbe, ou un nom signifie *très, extrêmement*, ou encore, *la plupart* (voir 3.25).

Donc :

NE PAS CONFONDRE :

A most interesting play (= a very interesting play) =
Une pièce TRÈS (extrêmement) *intéressante.*

THE most interesting play =
La pièce LA PLUS *intéressante.*

Most (interesting) plays =
LA PLUPART *des pièces* (*intéressantes*) (voir 3.25).

2.45 ERREUR GROSSIÈRE A ÉVITER

**

Ne pas confondre les cas du § 2.40 (QUANTITÉS) **avec** ceux des § 2.42 et suivants (DEGRÉ).

Tellement de travail (NOM) = **So MUCH work** (3.03).

Tellement (*si*) *travailleur* (ADJ.) = **So hard-working.**

Tellement travaillé (PART. PASSÉ) = **So MUCH worked upon** (2.43 *b*).

Trop de travail (NOM) = **Too MUCH work** (3.31).

Trop travailleur (ADJ.) = **Too hard-working** (3.31).

Trop travaillé (PART. PASSÉ) = **Too MUCH worked upon.** (2.43 *b*; 3.31).

etc.

2.46 QUI, QUE (Pronoms relatifs)

a) Ne pas hésiter à employer **THAT** pour les personnes ; il est plus « maniable » que **who, whom,** et peut, le plus souvent, les remplacer.

L'homme qui vint = **The man that came** (1).

♥ *L'homme que nous avons vu* = **The man (that) we saw** (1).

b) Mais **that** ne peut pas être précédé d'une préposition :

La fille à qui vous parliez =
The girl TO WHOM you spoke.
(peu usité dans la langue parlée).

Aujourd'hui on évite le plus souvent cette difficulté en **rejetant la préposition à la fin** ce qui permet d'employer (ou de SOUS-ENTENDRE) **that.**

The girl (whom ou **that) you spoke TO** (1).

c) Noter la distinction suivante :

Les filles , qui avaient été sages , furent récompensées
(il y a **deux virgules : toutes** les filles avaient été sages, **et** elles furent récompensées) =
The girls, WHO had been good, were rewarded
(faire une pause avant chaque virgule).

Je récompenserai les filles qui seront sages
(**seulement** celles, **restrictivement**, qui seront sages) =
I'll reward the girls THAT will be good (1).

N. B. — Qui que ce soit : voir « n'importe qui ».

(1) **That** ne peut être omis que s'il est complément (voir 3.27 *bis*)

2.47 DONT, DE QUI : Whose, Of Which, etc.

En anglais moderne, on tend de plus en plus à employer **WHOSE** (cas possessif de **who**) quel que soit le « possesseur ». La forme avec **OF WHICH** et la forme avec **WHOSE** (4.34) se construisent de manière totalement différente (1).

*** Avec « **whose** » UNE SEULE CONSTRUCTION EST POSSIBLE

WHOSE + chose possédée.

Ne JAMAIS RIEN placer entre ces deux éléments (2).

♥ *Ce roi* DONT *personne ne soupçonnait la* FAIBLESSE =
That king WHOSE WEAKNESS nobody suspected.

Ce roi DONT *la* FAIBLESSE *a fait un esclave* =
That king WHOSE WEAKNESS made a slave of him.

Vous parliez de la faiblesse de qui? =
WHOSE WEAKNESS were you speaking of?

WHOSE est le cas POSSESSIF de **who**. Dans tous ces exemples il s'agissait bien de POSSESSION.

MAIS quand *de* et *dont* veulent dire *à propos de* (= **about**); *en provenance de* (— **from**), etc., ils n'expriment aucune idée de possession (voir « de » dans l'index).

♥ *L'homme dont nous parlions* =
The man (that) we were speaking about (3).

♥ *De qui parliez-vous?* =
Who (ou **whom**) **were you speaking about?** (4).

(1) *L'arbre dont nous avons coupé les branches.*
Construction moderne : **The tree whose branches we cut off.**
Construction classique : **The tree THE BRANCHES OF WHICH we cut off.** Ces DEUX constructions sont les SEULES possibles.

(2) RIEN, excepté une ou plusieurs épithètes : *Ce roi dont la faiblesse incroyable...* = **That king whose incredible weakness...**

(3) Voir note (1), page 160.

(4) **WHOM** est plus correct, mais, de plus en plus, on lui substitue **who**, même en anglais écrit, et toujours en anglais parlé.

2.48 La Préposition devant L'INFINITIF français
***

a) To est LA SEULE préposition (1) qui peut être SUIVIE de L'INFINITIF. **To** fait d'ailleurs partie de l'infinitif :

J'aime acheter des tableaux = **I like to buy pictures** (voir *d*).

b) Toutes les autres prépositions sont SUIVIES DU GÉRONDIF (= **gerund**) [voir ce mot dans l'index et voir plus bas, *d*)].

c) Ne jamais employer deux prépositions à la suite, et surtout pas **for** et **to** (2).

♥ *Il travaille* POUR (2) *gagner de l'argent* =
He works TO make money (*ou*, **in order TO make money**).

♥ *Il travaille* SANS *gagner de l'argent* =
He works WITHOUT makING money.

Il faut réfléchir AVANT *de parler* =
You must think BEFORE speakING.

Ne mangez pas SANS *boire* = **Don't eat WITHOUT drinkING.**

Il se reposera APRÈS AVOIR TRAVAILLÉ =
He will rest AFTER workING (3).

Il était décidé à venir = **He was resolved ON comING.**

d) To n'est pas seulement la marque de l'infinitif. Il est aussi **préposition**. Dans ce cas, il est suivi d'un **nom** ou, lui aussi, du **gérondif** qui est une sorte de nom [voir **gerund** (*gérondif*), dans l'index].

Il est habitué au vin = **He is used TO wine** (NOM).

Il est habitué à boire = **He is used TO drinkING** (gérond.)

Il n'aime pas la manière dont on le traite =
He objects TO the way (NOM) **he is treated.**

Il n'aime pas être traité ainsi =
He objects TO beING treated (gérond.) **like that.**

N. B. — L'infinitif n'a qu'UNE forme négative : *Ne pas être* = **NOT TO be.** — *Il est désagréable de ne pas comprendre* = **It is unpleasant NOT TO understand.**

(1) Avec **except** et **but**.
(2) Voir § 3.26.
(3) Noter la simplification : L'infinitif PASSÉ → le gérondif PRÉSENT.

MOTS EMBARRASSANTS

3.01 AUSSI, ÉGALEMENT

a) **Too, Also, As well** (voir aussi 3.05 *c*). Utiliser **TOO,** de préférence à **also,** mais le placer APRÈS le mot ou le membre de phrase intéressé.

Il est plus fort, il est aussi (également) plus grand =
He is stronger, he is taller too (ou **he is also taller**).

COMPARER :

HE TOO wanted to go to the country =
Il voulait, lui aussi, aller à la campagne.

He wanted to go to the COUNTRY TOO (ou **as well**) =
(...pas seulement aller à la montagne mais AUSSI A LA CAMPAGNE).

ATTENTION :

He is too stupid = *Il est* TROP *stupide* (accentuer **too**).

He is stupid too = *Il est* ÉGALEMENT *stupide* (accentuer **stupid**).

He too is stupid = *Lui aussi, est stupide.*

DONC, pour traduire *aussi, également,* placer **TOO après** le mot sur lequel il porte.

** **b) Moi aussi, vous aussi, ... moi non plus, etc.**

Vous avez ri, moi aussi = **You laughed, *so did I*** (1).

♥ *Vous rirez, moi aussi* = **You will laugh, *so shall I*** (1). etc.

Il n'est pas content, moi non plus (voir 2.02) =

He is not pleased, { **neither am I** (*ou* **nor am I**).
{ (*ou* **I am not either**).

N. B. — Ne pas oublier de **conjuguer** ces deux expressions.

1) **Me too** devient courant dans la langue parlée mais ne DOIT PAS s'écrire.

3.02

Aussi, Ainsi, Donc, Par Conséquent, C'est Pourquoi, Alors

Tu as froid, aussi, pourquoi ne pas acheter un manteau =
You are cold, THEN why not buy an overcoat!

Tu as été vilain, aussi seras-tu puni (voir 2.01) =
You have been naughty, so you shall be punished;
ou « « « « **that is why you shall be punished;**
ou « « « « **therefore you shall be punished.**

3.03
***

Aussi, Si, Autant, Tellement, Tant

EXCLAMATION :

a) Devant un **nom.**

Il a tant (tellement) de travail (d'argent, de temps...) (... que) = **He has SO MUCH work (money, time...) (... that).**	CHOSES NON DÉNOMBRABLES (§ 2.38)
Il y a tant (tellement) de gens (de pièces de monnaie, d'heures...) (... que) = **There are SO MANY people (coins, hours...) (... that).**	CHOSES DÉNOMBRABLES (§ 2.38)

b) Devant une **épithète.**

SING. : *Un homme tellement* (ou *si*) *bavard (... que)*	**So talkative A man (... that)** (n'a PAS DE PLURIEL **Such A talkative man (... that...)** (plus usuel)
PLUR. :	*Des hommes si bavards (... que...)* = **Such talkative men (... that...)**

N. B. — Ne pas confondre les deux constructions du singulier. Attention à la place de L'ARTICLE au singulier (2.24).

c) Devant un **adjectif** (attribut) ou un **adverbe :**

Il est tellement (ou *si*) *bavard (que...)* =
He is so talkative (that...)

Il est si bien nourri (... que...) = **He is so well fed (... that).**

d) Avec un verbe ou devant un particicipe passé

Il travaille tellement (ou tant)... que =
He works SO MUCH (... that...).

Il est tellement abimé (que...) =
It is SO MUCH damaged (that...). (2.43).

3.04 **EGALITÉ : Aussi (... QUE); Autant (... QUE).**

Il suffit de reprendre les *a*), *b*), *c*), *d*) du paragraphe 3.03, en utilisant : **AS (... as); As much (... as); As many (... as)** (et non **that**).

Il est aussi habile que vous = **He is as clever AS you.**

Il a autant d'amis qu'elle =
He has as MANY friends AS she has.
etc.

3.05 **COMME (= à la manière de; en qualité de).**

D'abord analyser le sens, l'idée exprimée par *comme*, dans la phrase à traduire.

*** **a)** Devant un **nom** { COMME (à la manière de) = **LIKE.** / COMME (en qualité de) = **AS.**

♥ Nom { *Il parle comme un étranger* =
He speaks LIKE a foreigner
(l'est-il vraiment? Il a un accent...).

♥ *Il parle comme étranger* =
He speaks AS A foreigner (voir 3.05 *b*)
(en tant que... représentant, par exemple, des étrangers).

*** **b) Comme (= ainsi que, de même que).**
Devant une préposition **ou** une proposition **employer** toujours **AS.**

♥ PRÉPO. *Comme en Amérique* = **AS IN America** (1).

♥ PROPO. { *Il parle comme les étrangers* =
He speaks AS foreigners do (1).
Comme je le disais = **AS I said** (1).

(1) Ici **like** devient assez courant dans le langage **familier**, par imitation du premier exemple du § 3.05.

c) Comme, de même que (= également) (voir 3.01 *a*).

Les hommes comme les femmes durent quitter la ville = **Men, AS WELL AS women had to leave the town;**

ou **Men AND women AS WELL, had to leave the town.**

** **d) Comme (= tel... que) = Such... as.**

J'aime les belles villes comme Venise et Rome =
♥ **I like fine towns SUCH AS Venice and Rome.**

Je n'ai jamais vu une chose comme celle-là (telle, pareille chose) = **I have never seen SUCH A thing (as that)** (3.03 *b*).

Comme, Comment, Combien... (How, what, etc.)

Ne pas confondre la forme exclamative et la forme interrogative.

3.06 **Interrogation** : bien « voir » le point d'interrogation (?).

a) Devant un **nom** (voir 2.38).

1) *Combien a-t-il d'argent?* =
How MUCH money has he? (1)

2) *Combien y a-t-il de personnes?* =
How MANY people are there? (1)

b) Avec un **adjectif anglais** (traduisant un nom français) ou un adverbe (voir 3.27 *a*).

♥ 3) *Quel âge paraît-il?* = **How old does he look?**

♥ 4) *Jusqu'où va sa bravoure?* = **How brave is he?**

5) *Quelle était la gravité de sa blessure?* =
How badly injured was he?

c) Avec un **verbe** ou un **participe passé.**

6) *Comment travaille-t-il?* = **How does he work?**
Quel travail a-t-il fourni? = **How much did he work?**

7) *A quel point était-il intéressé?* =
How interested was he?

(1) En anglais, UNE seule construction : le nom suit IMMÉDIATEMENT **how much** ou **how many**.
N. B. : *Combien de temps* = **How long.**

3.07 **Exclamation** : bien « voir » le point d'exclamation (!) et
*** comparer aux phrases 1, 2, 3, 4... du § 3.06 ci-dessus.

a) Devant un **nom** : éviter **much** et **many**; voir 2.39.

1) *Comme il a de l'argent!* =
What a lot of money HE HAS!
Que d'argent! (3.27 *b*) = **What a lot of money!**

2) *Comme il y a du monde!* =
What a lot of people THERE IS!
Que de monde! (3.27 *b*) = **What a lot of people!**

b) Avec un **adjectif**, un **adverbe**, un **verbe**, ou un **participe passé.**

♥ 3) *Comme il paraît vieux!* = **How old he looks!**

♥ 4) *Comme il est brave!* = **How brave he is!**

5) *Comme vous avez fait ça adroitement!* =
How skilfully you did it!

6) *Comme il travaille!* = **How he works!**

7) *Comme il est intéressé!* = **How interested he is!**

(Voir aussi *quel*, § 3.27 *b*.)

DEPUIS, IL Y A, PENDANT

3.08 **A)** Ne jamais confondre les deux notions suivantes :
**

Existence d'un certain nombre de choses	*Il y a trente minutes dans une demi-heure* (= IL EXISTE) = **There are thirty minutes in half an hour** (1).
Temps écoulé ou DISTANCE parcourue	1. *Il y a trente minutes que le train est là* (voir 3.11). 2. *Il y a trente minutes, le train était en gare* (3.12). 3. *Il y a quinze kilomètres que nous marchons (nous marchons depuis...)* = **We have been walking FOR ten miles.**

(1) **There is, there are...** se conjugue à tous les temps en conjuguant le verbe **to be** : *Il y aurait eu 2 000 habitants en plus* = **There would have been 2,000 inhabitants more** (voir 1.15).
♥ *Il aurait pu y avoir du monde* = **There might have been people.**
♥ *Il aurait dû y avoir du monde* = **There should have been people** (voir « pouvoir » : 1.47 et « devoir » : 1.36).

3.09
****

B) SINCE, FOR, AGO

Avant de choisir entre **since, for** et **ago**, il faut D'ABORD poser et résoudre le problème du **choix du temps du passé** (voir 1.06 à 1.10).

Les deux problèmes sont **distincts.**

3.10

1) DEPUIS (voir 3.13).

Point de départ :

SINCE + DATE (dans cet ordre).

♥ *Il habite Londres depuis* 1949 (*depuis la guerre, etc.*) = **He has lived in London since** 1949 (**since the war**, etc.).

En conjuguant d'une part le français, d'autre part l'anglais, A PARTIR DE CETTE PHRASE, on obtient par exemple :

Il habitait Londres depuis le 3 *septembre* (etc.) =
He had lived in London SINCE September 3rd. (etc.).

N. B. — On retrouve encore l'idée de DATE dans la phrase suivante. Ne pas s'y tromper :

Depuis que j'habite Londres... = **SINCE I have lived in London...** } (ce qui revient à : *depuis* LA DATE *à laquelle...*).

3.11
****

2) DEPUIS; IL Y A (QUE); PENDANT (voir 3.13).

Durée :

FOR + DURÉE.

♥ JE JOUE *du piano* DEPUIS *deux ans.*
ou IL Y A *deux ans que* JE JOUE *du piano* (3.14) =
I have played the piano FOR two years (1.06 *c*)
ou **I have been playing the piano FOR...**

En conjuguant d'une part le français, d'autre part l'anglais, À PARTIR DE CETTE PHRASE, on obtient par exemple :

Je jouais du piano depuis cinq ans (*il y avait ... que*) =
I had played the piano FOR five years, etc.

N. B. — On emploiera aussi le prétérit quand il le faudra (3.09) :

Papa a été à l'école **pendant** *dix ans* (1.09) =
Daddy went to school FOR ten years (3.15).

3.12 ***

3) DEPUIS, IL Y A (QUE) (voir 3.13).

Temps écoulé depuis la **FIN** de l'action.
Ici, deux solutions. Mais le PRÉTÉRIT est obligatoire car il s'agit d'une ACTION TERMINÉE, **classée** dans le passé (1.09).

a) DURÉE (= temps écoulé) + **AGO.**

b) **IT IS** + TEMPS ÉCOULÉ + **SINCE** + VERBE (au prétérit) (dans cet ordre).

Il y a *quatre mois qu'il a quitté Londres,*
ou *Il a quitté Londres* **il y a** *quatre mois,*
ou *Il a quitté Londres* **depuis** *quatre mois,*
ou *Il a quitté Londres* **voici** *quatre mois*
etc. =

a quitté (to leave)

(Il ne continue pas à quitter Londres; C'EST FAIT depuis quatre mois) (1.09).

♥ *a*) **HE LEFT London four months AGO** (1.09).

ou b) **IT IS four months SINCE HE LEFT London** (1.09).

N. B. — En conjuguant, d'une part le français, d'autre part l'anglais, à partir de cette expression, on obtient par exemple :

Il avait quitté Londres quatre mois auparavant =
He HAD left London four months BEFORE,

ou **It WAS four months since he HAD left London.**

3.13 REMARQUE : Noter que *pendant* n'a, ici, qu'UNE traduction (*voir* 3.15), *il y a ... que* en a DEUX, *depuis* en a TROIS.

RETENIR CECI :

1) **SINCE** + DATE (3.10);

2) **FOR** + DURÉE (3.11 ; 3.14);

3) soit DURÉE + **AGO** (avec le **prétérit**) (3.12).
soit **IT IS** + DURÉE + **SINCE** (+ **prétérit**) (3.12 ; 3.14).

3.14 ***

Exemple Typique

Il y a des siècles que je **ne** *vous ai vu.*
(Noter que le français ne dit pas NE PAS.)
Il y a DEUX TRADUCTIONS car il y a deux points de vue :

♥ *a*) **I have not seen you FOR ages** (3.11) =
Je ne vous ai PAS *vu* depuis des siècles.

L'action envisagée NE PAS *voir*, dure encore : Employer **FOR avec** le **present perfect** (3.11).

♥ *b*) **It is ages SINCE I (LAST) saw you** (1) =
Je vous vis (pour la dernière fois) IL Y A *des siècles.*

Ici, l'action envisagée est VOIR ; elle est terminée depuis des siècles. Donc, **SINCE et le prétérit** (3.12 ; 1.09).

3.15 **

PENDANT

Pendant, c'est d'abord, **FOR** (voir 3.11, N. B.).
Il travailla pendant dix ans = **He worked FOR ten years.**
On a tendance à abuser de **during**, qui n'exprime pas la durée. **During** a seulement le sens de AU COURS DE telle époque, ou période de temps. **During** est suivi d'une expression le plus souvent NON CHIFFRÉE ; **for**, d'une expression le plus souvent CHIFFRÉE.

Pendant (*au cours de*) *la guerre, la nuit, la matinée...* =
During the war, the night, the morning...

Il jouera au cours de la soirée (*pendant la soirée*) =
He will play during the evening.

Mais, *Il jouera pendant une heure* (*une soirée...*) =
He will play (FOR) one hour (one evening...).

N. B. — *Pendant ce temps-là* = **IN the mean time,** ou **meanwhile.**

(1) On ajoute presque toujours **last** (= pour la dernière fois).

3.16 Pendant QUE, Tandis QUE (= WHILE)

***

a) Ne pas confondre *Pendant* avec *pendant que*, qui est une CONJONCTION, donc SUIVIE D'UNE PROPOSITION :

Parlez pendant **que je vous écoute** =
Speak WHILE I am listening to you (3.22).

RÉCAPITULATION

♥ *Ils furent affamés* PENDANT *deux mois entiers*, PENDANT *la guerre*, PENDANT *que les ennemis étaient là; pendant ce temps-là, elle* ... =
They were starved FOR two whole months, DURING the war, WHILE the enemy was there; meanwhile, she...

b) Tandis que = **au** contraire : voir *tandis que*, dans l'index.

EN, A, Expressions de Lieu et de Temps. La DATE

3.17 Lieu. — Cas Général

***

Il est à l'école (2.18) = **He is AT school** (1).

Il va à l'école (2.18) = **He goes TO school** (1).

Il va à l'école du Comté = **He goes TO the County School** (2.16).

3.18 ATTENTION :

***

Il était **en** *Grande-Bretagne* (**au** *Portugal*, **à** *Londres*, **à** *la campagne*) =
He was IN Great Britain (IN Portugal, IN London, IN the country) (1).

Il alla **en** *Grande-Bretagne* (au *Danemark*, **à** *Londres*, **à** *la campagne*) =
He went TO Great Britain (TO Denmark, TO London, TO the country) (1).

(1) **AT** (ou **in**) : quand il n'y a PAS d'idée de MOUVEMENT;
TO : quand il y a idée de MOUVEMENT.

3.19 INDICATION DU MOMENT :

A deux heures = **AT two o'clock.**

A cinq heures environ; vers cinq heures = **ABOUT five o'clock** (ne pas employer **at**).

A ce moment (**-là**) = **AT that moment** (2.30).

A cette heure (**-là**) = **AT that time** (et non pas **this**; voir 2.30).

PÉRIODE DE TEMPS PENDANT LAQUELLE ... (voir aussi 3.15)

La nuit = **At night.** (**In the night** = telle nuit, celle dont on a déjà parlé; la nuit dernière.) - *Ce soir* = **to-night; this evening.** - Ce soir-là = **ON that night.**

Le matin = **IN the morning.** *L'après-midi* = **IN the afternoon.** *Le soir* = **IN the evening.** *Ce matin, ce soir...* = **This morning; this evening** (voir 2.30). - *En mai* = **IN May.** - *En* 1960 = **In 1960** (dire **nineteen sixty**). - *En ce temps-là* = **In that time,** *ou* **In those days** (voir 2.30). - *Au temps où...* = **In the days WHEN...** (1). *A l'avenir* = **In the future.** - *En* (ou *dans*) *deux jours* = **In two days.**

Nous sommes EN *vacances* = **We are ON (our) holiday.**
Nous sommes allés en vacances à Blackpool =
We went to Blackpool FOR our holidays (ou **ON holiday**).

3.20 LA DATE INDIQUÉE PAR UN JOUR.

*** *Nous travaillerons jeudi, le* 14 *décembre...* =
We'll work ON Thursday, ON December 14**th** (dire **December THE fourteenth**) (voir 2.22 *d*).

RÉCAPITULATION : (Lieu et Date)

♥ *Nous irons à l'usine jeudi, mais seulement à dix heures du matin* =
We shall go TO the factory ON Thursday but only AT ten (o'clock) IN the morning.

3.21 DISTANCES (3.08).

Il y a loin d'ici à Tipperary =
It's a long way TO Tipperary.
Brighton est à 100 *milles* =
Brighton is 100 **miles away** (*ou* 100 **miles from here**).
Brighton est à environ 100 *milles* =
Brighton is about 100 **miles away** (*ou* **from here**).
Brighton est (*à* 70 *milles*) *au sud de Londres* =
Brighton is (70 **miles**) **South of London** (voir aussi 2.24 *f*).

N. B. — EN, indiquant la MANIÈRE (en courant...) : 1.32; 3.22.

(1) **N'est-ce pas plus logique en anglais?**

3.22 EN + Le Participe Présent

**

UN CONSEIL : éviter la plus tentante des traductions : **in.**

a)	Deux actions INDÉPENDANTES :	*Il est sorti* **en** *pleurant* = **He went out crying.**
♥ *b*)	Une action PRÉCISE le MOMENT :	**En** *atteignant Douvres nous vîmes les falaises* = **ON reaching Dover we saw the cliffs.**
c)	Deux actions SIMULTANÉES :	*Je chante toujours* **en** *me rasant* = **I always sing** { **when shaving. / when I shave. / while shaving. / while I shave.** }
d)	Une action précise le MOYEN, la CAUSE :	**En** *travaillant dur vous réussirez* = **BY working hard you will succeed.** *Il répondit* **en** *claquant la porte* = **He replied BY slamming the door.**
e)	Une action précise la façon :	*Il entra* **en** *courant* = **He ran in.** *Il sortit* **en** *boitant* = **He limped out** etc. (voir 1.32).

3.23 ON

« *On* » n'existe pas en anglais. Ici encore, l'anglais demande des précisions. Il faudra choisir la traduction qui convient le mieux au contexte (you, people, somebody...) ; il peut n'y en avoir qu'une (voir aussi 1.51 ; remarque 3).

Ex. : *On lui donnera du porridge au petit déjeuner.*

a) Supposons que c'est un Français qui parle de l'Angleterre : **They will give him porridge for breakfast.**

b) ... que le cuisinier pense à un client : **We will give...**

c) ... que le directeur parle au cuisinier : **You will give...**

AUTRES TRADUCTIONS.

a) Le passif. Rarement impossible mais parfois lourd (voir 1.29) : **He will be given porridge for breakfast.**

b) **One** donne l'allure sententieuse d'un proverbe.

On ne peut jamais savoir { **One can never tell.** / **You can never tell.** }

N. B. — Au présent **YOU** est la traduction la plus courante. De même, en français, dans certains cas *vous* a le sens de *on* : *Vous faites bouillir de l'eau, vous y plongez la pâte...*

PLUS

3.24

a) Plus... plus.

♥ *Plus il riait, plus je pleurais* =
THE more he laughed THE more I cried.

Plus il fait chaud, plus je suis à l'aise =
THE hotter it is, THE MORE comfortable I feel.
(adj. court) (adj. long)

♥ Proverbe : *Plus on est de fous plus on rit* = **The more the merrier.**

b) De plus en plus.

Il fait de plus en plus chaud =
It is hottER and hottER (adj. court).

C'est de plus en plus facile =
It is easIER and easIER (adj. terminé par **y**).

C'est de plus en plus intéressant =
It is MORE and MORE interesting (adj. long).

c) D'autant plus... que.

** *Un aveugle aime d'autant plus la musique qu'il ne voit pas* =
♥ **A blind man likes music (all) THE MORE AS he can't see.**

Il était d'autant plus heureux (... qu'il...) =
He was THE HAPPIER (... AS he...).

N. B. — D'autant moins que = **(all) the less ...as.**

d) Ne... plus.

♥ Idée de TEMPS	*Je* NE *suis* PLUS *très jeune* = **I am not young any longer,** *ou* **I am no longer young** (voir 2.41 *c*).
Idée de QUANTITÉ	*Je* NE *peux pas vous donner* PLUS = **I can't give you any more,** *ou* **I can give you no more** (2.41 *c*).
Idée de RÉPÉTITION	Il ne le fera PLUS = **He won't do it again.**

e) En plus ; De plus ; Supplémentaire :
(voir aussi dans l'index : *rester, encore, outre*).

J'ai trois penny de plus = **I have three more pennies.**
Il me reste trois penny = **I have three pennies left.**

Comme tâche supplémentaire = **As AN extra task** (adj.).
Et ceci est en plus = **And this is extra** (adv.).

f) Trois (cinq, dix...) fois plus =
Three (five, ten...) times as many (*ou* **as much**; voir 2.38).

g) Le plus (adverbe, superlatif de *beaucoup*) :
Ce que j'aime le plus = **What I like best** (*ou* **most**).

h) Beaucoup plus (adverbe).
Much more; far more (choses non dénombrables) (voir 2.38).
Many more; far more (choses dénombrables) (voir 2.38).

i) Moi non plus... (voir 3.01 *b*).

LA PLUPART

3.25 PROBLÈME : Faut-il employer **MOST**, *ou* **MOST OF?** (2)
**

a) La seule construction avec **MOST** (sans of) est :
MOST [+ adjectif (non possessif)] + **NOM** (1).

♥ *La plupart des gens* = **Most people** (2).
La plupart des gens heureux = **Most happy people** (1).

b) Dans tous les autres cas, employer **MOST OF.**

La plupart des gens que je connais =
♥ **Most OF the people I know** (1).
La plupart de ces personnes = **Most OF those people** (1).
La plupart d'entre eux = **Most OF them** (1).
La plupart de mes livres = **Most OF my books** (1).

(1) En effet, ni **most**, ni un **adjectif** ne suffisent à **particulariser** un nom (voir § 2.14 ; 2.17).

(2) Ne pas confondre *a*) avec **MOST** + adj. = Très, extrêmement (voir 2.44 *c*) : *Un garçon très intelligent* = **A most intelligent boy.**
b) avec le superlatif **THE MOST** + ADJ. = *Le plus* + ADJ.
Le garçon le plus intelligent = **THE MOST intelligent boy.**

3.26 ** POUR

Employer **TO**, ou, **FOR**, jamais **to** et **for.**
Ne jamais employer **FOR** devant un infinitif.
Bien distinguer les deux cas suivants : ne pas confondre l'idée de BUT, de DESSEIN avec l'idée de RAISON ou de CAUSE.

a) IDÉE DE **but** (cas le plus fréquent) (1).

TO + L'INFINITIF

(ou, pour insister : **IN order to** + L'INFINITIF).

Il cria pour me faire peur =
He shouted to frighten me (*ou* **in order to frighten me**).

b) IDÉE DE **cause,** MOTIF, RAISON, USAGE :

FOR + le **GERONDIF** (voir 2.48).

En effet le Gérondif signifie, LE FAIT DE, L'ACTION DE.

♥ *Il fut puni pour avoir menti et pour avoir été paresseux* =
He was punished FOR lyING and FOR beING lazy (2).

Cette table est plus commode pour écrire =
This table is more comfortable FOR writING (2).

Une recette pour devenir riche = **A recipe FOR gettING rich.**

Remarque : For est la préposition exigée par certains verbes, certains adjectifs, certains noms.

Un talent pour faire des grimaces =
A gift FOR makING faces.

Pas de raison de mentir = **No reason FOR lyING.**

Utilisé **pour,** (*nécessaire* **pour**), *manœuvrer* (*une auto, un bateau...*) =
Used FOR (necessary FOR) steerING.

(1) Voir dans l'index « s'arrêter ».
(2) L'emploi de **to** donnerait un sens absurde : *a*) dans le dessein de, afin de, pour (!) devenir paresseux (!); *b*) pour, afin d'écrire (!).

c) Cas de **Come, Go, Try, Stop.**

♥ *Viens travailler!* = **Come AND work!** (pas d'idée de but).

Il vint (POUR) *travailler* = **He came TO work** (le but est exprimé).

De même :

Il viendra travailler = **He will come AND work.**

Il viendra (POUR) *travailler* = **He will come TO work.**

De même :

Allez voir = **Go AND see.**

Il alla voir = **He went AND saw.**

De même, avec *essayer* = **to try**; *aller* = **to go**; et *arrêter* = **to stop**; etc... (voir ces mots dans l'index).

d) POUR QUE : voir 1.21-2°.

3.27 **QUE, QUEL**

a) INTERROGATION :

Quel âge (*taille, hauteur*)... *a cette maison?* =
HOW old (big, high...) IS that house? (3.06 *b* et *c*).

b) EXCLAMATION : (voir 3.07).

Que c'est beau; *comme c'est beau!* = **How beautiful (it is)!**

Que (*comme*) *cet oiseau est beau!* =
How beautiful that bird is!

Quelle histoire curieuse! = **What A strange story (it is)!** (voir « L'article » : § 2.24 *b*).

Quelle profondeur, quelle taille... (cela a)! =
How, deep, how big... (it is!)

3.27 bis **QUE, QUI = THAT.**

That peut être **omis**, seulement s'il est conjonction ou, s'il est pronom relatif **complément** (voir 2.46).

CONJONCTION	*Je sais que vous pouvez le faire* = **I know (that) you can do it.**
RELATIF COMPLÉMENT	*Les choses que je sais faire* = **The things (that) I can do.**
RELATIF SUJET	*Les gens qui sont venus (savent jouer au bridge)* = **The people that came (can play bridge)** (1).

3.28 **Traduction DE L'IDÉE DE CHOIX : Que, Lequel, Quel, Aucun...**

a) INTERROGATION : **Which** [ou **which OF** (2)] sert à indiquer le choix au masculin, au féminin et au neutre.

Laquelle de ces maisons désirez-vous acheter? =

Which { **house** / **of these houses** } **do you wish to buy?**

b) AFFIRMATION :

.. *N'importe laquelle (des deux)* =
Either ou **either one or the other.**

N'importe laquelle (de plus de deux) =
Any (one) of them (4).

Toutes les deux = **Both of them** (2) (voir dans l'index « *deux* »).

Chacune (des deux) a ses défauts =
Each (of them) has its defects.

Chacune (de *plusieurs*) *a*... (ou *toutes ont*...) =
Every one of them has its defects (3) (voir aussi 3.30).

(1) Supprimer **that** reviendrait à dire : *les gens sont venus.*
(2) Mêmes règles que pour **most** et **most of** (3.25).
(3) Si l'on omet **of them**, **every one** suggérera **everyone** (en UN mot) synonyme de **everybody** (= TOUT LE MONDE) qui ne convient pas ici.
(4) Même remarque pour **any one of them** et **anyone** (= n'importe qui) qu'à la note 3.

c) Négation :

Ni l'une ni l'autre (aucune des DEUX) =
Neither, ou, neither one nor the other.

Aucune (de PLUSIEURS) =
None (of them) ou **Not any of them** (2.41 c).

Je n'achèterai aucune de ces (3, 4, 5...) *maisons* =
I shall not buy any of those (3, 4, 5...) **houses**; ou
I shall buy none (of them); ou
I shall buy none (of those 3, 4, 5... **houses)** (2.41 c).

3.29 ***

CE QUE, CE QUI ; TOUT Ce Que, TOUT Ce Qui

a) Piège classique : Faut-il employer **WHAT**, ou, **WHICH** ?

Se rappeler que, dans le sens de *ce que*,
WHICH signifie... ET CECI... (1).

Conséquence n° 1 : On ne commence pas une phrase par **which** (dans le sens de *ce que*).

Ce que je dis est vrai = **What I say is true.**

Ce que je sais c'est qu'il est riche =
What I know is that he is rich.

Conséquence n° 2 : *Ce que* entre deux propositions : Quand *ce que* = *et ceci*, il se traduit par **WHICH**. Sinon, par **WHAT**.

♥ 1) *Je savais tout, CE QUI* (ET CECI) *l'a surpris* =
I knew everything, WHICH surprised him.

♥ 2) *Je sais CE QUE je dis* = **I know WHAT I am saying.**

*** b) **Tout ce que**, tout ce qui = **ALL THAT** (*jamais* what).

♥ *C'est tout ce que je voulais vous dire* =
That is all (that) I wished to tell you.

Et pourtant, *ce que* = **what.**

♥ *C'est ce que je voulais vous dire* =
That is WHAT I wished to tell you.

(1) C.à.d. que **what** n'a pas d'antécédent tandis que **which** en a un.

3.30 TOUT, TOUS, CHAQUE, CHACUN

UN CONSEIL : Éviter **each.** On peut pratiquement s'en passer sauf s'il s'agit de DEUX personnes, ou de DEUX choses SEULEMENT (3.28 *b*).

Chacune de mes deux mains = **Each of my two hands** (1).

*** RÈGLE : **EVERY** est toujours suivi du SINGULIER.

a) Singulier.

Il travaille toute l'année (tout au long de l'année) = **He works all the year (round).**

♥ *Il passa toute l'année à York (l'année entière)* = **He spent the whole** (4.34) **year in York.**

b) Pluriel.

Toutes les années que j'ai passées en Suède = **All the years I spent in Sweden.**

♥ *Je le vois tous les ans (chaque année)* = **I see him every year** (3.28 *b*).

Toutes les années comptent = **Every year counts** (VERBE au SINGULIER EN ANGLAIS).

Tous les hommes portent-ils des souliers noirs? = **Do all men wear black shoes?**

Tous les hommes que je connais le font = **All the men I know do.**

c) Tout = N'importe quel.

Tout homme peut faire cela (n'importe quel...) = **Any man can do that** (2.41).

d) Tout le monde = Everybody *ou* **everyone** (2.26).

Tout = **everything** : En employant **all** on suggérerait *tous.*

N. B. - 1° - *Tout ce que* = **All that**; mais *Ce que* = **What** (3.29 *b*).
2° - *Tous* + l'article : voir 2.17.

(1) **Each** peut être adjectif ou pronom; **every** ne peut être qu'adjectif. Donc, seul **each** (ou **every ONE**) peuvent être suivis de **of** (page 178, note 3).

3.31 **TROP** (voir aussi 2.45).

**

a) Devant un **nom.**

Choses NON dénombrables	*Il a trop de travail (d'argent, de temps...)* = **He has TOO MUCH work (money, time...)** (voir 2.38).
Choses dénombrables	*Il y a trop de gens (de pièces, de monnaie, d'heures...)* = **There are TOO MANY people (coins, hours...)** (voir 2.38).

b) Devant une **épithète.**

ATTENTION à la place de L'ARTICLE (2.24).

♥ *Un homme trop bavard, trop fatigué...* =
Too talkative (too tired...) A man (1).

c) Devant un **adjectif** (attribut) ou un **adverbe.**

Il est trop bavard = **He is too talkative.**

Il est trop bien nourri = **He is too well-fed.**

d) Avec un **verbe** ou devant un **participe passé** (2.43).

Il travaille trop = **He works TOO MUCH.**

Il est trop détesté = **He is TOO MUCH hated.**

♥ *Il y est trop habitué* = **He is TOO MUCH used to it.**

♥ *Il avait trop peur* = **He was TOO MUCH AFRAID** (2.43 *b*) (ou **too frightened**).

Ne pas confondre : **Too** = TROP, et, **Too** = AUSSI (§ 3.01).

REMARQUES : 1) *Trop peu* = **Too little,** *ou* **too few** (voir 2.38).
2) *Beaucoup trop* = **Far too much;** *ou* **far too many** (2.38).
Far permet d'éviter la répétition de **much** devant **too much.**
3) **Un, dix, vingt... de trop** = **One, ten, twenty... too many.**

(1) UN CONSEIL : Au pluriel, TOURNER, en disant **Men who are too talkative.** Sinon on entendra : **two (!) talkative men.**

TROISIÈME PARTIE

LE SON DES MOTS

4.01 CONSEILS GÉNÉRAUX :

Se méfier *a priori* DE TOUS LES MOTS, surtout les plus courants, ceux que l'on *croit* bien prononcer. Prendre de bonnes habitudes, d'abord dans le vocabulaire usuel, et au besoin tout reprendre au début pour détruire les réflexes erronés.

4.02 ÉLOCUTION :

L'anglais est une langue qui se prononce en LIANT les mots entre eux. Il faut donc prohiber la lecture HACHÉE, qui consiste à séparer exagérément les mots.

L'un des dangers que présente ce genre d'élocution est l'h parasite, ajouté à tort devant les voyelles (**the eye**; **the ice**).

REMÈDE : LIER et encore lier, comme l'exige la prononciation anglaise. Il faut s'y entraîner, d'abord sur des phrases simples : **he teaches us** (hi'ti:tʃizʌs); **they covered it** (ðe'kʌvədit); **he looked at her** (hi'luktət'hə:); **she washed it up** (ʃi'wɔʃti'tʌp); **he picked it out** (hi'pikti'taut); **he described it as interesting** (hidis'kraibditə'zintristiŋ).

4.03 PRATIQUEMENT : Les yeux doivent précéder la voix, comme ils le font en français, quand on lit à haute voix et même, dans la lecture muette, où la prononciation « mentale » est toujours effective.

Lire des yeux les six à huit mots d'un groupe logique, lever les yeux, commencer à prononcer à haute voix, EN LIANT, puis tout en continuant à parler, et AVANT d'avoir terminé cette lecture, baisser les yeux, pour « prélever » le groupe suivant que l'on prononcera de même, sans le voir et ainsi de suite.

Enchaîner chaque mot avec le suivant sans faire d'autres coupures que celles exigées par le sens. Ce n'est qu'ainsi que l'on pourra SE PRÉPARER à dire (ði) pour **the** devant une voyelle [**the end** (ði'end); **the age** (ði'eidʒ)].

PRINCIPAUX DÉFAUTS D'ÉLOCUTION :

4.04 **Premier défaut** : Il consiste à prononcer CE QUI NE DOIT PAS SE PRONONCER (voir 4.38 ; 4.41).

Suppose, support, particular, perhaps, etc. se prononcent pratiquement : **s'ppose, s'pport, p'ticular, p'haps**, etc.

4.05 **Deuxième défaut** :

Les diphtongues nasales ON, IN, EN, AEN, UN..., n'existant pas en anglais; **and** (ænd) se prononce presque comme : Anne + d (et ni *Andes* ni *Indes*); **simple** (simpl) comme *cime*... (mais avec un i anglais qui est presque un é); **send**, presque comme *Seine* + *d* (de même que **spend, expensive**, etc.); **France** (frɑ:ns), **dance** (dɑ:ns), etc. presque comme *âne* + *s* (et, jamais comme *anse*). **Went** se prononce comme **when** + t.

Troisième défaut : Les 3 prononciations de... ED.

4.06 1) **Remember, please, turn, order**, etc. ont LE MÊME NOMBRE DE SYLLABES au prétérit et au présent. **Remember** (ri'membə), **remembered** (ri'membəd); **please** (pli:z), **pleased** (pli:zd); **turn** (tə:n), **turned** (tə:nd); **order** (ɔ:də), **ordered** ('ɔ:dəd), etc.

4.07 2) **To hope, to laugh, to jump, to touch...** : même nombre de syllabes au présent et au prétérit (ou participe passé) mais à ce dernier temps faire sonner un **T** (1) :

Hope (houp), **hoped** (houpt); **laugh** (lɑ:f), **laughed** (lɑ:ft); **touch** (tʌtʃ), **touched** (tʌtʃt); **jump** (dʒʌmp), **jumped** (dʒʌmpt), etc.

4.08 3) Quand le verbe se termine par un **T** ou **D** (à l'infinitif) il faut FAIRE ENTENDRE CLAIREMENT LA SYLLABE SUPPLÉMENTAIRE du prétérit et du participe passé, seule manière de distinguer ces temps du présent :

Want (wɔnt), **wanted** ('wɔntid); **trust** (trʌst), **trusted** ('trʌstid), **decide** (di'said), **decided** (di'saidid), etc.

(1) Il y a très peu d'exceptions au 2) : méchant (adj.) = **wicked** ('wikid); érudit (adj.) = **learned** ('ləːnid); nu (adj.) = **naked** ('neikid); **aged** ('eidʒid), etc.

Quatrième défaut : Finales sifflantes (1).

4.09 Bien prononcer la **syllabe supplémentaire** sans oublier qu'il s'agit d'un **i** ANGLAIS, PRESQUE UN **é** (1).

a) Pluriels : On les passe trop souvent sous silence :

House (haus), **houses** ('hauziz); **box** (bɔks), **boxes** ('bɔksiz); **brush** (brʌʃ), **brushes** ('brʌʃiz); **horse** (hɔːs), **horses** ('hɔːsiz); **dish** (diʃ), **dishes** ('diʃiz); **glass** (glɑːs), **glasses** ('glɑːsiz); **rose** (rouz), **roses** ('rouziz); **circumstance** ('səːkəmstəns), **circumstances** ('səːkəmstənsiz), etc. (1).

4.10 **b) La troisième personne** (présent de l'indic.) :

Même règle :

he boxes ('bɔksiz); **she punishes** ('pʌniʃiz); **he washes** ('wɔʃiz); **he watches** ('wɔtʃiz) (1).

LES VOYELLES : DÉFORMATIONS A ÉVITER

4.11 **e** Prononcer comme **bed** :

devil ('devəl) (2); **head**; **heaven** (2); **says** (sez), **said** (sed) (2); **threat**; **threaten**; **bury** ('beri), etc.

4.12 **ʌ** Le son correct se situe entre **a** (batte) et **eu** (bœuf). Ne pas prononcer **eu** (œuf).

Remède : Placer le son bien plus DANS LA GORGE que sur les lèvres. Penser au son français **a**.

N. B. — En anglais la lettre **o** se prononce souvent ʌ :

Above; brother; bus; but; come; company; couple; country ('kʌntri); courage; colour (2); discover; done (3); double; dozen; enough (i'nʌf); front (frʌnt); London; love; month; mother; must; none; nun (2); one; other; public; republic; rough; some; son; sun (2); tongue; tough; trouble; twopence; threepence; wonder [= *se demander*; ne pas confondre avec : **to wander** (= *errer*) ('wɔndə)].

(1) Ces terminaisons sont SANS INFLUENCE sur la prononciation du reste du mot (4.40) mais elles L'ALLONGENT D'UNE syllabe.

(2) Voir 4.52.

(3) Mais **gone** (gɔn).

4.13 **i** Le son correct se situe ENTRE **i** et **é**. Le défaut consiste à prononcer un i français et trop long.

REMÈDE : Penser à **é**. **It is** ressemble beaucoup à *été :* **Busy** ('bizi); **business** ('biznis); **chip** (1); **carriage** ('kæridʒ); **delicate**; **excite** (ik'sait); **except** (ik'sept); **expect** (iks'pekt); **foreign** ('fɔrin); **fortunate** ('fɔ:tʃnit); **hill** (2); **ill** (2); **live** (= *vivre*) (4.52) (3); **literature** ('litritʃə); **handkerchief**; **holiday** ('hɔlədi) (4); **marriage** ('mæridʒ); **passage**; **palace**; **preface**; **pocket**; **promise** (4.52); **ship** (5); **this** (6); **still**; **village**; et les finales en ... **ED** ou ... **ES** (voir 4.08; 4.09; 4.10).

4.14 **ɔ** Prononcer comme **NOT** d'un son COURT et SIMPLE [et non comme la diphtongue de **out** (aut)] :

Fond (fɔnd); **cough** (kɔf); **collar** ('kɔlə); **wander** ('wɔndə) [ne pas conf. avec **wonder** ('wʌndə)]; **because** (bi'kɔz], etc.

4.15 **ɑ:** Comme dans **CAR** [ne pas conf. avec **a** prononcé ei (4.21) :

Aunt (ɑ:nt); **answer** ('ɑ:nsə) (presque comme *âne* + *sœur*); **dance** (dɑ:ns); **France** (frɑ:ns); **laugh** (lɑ:f); **plant** (plɑ:nt); **command** (kə'mɑ:nd) (presque comme : *comme* + *âne* + *d*); **example** (ig'zɑ:mpl); etc. (voir 4.05).

4.16 **ə:** Le son correct se situe plus près de ***eu*** (***cœur***) que de *eu* (*vœu*), mais prolongé :

Bird (bə:d); **certain** ('sə:tn); **circle** ('sə:kl); **circulation** (sə:kju'leiʃən); **circumstances** ('sə:kəmstənsiz); **person** ('pə:sn); **servant** ('sə:vənt); **serve** (sə:v); **service** ('sə:vis); **sir** (sə:); **term** (tə:m); **WORK** (wə:k); **word** (wə:d); **world** (wə:ld); **worse** (wə:s); **worst** (wə:st); **worth** (wə:θ); **journey** ('dʒə:ni).

N. B. — Ne pas confondre **WORK** (wə:k) et **WALK** (wɔ:k).

4.17 **i:** Il faut ALLONGER le son **i** : dans les mots :

Creature ('kri:tʃə); **cheap** (tʃi:p); **EVIL** (i:vl) [ne pas conf. avec **devil** ('devl)]; **EVEN** (i:vn) [ne pas conf. avec **heaven** ('hevn)]; **feel** (fi:l) [ne pas conf. avec **fill** (fil)]; **Jesus** ('dʒi:zəs); **leave** (li:v) [mais **live** (liv)]; **steel** *ou* **steal** (sti:l) [mais **still** (stil)]; **machine** (mə'ʃi:n); **mosquito** (məs'ki:tou); **police** (pə'li:s); etc.

(1) Mais **cheap** (= *bon marché*) (tʃi:p).
(2) Mais **heal** (hi:l) (= *guérir*), et, **eel** (*anguille*) (i:l).
(3) Mais **to leave** (*quitter, s'en aller*) (li:v). Et **life** (= ***la vie***); (laif); **lives** (= *les vies*) (laivz). (4) Mais **day** (= *jour*) (dei).
(5) Mais **sheep** (= *mouton*) (ʃi:p). (6) Mais **these** (ði:z).

4.18 **ɔ:** Prononcer ɔ: presque comme le mot français OR mais prolongé. Le défaut courant consiste à prononcer comme la diphtongue (au) de **out** (aut). Prononcer comme **door** :

Awful; August; Ought; sword; talk; thought; water; walk. [ne pas conf. **walk** (wɔ:k), et, **work** (wə:k)], etc

4.19 **ai** **Compromise** ('kɔmprəmaiz) [ne pas conf. avec **promise** ('prɔmis)]; **Christ** (kraist); **high** (hai); **height** (= *hauteur*) (hait); **idea** (ai'diə) (4.23); **ideal** (ai'diəl) (4.23); **FINALLY** ('fainəli); **life** (laif) (= *la vie*); **lives** (laivz) (= *les vies*) (4.52); **notoriety** (noutə'raiəti); **propriety** (prə'praiəti); **quite** (kwait); **quiet** (kwaiət); **science** ('saiəns); **scientist** ('saiəntist); etc. De même TOUS les mots en ... **ind** : **kind** (kaind); **blind** (blaind)... SAUF UN : **wind** (= *le vent*) (wind).

4.20 **ju:** Comme dans **few, new** ou **stupid** :

Actually ('æktjuəli); **CURIOUS** ('kjuəriəs); **curiosity** (kjuəri'ɔsiti); **gradually** ('grædjuəli); **suit** (sju:t); **UNITED** (ju:'naitid); **pure** (pju:ə), [mais **public** ('pʌblik)].

4.21 **ei** Attaquer cette diphtongue sur un é très « aigu » (*thé*) et non sur un è (*Bette*). Prononcer en « souriant », en écartant les lèvres horizontalement, puis ajouter un i très discret pour « mouiller » la diphtongue :

Afraid; age; angel; April; apricot; change; DANGER; dangerous; exchange; FAMOUS; **GREAT**; halfpenny ('heipni); hasten ('heisn); haste (heist); lane; label; paper, RADIO; reign; rain; say; STRANGE; state, arrange, chamber, etc.

N. B. — Cependant on prononce **says** (sez) et **said** (sed) SANS diphtonguer, et **half** (ha:f).

4.22 **ou** Prononcer comme **NO**, en attaquant sur un **o** qui est presque un **eu** (*vœu*) suivi de **u** (comme dans *chou*) :

Bow (= *arc; archet*); **don't; low; only; shoulder; though; although; won't,** etc.

4.23 **iə** Prononcer comme **DEAR** ou **NEAR** :

Area ('ɛəriə); **idea** (ai'diə) [comme **my dear** (mai'diə)]; **mere** (miə); **merely** ('miəli) (= *simplement*); **real** (riəl); **serious** ('siəriəs); **severe** (si'viə); **sincere** (sin'siə), etc.

LES CONSONNES : DÉFAUTS A ÉVITER

4.24 **b** Pas de B dans : **bomb** (bɔm); **comb** (koum); **climb** (klaim); **tomb** (tu:m); **tombstone** ('tu:mstoun); etc.

4.25 **f et V** **Off** (ɔf) toujours prononcé ainsi, tandis que **Of** (ɔv) AVEC UN **V**. Ce dernier, prononcé vite, tend à devenir (əv) puis soit (v), soit (ə) ce qui est vulgaire.

Ex. : **A cup of tea** (ə'kʌpəvti:) ou (ə'kʌpəti:) (vulgaire).

4.26 **g** Ne pas imiter certains « speakers » de la radio française qui ajoutent, sans doute pour « faire anglais », un **w** après le g dans **Vanguard** ('vɑ:ngɑ:d); **guard** (gɑ:d); **guardian** ('gɑ:djən) **(The Guardian)**. Mais **second** ('sekənd), avec un **k** et non g; de même **secondary** ('sekəndri) et **exercise** ('eksəsaiz), etc. Cependant voir aussi **execute**, etc, § 4.52.

4.27 **h** Ne pas conf. **eat** et **heat**, **ill** et **hill**, **eel** et **heel**, **ear** et **hear**, etc. Seul cet **h** les distingue.

H n'est muet, en anglais, que dans QUATRE mots et leurs dérivés :
HOUR; HONOUR (honourable, dishonour...); HONEST (dishonest; honesty...); HEIR (= *héritier*).

4.28 **l** PAS d'L dans **COULD** (kud); **HALF** (hɑ:f); **SHOULD** (ʃud); **TALK** (tɔ·k); **WALK** (wɔ:k); **WOULD** (wud) [comme **wood** (= *le bois*)].

4.29 **ʒ** Comme le j FRANÇAIS :

Usually ('juʒuəli); **measure** ('meʒə); **pleasure** ('pleʒə). Et pourtant on prononce **please** (pli:z), **pleasant** ('pleznt) **to use** (ju:z), et **use** (ju:s) (4.52).

4.30 **p** Ne pas prononcer le **p** placé devant un **n** ou un s :

Pneumonia (nju'mounjə); **pneumatic** (nju'mætik); **psychology** (sai'kɔlədʒi); etc.

4.31 **r** De toute façon, ne **jamais** le prononcer comme le **r** français guttural et articulé dans la gorge. S'il était vraiment impossible de prononcer **r** correctement sur le devant de la bouche en relevant la pointe de la langue pour qu'elle touche le palais, il faudrait au moins s'efforcer de le prononcer un peu comme **l** ou **w** (dans *Watt*) ce serait moins mauvais et l'on serait sur la bonne voie.

4.32 **t** Pas de T dans **listen** ('lisn); **hasten** ('heisn); **Christmas** ('krisməs); etc. Pourtant on dit **haste** (heist). Noter que l'on entend UN PEU plus souvent **often** ('ɔfn) que **often** ('ɔftn) avec un **t**.

4.33 **th** De toute façon éviter **s** ou **z**. S'il était vraiment impossible de zézayer comme on le devrait pour bien prononcer **TH**, il serait moins faux de dire **D** dans **this, these, that**, etc. Que la langue résiste un peu plus longtemps au passage de l'air et le **D** deviendra presque parfaitement **TH** (ð).

Attention à **antipathy** (æn'tipəθi); **sympathy** ('simpəθi); **pathetic** (pə'θetik); **method** ('meθəd); etc.

4.34 **W** Ne pas prononcer le W dans **answer** ('ɑːnsə) (à peu près comme : *âne* + *sœur*) ni dans **who** (hu); **whom** (hum); **whose** (huːz); **whole** (houl); **sword** (sɔːd) et, surtout pas, dans **our** et **hour** (auə). Pour éviter le **w** parasite que l'on entend assez souvent chez les débutants NE PAS TROP RAPPROCHER LES LÈVRES entre le **a** et le **uə** : leur mouvement doit être très discret et NE PAS ALLER JUSQU'AU CONTACT.

4.35 **S et Z** Ne pas se fier aveuglément aux réflexes français : **Philosophy** (fi'lɔsəfi) avec un **S** et non un **z**. De même **philosopher** (fi'lɔsəfə); **hypocrisy** (hi'pɔkrəsi); **disobey** ('disə'bei); **disapprove** ('disə'pruːv) (voir aussi « dessert » dans l'index); etc... et **EXERCISE** ('eksəsaiz) : NI **eg...**, NI **...zer**, mais 'ek et ...səsaiz (comme Aix).

Par contre **observe** (əb'zəːv), **observer** (əb'zəːvə).

N. B. — Dire **emphasis** ('emfəsis) et **loose** (luːs) (voir p. 199).

L'ACCENT TONIQUE

4.36 L'accent tonique est indépendant de la longueur de la voyelle accentuée. Celle-ci peut être brève ou longue :

With lisp of leaves and ripple of rain.

Dans ce vers, l'accent porte successivement sur **lisp**, **leaves**, **ripple**, **rain**, c'est-à-dire alternativement sur des BRÈVES et des LONGUES qui sont ÉGALEMENT ACCENTUÉES.

4.37 **LE RYTHME**

Le rythme fort, faible, fort, faible, etc..., est assez fréquent surtout en poésie. En prose à peu près UNE VOYELLE SUR DEUX EST accentuée, donc PRONONCÉE CLAIREMENT.

4.38 **ə LA VOYELLE NEUTRE**

Trois fois sur quatre les voyelles non accentuées DÉGÉNÈRENT en un son indistinct qui doit s'entendre TRÈS PEU. C'est le son le plus fréquent et le plus facile de la langue puisqu'il se prononce de façon **imperceptible**, comme le **e** de *lendemain* ou de *généralement* prononcé par un parisien (mais non par un marseillais).

La voyelle neutre se trouve presque toujours placée immédiatement APRÈS ou immédiatement AVANT une voyelle claire et elle n'est JAMAIS ACCENTUÉE.

Ex. : **Catastrophe** (kə'tæstrəfi).

Essayer de prononcer **k'tæstrfi**.

De même, dans **absolutely**, il n'y a qu'UN accent mais les voyelles neutres se trouvent placées ENTRE deux voyelles claires, ce qui donne au mot son BALANCEMENT CARACTÉRISTIQUE DE L'ANGLAIS. Pratiquement on prononce : **'æbs,lu:tli**.

4.39 Quand on éprouve une difficulté d'accentuation et pour s'entrainer à bien accentuer, effectuer un BREF ARRÊT, une petite pause, APRÈS la syllabe accentuée que l'on marquera fortement (sans l'allonger si elle est brève, comme dans les exemples suivants) puis laisser filer, glisser, la fin du mot :

Ex. : **Individual**. Dire : Indi'vi...dual (indi'vidjuəl).
Deliver. Dire : De'li...ver (di'livə).

4.40
LES POINTS FIXES

Les terminaisons suivantes.

...ES (pluriel, ou 3e pers. du sing. du prés. de l'indic.; voir 4.09; 4.10) **...ED** (prétérite et participe passé) (4.06); **...ly** (adverbe); **...ing** (participe présent); **...ful**, **...less** (adjectifs); **...ness** (nom) N'ONT AUCUNE INFLUENCE sur la place de l'ACCENT et sur la valeur des VOYELLES dans le reste du mot.

Final ('fainəl), **finally** ('fainəli); **associate** (ə'souʃieit), **associated** (ə'souʃieitid); **consider** (kən'sidə), **considering** (kən'sideriŋ).

4.41 Dans les exemples suivants on place souvent mal l'accent ou l'on prononce trop clairement les **ə** (voir aussi 4.52) :

about (ə'baut)
absolutely ('æbsəlu:tli) (4.40)
admiral ('ædmərəl) (4.52)
admire (əd'maiə) (4.52)
anticipate (æn'tisipeit) (4.48)
apologize (ə'pɔlədʒaiz) (4.49)
at all (ət'ɔ:l)
August ('ɔ:gəst)
beginning (bi'giniŋ) (4.40)
camera ('kæmərə)
career (kə'riə) (4.52)
catastrophe (kə'tæstrəfi)
character ('kæriktə)
circumstance ('sə:kəmstəns)
comfort ('kʌmfət) (4.52)
committee (kə'miti)
consider (kən'sidə) (4.52)
continuous (kən'tinjuəs)
control (kən'troul)
courageous (kə'reidʒəs) (4.52)
Dakota (də'koutə) (3)
deliver (di'livə)
develop (di'veləp)
effort ('efət)
eleven (i'levn)
energy ('enədʒi)
Elizabeth (i'lizəbəθ)
examine (ig'zæmin)
familiar (fə'miljə) (4.52)
famous ('feiməs) (4.21)
forget (2) (fə'get)
idea (ai'diə)
individual (indi'vidjuəl)
industry ('indəstri) (4.52)
inevitable (in'evitəbl)
interpreter (in'tə:pritə)
July (dʒu'lai)
melancholy ('melənkəli)
myself (1) (mai'self)
particular (pə'tikjulə) (4.52)
per cent (pə'sent)
remarkable (ri'ma:kəbl)
remember (ri'membə)
responsible (ris'pɔnsəbl)
spiritual ('spiritjuəl)
sufficient (sə'fiʃənt)
support (sə'pɔ:t)
suppose (sə'pouz)
suspect (səs'pekt)
suspension (4.43) (səs'penʃən)
umbrella (ʌm'brelə)
Victoria (vic'tɔ:riə) (3)

(1) L'ACCENT est toujours placé sur **SELF** dans **myself**, **yourself...**

(2) L'accent porte presque toujours sur une autre syllabe que le préfixe (**for**, **be**, **a**, **mis...**). Ex. : **for'give**; **be'gin**; **be'fore**; **be'lieve** etc.; **a'live**; **a'lone**; **a'gain**; etc., **mis'take** etc.

(3) Noms propres terminés par **a** ou **ia** = ə ou iə (ou jə). Ex. : **Virginia** (və'dʒinjə); **Georgia** ('dʒɔːdʒiə).

SÉRIES

4.42 Il existe une tendance assez nette à accentuer de même façon, certains mots de même terminaison. C'est la TERMINAISON qui doit avertir l'œil et guider l'oreille (1).

Accent sur la syllabe qui précède la terminaison :

4.43 **a)** **...ION** (2) : **action** ('ækʃən); **fiction** ('fikʃən); **constitution** (kɔnsti'tju:ʃən); **industrialization** (indʌstriəlai'zeiʃən), etc.

4.44 **b)** **...IONAL; ...IONALLY; ...IONARY** : **constitutional** (kɔnsti'tju:ʃənl); **constitutionally** (kɔnsti'tjuʃənli), etc. **revolutionary** (revə'lu:ʃnəri); **dictionary** ('dikʃənri); etc.

4.45 **c)** **...IC** (3); **...ICAL** (4.40); **...ICALLY; ...ICISM; ...ITY; ...ITOUS; ...ITIVE; ...ITUDE; ...ETY** (4) :
Diplomatic (diplo'mætik); **electric** (i'lektrik); **electrical** (i'lektrikəl); **electrically** (i'lektrikəli); **electricity** (ilek'trisiti); **mystic** ('mistik); **mystically** ('mistikəli); **mysticism** ('mistisizəm); **Catholicism** (kə'θɔlisizəm); **felicitous** (fi'lisitəs); **sensitive** ('sensitiv); **positive** ('pɔzətiv); **latitude** ('lætitju:d); **attitude** ('ætitju:d); **society** (sə'saiəti) (4); **propriety** (prə-praiəti) (4); **inferiority, superiority.**

4.46 **d)** **...LOGY; ...LOGIZE; ...GRAPHY; ...GRAPHER, ...CRACY; ...GONY; ...GONIST; ...NOMY; ...NOMER** [mais pas **...nomical** (4.45)]; **...SOPHY; ... MINOUS; ...NIMOUS; ...PATHY; ...TOMY; ...CULOUS** :
Astrology (əs'trɔlədʒi); **apologize** (ə'pɔlədʒaiz); **photography** (f'tɔgrəfi); **photographer** (f'tɔgrəfə) (5); **democracy** (di'mɔkrəsi) (6); **agony** ('ægəni); **antagonist** (æn'tægənist); **astronomy** (əs'trɔnəmi); **astronomer** (əs'trɔnəmə); **philosophy** (fi'lɔsəfi) (7); **philosopher** (fi'lɔsəfə); **luminous** ('lju:minəs); **unanimous** (ju'næniməs); **telepathy** (ti'lepəθi); **antipathy** (æn'tipəθi); **sympathy** ('simpəθi); **anatomy** (ə'nætəmi); **meticulous** (mi'tikjuləs); **miraculous** (mi'rækjuləs) (8)....

(1) Voir l'excellent ouvrage de **R. Las Vergnas**, *Les pièges de l'anglais parlé* (Hachette).
(2) Il y a plusieurs milliers de mots se terminant par **ion.**
(3) Exceptions : **arithmetic** (ə'riθmətic); **catholic** ('kæθəlik); **lunatic** ('lu:nətik), et quelques autres.
(4) e compte pour une syllabe, et se prononce séparément : sə'sai...ə...ti.
(5) Mais : **photograph** ('foutəgra:f) (4.45).
(6) Mais : **democratic** (demo'krætik) (4.45).
(7) Mais : **philosophical** (filə'sɔfikəl) (4.45).
(8) Mais : **miracle** ('mirəkl).

4.47 e) ...ISH (verbes) :

Accomplish (ə'kɔmpliʃ); **abolish** (ə'bɔliʃ); **furnish** ('fə:niʃ); **distinguish** (dis'tiŋgwiʃ), etc.

Même à la troisième personne du singulier : **distinguishes** (dis'tiŋgwiʃiz).

4.48 Verbes en **...ATE** et **...IFY**. L'accent est le plus souvent placé DEUX SYLLABES AVANT **...ate** (1) ou **...ify**.

Associate (ə'souʃieit) (2); **anticipate** (æn'tisipeit); **affiliate** (ə'filieit); **appreciate** (ə'pri:ʃieit); **complicate** ('kɔmplikeit); **educate** ('edjukeit); **enumerate** (i'nju:məreit); **humiliate** (hju'milieit); **indicate** ('indikeit); **intoxicate** (in'tɔksikeit); **negotiate** (ni'gouʃieit) (2); **operate** ('ɔpəreit); **participate** (pɑ:'tisipeit); **situate** ('sitjueit); **separate** ('sepəreit) (4); **tolerate** ('tɔləreit); **certify** ('sə:tifai) (3); **notify** ('noutifai); **personify** (pə:'sɔnifai)....

4.49 N. B. — 1) **Dictate** (dik'teit); **translate** (trɑ:ns'leit).

2) Les verbes en **...IZE** suivent souvent cette même règle : **organize** ('ɔ:gənaiz); **apologize** (ə'pɔlədʒaiz); **advertize** ('ædvətaiz). Même, naturellement, à la troisième personne : **he organizes** ('ɔ:gənaiziz) (4.09).

4.50 Accent sur l'AVANT-DERNIÈRE SYLLABE du mot pour les terminaisons :

...ENTAL; **...ERNAL** :

Experimental (iksperi'mentəl); **fundamental** (fʌndə'mentəl); **temperamental** (temprə'mentəl); **eternal** (i'tə:nəl).

4.51 **...ATOR**. En principe : (......'**eitə**) :

Dictator (dik'teitə); **equator** (i'kweitə); **spectator** (spek'teitə).

Mais l'accent remonte de deux syllabes si le mot est assez long : **accelerator** (æk'seləreitə); **aviator** ('eivieitə); **ELEVATOR** ('eləveitə); **navigator** ('nævigeitə); **commentator** ('kɔmənteitə); **RADIATOR** ('reidieitə).

(1) Même au prétérit, la terminaison ... **ed** n'ayant aucune influence sur l'accentuation (4.40) : **tolerated** ('tɔləreitid); **associated** (ə'souʃieitid); **negotiated** (ni'gouʃieitid).

(2) Mais : **negotiation** (nigouʃi'eiʃn) (4.43); **association** (əˌsousi'eiʃən) (4.43).

(3) Mais : **certificate** (nom) (sə'tifikit).

(4) Mais l'adjectif **separate** se prononce ('**seprit**).

4.52 VRAIS ET FAUX AMIS

(voir aussi 4.40 à 4.51).

Liste à lire et à relire à haute voix. (Posez des « colles » à vos amis étudiants en anglais).

An accent ('æksənt), **to accent** (æk'sent).
To admire (əd'maiə), **admirable** ('ædmrəbl), **admiral** ('ædmərəl).
Advantage (əd'vɑ:ntidʒ), **advantageous** (ædvən'teidʒəs).
Advertize ('ædvətaiz), **advertisement** (əd'və:tismənt).
Alter ('ɔ:ltə), **altar** ('ɔ:ltə).
Analyze ('ænəlaiz), **analysis** (ə'nælisis).
Antipathy (æn'tipəθi), **antipathetic** (æntipə'θetik).
Aristocrat ('æristəkræt), **aristocratic** (æristə'krætik) (4.45), **aristocracy** (æris'tɔkrəsi).
Associate (ə'souʃieit), **association** (əsousi'eiʃən).
An attribute ('ætribju:t), **to attribute** (ə'tribju:t), **attribution** (ætri'bju:ʃən).
Bath (bɑ:θ), **bathe** (beið).
Borough ('bʌrə), **borrow** ('bɔrou), **Farnborough** ('fɑ:nbrə).
Bow (= *arc; archet*) (bou), **to bow** (= *s'incliner*) (bau).
Break (breik), **brake** (= *frein*) (breik), **breakfast** ('brekfəst).
Breath (breθ) (nom), **to breathe** (bri:ð).
Career (kə'riə), **Korea** (= *la Corée*) (kə'riə).
Catholic ('kæθəlik), **catholicism** (kə'θɔlisizm).
Certify ('sə:tifai), **certificate** (sə'tifikit).
Child (tʃaild), **children** ('tʃildrən).
Cinema ('sinimə), *ou* ('sinimɑ:).
To close (klouz), **close** (= *proche*) (klous).
CLOTH (klɔθ), **CLOTHES** (klouðz) *ou* (klouz).
Colonel ('kə:nl), **kernel** ('kə:nl).
COLOUR ('kʌlə), **COLLAR** ('kɔlə).
Comfort ('kʌmfət), **comfortable** ('kʌmftəbl).
Commerce ('kɔmə:s), **commercial** (kə'mə:ʃəl).
Compromise ('kɔmprəmaiz), **promise** ('prɔmis).
Conduct ('kɔndəkt), **to conduct** (kən'dʌkt).
Constitute ('kɔnstitju:t), **constitution** (kɔnsti'tju:ʃən) (4.44).
CONSIDER (kən'sidə), **considerable** (kən'sidrəbl).
Contact ('kɔntækt), **to contact** (kən'tækt).
Contrast ('kɔntrɑ:st), **to contrast** (kən'trɑ:st).

Correct (adj.) (kə'rekt), **to correct** (kə'rekt).
COUNTRY ('kʌntri), **County** ('kaunti).
Courage ('kʌridʒ), **courageous** (kə'reidʒəs).
Democrat ('demokræt), **democracy** (di'mɔkrəsi), **democratic** (demo'krætik).
DESERT ('dezət), **DESSERT** (di'zə:t) (voir l'index, page 35), **DESERTED** (di'zə:tid).
DEVIL ('devl), **EVIL** ('i:vl).
Difficult ('difikəlt), **difficulty** ('difikəlti).
Diplomat ('diplomæt), **diplomacy** (di'ploumәsi) (4.45).
Economics (i:kə'nɔmiks), **economy** (i'kɔnəmi), **economist** (i'kɔnəmist), **economical** (ikə'nɔmikəl) (4.45).
Elizabeth (i'lizəbəθ).
EVEN ('i:vn), **HEAVEN** (= *le ciel*) ('hevn).
EVIL ('i:vl), **DEVIL** ('devl).
Execute ('eksikju:t), **executive** (ig'zekjutiv), **execution** (eksi'kju:ʃən); **exercise** ('eksəsaiz).
Family ('fæmili), **familiar** (fə'miljə).
Feel (fi:l), **fill** (fil).
Fond (fɔnd); **to found** (= *fonder*) (faund); **found** (faund) (*prétérite de* **to find**).
Foul (faul), **fowl** (faul), **full** (ful), **fool** (fu:l).
GREAT (greit), **TO GREET** (gri:t).
Habit ('hæbit), **habitual** (hə'bitjuəl).
Hare *et* **hair** (hɛə), **air** *et* **heir** (ɛə).
Haste (heist), **hasten** ('heisn).
HEAVEN ('hevn), **HAVEN** (= *port*) ('heivn), **EVEN** ('i:vn).
IMAGE ('imidʒ), **TO IMAGINE** (i'mædʒin), **IMAGINATIVE** (i'mædʒnətiv), **IMAGINATION** (imædʒi'neiʃən), **imaginary** (i'mædʒinri).
Impulse ('impʌls), **impulsive** (im'pʌlsiv), **impulsion** (im'pʌlʃən).
Industry ('indəstri), **industrious** (in'dʌstriəs), **industrial** (in'dʌstriəl).
Instinct ('instiŋkt), **instinctive** (in'stiŋtiv).
Intellect ('intilekt), **intelligence** (in'telidʒəns), **intellectual** (inti'lektjuəl).
Last (= *dernier*) (lɑ:st); **least** (= *le moindre; le moins*) (li:st).
Later ('leitə), **letter** ('letə), **latter** ('lætə), **leather** ('leðə).
Lever (= *levier*) ('li:və), liver (= *foie*) ('livə).
To live (= *vivre*) (liv); life (= *la vie*) (laif); **lives** (= *les vies*) (laivz) et **to leave** (= *quitter*) (li:v).
Mean (mi:n), **meant** (*prétérit*) (ment).
Minute ('minit), **minute** (= *minuscule*) (mai'nju:t).
Miracle ('mirəkl), **miraculous** (mi'rækjuləs).

Nation ('neiʃən), **national** ('næʃnəl).
Nature ('neitʃə), **natural** ('nætʃrəl).
None (nʌn), **nun** (nʌn).
Object (*nom*) ('ɔbdʒikt), **to object** (əb'dʒekt).
OF (ɔv) (4.25), **OFF** (ɔf).
Party ('pɑ:ti), **particular** (pə'tikjulə) (1); **participle** ('pɑ:tsipl), **participate** (pɑ:'tisipeit).
Passion ('pæʃən), **passionate** ('pæʃnit), **patient** ('peiʃənt), **patience** ('peiʃəns).
Petrol ('petrəl), **patrol** (= *patrouille*) (pə'troul).
Photograph ('foutəgrɑ:f), **photography** (fə'tɔgrəfi), **photographer** (fə'tɔgrəfə).
Physics ('fiziks), **physical** ('fizikəl), **physicist** ('fizisist), **physique** (= LE *physique d'une personne*) (fi'zi:k).
Please (pli:z), **pleasant** ('plezənt), **pleasure** ('pleʒə).
Politics ('pɔlitiks), **policy** ('pɔlisi), **political** (pə'litikəl), **politician** (pɔli'tiʃən).
A **present** ('preznt), **to present** (pri'zent).
A **product** ('prɔdʌkt), **produce** ('prɔdju:s), **to produce** (prə'dju:s).
Promise ('prɔmis), **compromise** ('kɔmprəmaiz).
Property ('prɔpəti), **propriety** (prə'praiəti), **proprietor** (prə'praiətə).
Quite (kwait), **quiet** (kwaiət).
Read (*présent*) (ri:d), **read** (*prétérit*) (red).
A record ('rekɔ:d), **to record** (ri'kɔ:d).
Say (sei), **says** (sez), **said** (sed).
Son *et* **sun** (sʌn).
Substance ('sʌbstəns), **substantive** ('sʌbstəntiv), **substantial** (səb'stænʃəl).
Supper ('sʌpə), **super** ('sju:pə), **suppose** (sə'pouz), **support** (sə'pɔ:t), etc.
Sweat (swet) (= *sueur*), **sweet** (= *doux*) (swi:t).
Though (ðou), **although** (ɔ:l'ðou), **through** (θru:), **thought** (θɔ:t), **tough** (tʌf), **thou** (ðau).
Tribune ('tribju:n), **tribunal** (trai'bju:nl), *ou*, (tri'bju:nl).
Use (= *utilité*) (ju:s), **to use** (ju:z), **usual** ('ju:ʒuəl).
Victoria (vik'tɔ:riə).
WOMAN ('wumən), **WOMEN** (*pluriel*) ('wimin).
WORD (wə:d), **world** (wə:ld), **ward** (wɔ:d), (2) **sword** (sɔ:d).
WORK (= *travail*) (wə:k), **to WALK** (= *marcher*) (wɔ:k).

(1) Dickens l'a écrit, facétieusement, **'tickler**.
(2) Mais **forward** ('fɔ:wəd), **backward** ('bækwəd), etc.

— APPENDICE —

VERBES PARTICULIÈREMENT TROMPEURS

Remarque : lire et relire cette liste à haute voix. La prononciation a, ici, une importance particulière.

To BEGIN BEGAN BEGUN = commencer.

To BECOME BECAME BECOME = devenir.

■

To BEAT BEAT BEATEN = BATTRE.
(bi:t) (bi:t) ('bi:tn) (bien allonger **l' « i »).**

To BITE BIT BITTEN = MORDRE.
(bait) (bit) ('bitn) (« i » **très** court).

■

To DIE (dai) (*régulier*) (part. prés. **dying**) = MOURIR.
Dead (ded) (adj.) = **mort. Death** (nom) (deθ) = LA mort.

■

To FALL (fɔ:l) **FELL** (fel) **FALLEN** ('fɔ:ln) = tomber.

To FEEL (fi:l) **FELT** (felt) **FELT** = sentir (et se sentir).

To FILL (fil) (*régulier*) = remplir (« i » **très** court).

To FOOL (fu·l) (*régulier*) = se moquer de.
A fool (fu:l) = un imbécile, un sot.

Full of (ful) (*adj.*) = plein de.

To fail (feil) (*régulier*) = manquer, faillir.
(bien prononcer la diphtongue « **ei »**)

■

To FIND (faind) **FOUND** (faund) **FOUND** = trouver.

To FOUND (faund) (*régulier*) = fonder, établir.

To be FOND of (fɔnd) = être amateur de, apprécier, aimer.

■

To FORGET (fə'get) **forgot forgotten** = oublier (1).

To forgive forgave forgiven (1) = pardonner.

To forbid forbade forbidden = interdire (1).

■

To FLEE (fli:) **FLED, FLED** : fuir, s'enfuir.
Au présent on préfère employer **FLY**, ou **FLY AWAY**; de même au participe présent **FLYING** (verbe suivant).

To FLY (flai) **FLEW** (flu:) **FLOWN** (floun) = voler (comme un oiseau, un avion...) et fuir (*voir verbe précédent*).

To FLOW (flou) (*régulier*) = couler (comme l'eau, etc.).

■

To HIDE (haid) **HID** (hid) **HIDDEN** ('hidn) = cacher *ou* se cacher.

To hit hit hit = frapper.

■

To HOLD HELD HELD = tenir (**HOLD** est bien le PRÉSENT)

■

To live (liv) (*régulier*) = vivre. - Prononcer « **i** » TRÈS court.

To LEAVE (li:v) **LEFT** (left) **LEFT** = s'en aller, laisser, abandonner, quitter un lieu. - Prononcer « **i** » TRÈS long.

To LET LET LET = laisser, permettre, louer (une maison, etc...).

■

To LIE (lai) **LAY** (lei) **LAIN** (lein) (part. prés. **LYING**) = REPOSER, ÊTRE couché, ÊTRE allongé, étendu.

To LAY (lei) **LAID** (leid) **LAID** (leid) = poser, appliquer, allonger, étendre.

To LIE (lai) (*régulier*) (part. prés. **LYING**) = mentir.

To LEAD (li:d) **LED** (led) **LED** (led) = conduire, mener.

N. B. — Le plomb = **lead** (led).

(1) Le préfixe **for** se prononce pratiquement **f'**. Ainsi pour **forget** dire **f'get**, etc. (4.41, note 2).

■

To CHOOSE, (tʃu:z) **CHOSE,** (tʃouz) **CHOSEN** ('tʃouzn) = choisir (deux « **o** » au présent).

To **LOSE** (lu:z) **LOST** (lɔst) **LOST** (lɔst) = perdre (s'écrit avec un seul « o »).

LOOse (lu:s) (adj.) = relâché, détendu, lâche, desserré (deux « **o** » mais l's se prononce **s**).

To **LOOsen** (lu:sn) (*régulier*) = desserrer, détendre (une corde, un écrou, etc.) (prononcer **s** et non z).

■

To RISE (raiz) **ROSE** (rouz) **RISEN** ('rizn) = SE lever, S'élever, augmenter (INTRANSITIF).

To RAISE (reiz) (*régulier*) = lever, élever, soulever, dresser, augmenter qq'chose (TRANSITIF)

Ex. : Le soleil se lève tous les matins =
The sun rises every morning.
Mais : J'ai levé le doigt = **I raised my finger.**

■

To RIDE (raid) **RODE** (roud) **RIDDEN** ('ridn) = **monter** (à bicyclette, à cheval...) ; conduire (une bicyclette...).

To READ (ri:d) **READ** (red) **READ** (red) = lire.

Rid (rid) *dans l'expression* **to get rid of** = **se débarrasser** de.

■

To SIT (sit) **SAT SAT** = ÊTRE **assis.**

N. B. — S'asseoir = **To sit DOWN.**

To SEAT (si:t) (*régulier*) = Asseoir, placer, établir, installer

Ex. : **I am sitting** = je suis assis.
Sit down = Asseyez-vous.
I am seated = je suis assis (bien installé).

To SET (set) **SET SET** = installer, fixer, mettre en place, poser, disposer... et.

N. B. — Le soleil s'est couché = **The sun has set.**

■

To **SEE** (si:) **SAW** (sɔ:) **SEEN** (si:n) = voir.

To **SAW** (sɔ:) **SAWED** (sɔ:d) **SAWN** (sɔ:n) = scier.

To **SEW** (sou) **SEWED** (soud) **SEWN** (soun) = coudre.

To **SOW** (sou) **SOWED** (soud) **SOWN** (soun) = semer.

■

To **STAY stayed stayed** (*régulier*) = rester, demeurer.

To **STAND STOOD STOOD** = se tenir, être, debout.

■

To **STRIKE** (straik) **STRUCK** (strʌk) **STRUCK** (strʌk) = frapper (sens propre et figuré) (voir l'index).

N. B. — Quelque chose m'a frappé dans cette histoire = **Something struck me in this story.**

On l'a frappé sur la tête = **He was struck on the head.**

To **STROKE** (strouk) (*régulier*) = CARESSER.

A stroke (nom) = un coup (**the twelfth stroke of midnight** = le douzième coup de minuit).

■

To **SWEEP SWEPT SWEPT** = balayer, emporter d'un coup.

To **WEEP WEPT WEPT** = pleurer.

■

TO **WIND** (waind) **WOUND** (waund) **WOUND** = serpenter, faire des méandres. - **To wind up** = remonter (un réveil, etc.).

TO **WOUND** (wu:nd) (*régulier*) = blesser (voir ce mot).

etc.

A Key to Contemporary British Civilisation

Marie-José Arquié

Comment comprendre la société britannique des 20 dernières années ? L'ouvrage est découpé en 38 chapitres thématiques. L'auteur y fait le point sur les débats actuels. Les différents points de vue sont chaque fois illustrés par des textes empruntés à la presse et à la littérature contemporaine. De très nombreux tableaux, cartes, graphiques et illustrations éclairent les faits et facilitent l'assimilation des informations.

Sommaire : Géographie et économie du Royaume-Uni • La politique au Royaume-Uni • La société • La culture • Méthodologie du commentaire de civilisation

352 pages, ISBN 2 7117 8945 4, 199 FF

Anglais. Thèmes suivis

John Holstead & Jean-Max Thomson

Aux 49 textes types – tous **intégralement traduits et commentés** – s'ajoutent des **variantes** de traduction, des listes thématiques de **vocabulaire** ainsi qu'une **méthode**. Comprenant une centaine de mots chacun – soit le calibre classique d'une épreuve – les textes sont empruntés à la **presse** actuelle aussi bien qu'aux auteurs de la **littérature**. C'est ainsi qu'on pourra s'exercer à traduire... Marcel Proust et Marie Desplechin, Georges Simenon, André Comte-Sponville et Simone de Beauvoir ou encore Yves Navarre, Patrick Modiano et d'autres encore !

Pour la presse, *Le Monde* (avec ses principaux suppléments) côtoie *Le Canard enchaîné* et *Le Figaro*; *Elle* et *Marie-Claire* sont au rendez-vous tout comme, par exemple, *Tennis Magazine* et d'autres périodiques, chaque texte témoignant sur le vif de **la langue que l'on parle aujourd'hui**.

On constatera vite que l'anglais de ce livre est directement opérationnel car les auteurs se sont concentrés d'une part sur les zones de résistance **spécifiques aux francophones** et, de l'autre, sur les **traits récurrents de la langue anglaise actuelle**.

176 pages, ISBN 2 7117 8944 6, 129 FF

Anglais. Thèmes d'aujourd'hui. Phrases. Deuxième édition

Jean-Max Thomson & John Holstead

Cette méthode d'apprentissage de la grammaire par l'exercice du thème s'appuie sur 414 phrases corrigées réparties en trois niveaux de difficulté et illustrant chacune un point de grammaire précis.

Chacune des six parties du livre s'achève sur un test de contrôle des connaissances.

208 pages, ISBN 2 7117 8943 8, 110 FF

Anglais. QCM d'aujourd'hui. Exercices méthodiques

Jean-Max Thomson

Avec 1 170 phrases corrigées et commentées, ce manuel couvre les aspects les plus variés de l'épreuve de QCM.

224 pages, ISBN 2 7117 8925 X, 125 FF

Anglais. QCM d'aujourd'hui. Annales corrigées

Jean-Max Thomson

À ces authentiques annales composées de 14 sujets complets s'ajoute un jeu inédit de 10 tests de contrôle de 30 phrases chacun pour réviser la grammaire par grands thèmes : groupe verbal, groupe nominal et mots outils.

Avec ses 1080 phrases, toutes intégralement corrigées, ce volume compact et très maniable reflète fidèlement le QCM d'anglais tel qu'on le rencontre actuellement aux différents échelons des examens et des concours, des plus simples aux plus difficiles.

160 pages, ISBN 2 7117 8936 5, 95 FF

Catch up with.

Les 500 verbes anglais à particule et à haut risque

Denis Keen & Jean-Michel Ploton

Sélectionnés parmi 7000 verbes anglais accompagnés d'une particule, les 500 verbes les plus fréquents et les plus « dangereux » sont réunis et commentés ici par deux spécialistes : un Anglais et un Français.
Dans une présentation très facile à consulter, ils expliquent clairement le sens précis de chacun de ces verbes et le bon emploi qu'il faut en faire.
Mnémotechniques et humoristiques, les exemples sont nombreux, variés et tous intégralement traduits.
Les verbes à particule : qu'est-ce que c'est ? Comment ça marche : Syntaxe du verbe – Verbes composés et prépositionnels – Critères de reconnaissance
• Les 21 principales particules avec leur traduction et des exemples d'emplois distincts (about, across, ahead, along, at, away, back, down, for, in, into, off, on, out, over, round, to, up, upon, with, without) • Les 500 verbes anglais avec la traduction française, un exemple traduit et l'explication du sens précis (de back up à zoom in)
• 500 phrases d'exercices (corrigées, traduites et expliquées) groupées par exercices de 5 phrases et classées par catégories : Trouvez la particule qui manque – Choisissez la bonne particule – Traduisez en anglais – Traduisez en français – Reconstituez des phrases complètes • Index des 500 verbes à partir de leurs particules (de about : get about à without : do without) • Index des verbes en français renvoyant à leurs emplois dans les listes, les exemples et les exercices de l'ouvrage (de abandonner à vomir).

160 pages, ISBN 2 7117 8942 X, 135 FF

Syntaxe anglaise

Françoise Dubois-Charlier & Béatrice Vautherin

En dix leçons progressives accompagnées d'exercices commentés et d'études de textes, tous les points clés de la syntaxe anglaise sont traités dans ce manuel rédigé par deux spécialistes : F. Dubois-Charlier, membre du jury de l'agrégation et B. Vautherin, membre du jury du CAPES.
La structure de la phrase et celle des groupes qui la constituent sert de point de départ à l'étude de la phrase complexe. Dans la phrase complexe on découvre comment la même structure se retrouve plusieurs fois à différents niveaux par des phénomènes d'enchâssement. L'objectif de cette démarche est de fournir des repères qui permettent de reconnaître ces structures quel que soit le foisonnement qui peut résulter de la combinatoire et de la récursivité.
Les exemples étudiés sont empruntés à la littérature et à la presse. Ils sont toujours organisés autour d'un thème central pour montrer comment le sens se construit à partir de l'analyse syntaxique. En effectuant le découpage, les regroupements ou l'étiquetage en catégories et l'identification des fonctions on peut notamment expliquer certaines ambiguïtés comme celles-ci (chapitre 1) : *She hates boring students. They fed her dog biscuits.*

320 pages, ISBN 2 7117 8938 1, 165 FF

L'ABC des TESTS US par QCM : TOEFL, TOEIC, GMAT

Guide pratique de préparation

Jean-Pierre Chartier

Conçu dans l'esprit des stages de préparation organisés depuis près de vingt ans à l'université Paris Dauphine, cet ouvrage est un guide d'accompagnement du candidat aux divers stades et dans les différents domaines de sa progression.
Rédigé en français, il évite les difficultés de compréhension créées artificiellement par les publications anglo-saxonnes dont les conseils, en anglais, sont aussi complexes à assimiler que les problèmes qu'elles tentent de résoudre.

272 pages, ISBN 27117 8939 X, 165 FF

Allemand. Grammaire d'aujourd'hui

Louis Baucher, Roland Charpiot & Marion Winter

Mettre en avant la règle et non pas l'exception, parvenir au but au plus vite, tels sont deux des points forts de cette grammaire — entièrement alphabétique — qui prend en compte les nouvelles règles orthographiques.
• Grande facilité d'emploi et de navigation • Classement alphabétique intégral
• 136 rubriques et plus de 1000 renvois • Exemples authentiques de la langue d'aujourd'hui.
Réalisé par une équipe franco-allemande associant des enseignants et des professionnels de la traduction, ce manuel se consulte aussi aisément qu'un dictionnaire.

352 pages, ISBN 2 7117 8929 2, 189 FF

Allemand. Thèmes d'aujourd'hui

Louis Baucher, Roland Charpiot & Marion Winter

Une véritable méthode d'apprentissage qui s'appuie sur 575 phrases types traduites du français vers l'allemand où l'on trouvera notamment : 23 séries de 15 phrases classées par grands thèmes. Des aides lexicales et grammaticales se rapportant à chaque phrase. Des traductions intégrales et variées. 23 séries complémentaires de 10 phrases d'approfondissement. Un lexique détaillé de grammaire et de vocabulaire. Deux tableaux synoptiques synthétisant les difficultés grammaticales.

144 pages, ISBN 2 7117 8921 7, 95 FF

Allemand. QCM d'aujourd'hui

Roland Charpiot

Cette méthode d'entraînement et de perfectionnement s'appuie sur 660 phrases types, doublées de 110 paragraphes de grammaire portant sur les points les plus sensibles de la langue allemande.

160 pages, ISBN 2 7117 8920 9, 95 FF

Allemand. Vocabulaire d'aujourd'hui

Louis Baucher, Roland Charpiot & Marion Winter

Par une équipe franco-allemande, une recension thématique du vocabulaire allemand d'aujourd'hui qui prend notamment en compte tous les changements survenus depuis la réunification. Lire la presse allemande. Analyser un article de journal. Rédiger un exposé sur les problèmes du monde actuel. S'exprimer sur tous les sujets de la vie quotidienne. Bien maîtriser les structures de la langue allemande. S'entraîner à la traduction, etc. : riche de 7 500 mots et de 5 250 expressions rigoureusement authentiques, cet ouvrage en deux volumes répond à tous ces besoins. La clarté de sa conception et la simplicité de son utilisation en font l'outil de base du germaniste.

Volume 1 *272 pages, ISBN 2 7117 8922 5, 125 FF*
• Terre et univers • La nature • L'homme • Santé et maladie • Le temps • Les relations humaines • L'habitat • L'éducation • Le sport • Loisirs et voyages • Les transports

Volume 2 *288 pages, ISBN 2 7117 8923 3, 125 FF*
• Le monde du travail • Industrie et techniques • L'agriculture • La ville et les services • Le commerce • Politique et économie • Les chemins de la paix • La société • Les médias • La pensée • Arts et lettres • L'histoire

Allemand. Versions d'aujourd'hui

Konstanze Troeger

En plus des 121 versions, toutes posées aux concours d'entrée des grandes écoles de commerce et de gestion et intégralement traduites ici, ce manuel contient aussi une méthode de travail (c'est la première partie) et un vocabulaire spécifique (c'est la dernière partie).
On trouvera dans ce vocabulaire quelque 400 paronymes classés par ordre alphabétique, traduits et expliqués : verbes, noms, adverbes, adjectifs et prépositions.
Les versions posées dans les plus prestigieux concours tant en LV1 qu'en LV2 sont réunies sous une forme claire et pratique.
Les textes proviennent le plus souvent de la grande presse économique ou politique et offrent ainsi une documentation de choix sur l'Allemagne d'aujourd'hui et la langue qu'on y parle vraiment (notamment *Focus, Frankfurter Allgemeine Zeitung, Frankfurter Rundschau, Der Spiegel, Stern, Süddeutsche Zeitung, Die Welt, Welt am Sonntag, Die Zeit*).
D'autres textes sont empruntés à des œuvres d'écrivains contemporains comme Peter Handke ou Martin Walser.

160 pages, ISBN 2 7117 8940 3, 99 FF

L'Allemagne jusqu'en 1945. Manuel de civilisation allemande par les textes

Roland Charpiot

« Au-delà des fractures, des excès, du chaos qui ont marqué son histoire, il existe une continuité de destin de l'Allemagne. L'auteur offre au lecteur curieux comme au germaniste spécialisé un fil d'Ariane couvrant quatre siècles et demi de l'histoire de notre puissant voisin. Un panorama couvrant les transformations politiques et sociales mais aussi économiques et culturelles d'un pays dont l'unité tardive est le fruit de longues périodes de déchirements internes. Cette rétrospective didactique, accompagnée de cartes sur les modifications de frontières de l'Allemagne, permet au lecteur de mieux apprécier l'évolution actuelle d'une nation qui n'a cessé d'étonner, de fasciner ou d'inquiéter les Français. » *Les Échos*, 6 avril 2000

288 pages, ISBN 2 7117 8931 4, 199 FF

Allemagne 1949-1999

Aktuelle Probleme in Deutschland anhand von zeitgenössischen Texten

Roland Charpiot

Ce manuel de civilisation, simple et varié, traite la plupart des sujets classiques posés lors des concours de l'enseignement supérieur. Il est rédigé en allemand.
L'ouvrage est découpé en deux parties chronologiques : RDA et RFA de 1949 à 1989 et l'Allemagne réunifié depuis 1989.
La civilisation et la culture allemandes y sont présentées par grands thèmes, décomposés en chapitres distincts. Chaque chapitre propose un exposé, décrivant le sujet de façon claire, directe et complète ainsi que deux à quatre textes d'anthologie tirés de la littérature contemporaine ou de la presse, quotidienne et magazine. Ces textes sont l'illustration vivante du thème.

240 pages, ISBN 2 7117 8930 6, 145 FF

Allemand. L'épreuve d'entrée à Sciences-Po

Annales corrigées de l'entrée en Année Préparatoire

Konstanze Troeger

Deux mois seulement après le baccalauréat les épreuves d'admission en Année Préparatoire aux IEP (Institut d'Études Politiques) constituent la première épreuve à laquelle les bacheliers peuvent se soumettre avant d'entamer des études supérieures. Or, l'épreuve de langue vivante est particulièrement redoutable.
Hormis Sciences-Po Paris, d'autres IEP tels que IEP-Strasbourg et IEP-Bordeaux exigent eux aussi de très solides connaissances en langue vivante et contribuent ainsi à donner à leur école une bonne image de marque et à garantir un recrutement de qualité.

224 pages, ISBN 2 7117 8941 1, 159 FF

Espagnol. QCM d'aujourd'hui

555 questions grammaticales

Sylvie Schertenlieb

Cet ouvrage d'entraînement aux QCM d'espagnol s'adresse aux candidats qui passent cette épreuve dans les examens et concours de l'enseignement supérieur et à tous ceux qui souhaitent vérifier la bonne assimilation des principaux points de grammaire de la langue espagnole.
Afin de cibler de façon aussi efficace que possible le travail de révision des candidats, les difficultés grammaticales ont été classées en 30 chapitres distincts, soit 30 QCM thématiques.
Chaque QCM porte sur une question constitutive du savoir grammatical de base.
De surcroît, chacun pourra vérifier ses progrès grâce à 5 tests de contrôle et un QCM lexical permettra d'aborder cet exercice spécifique proposé dans certains concours.
Enfin, 2 sujets complets posés en LV1 et LV2 aux concours donnent la mesure d'une épreuve type.
En tout, l'ouvrage contient 555 questions de grammaire, toutes intégralement corrigées.

176 pages, ISBN 2 7117 8927 6, 95 FF

Imprimerie France Quercy - 46090 - Mercuès
N° d'impression : 63404FF - N° d'éditeur . M.J. 152
Dépôt légal : janvier 2007
Imprimé en France